学問をしばるもの

井上章一編

学問をしばるもの

まえがき

井上章一

昔の論文を読んで、その時代色をいやおうなく感じさせられることがある。この論文は、いかにも一九五〇年代製らしく、読める。こちらの論文は、たぶん二〇世紀末の仕事だろう。以上のように、その執筆年代がおしはかられる論文は、たくさんある。

ものによっては、どこの大学で勉強をした人の著述なのかも、読みとれる。いわゆる学統の気配がうかがえる論文も、少なくない。いくつかの指標から、そういったことのわかるケースは、しばしばある。

いっぽんに、研究者の書くものは、真理をめざしていると、考えられている。事実への探求欲だけに、それらはささえられていると、そうみなすのがふつうである。

しかし、多くの論文が、じっさいには時代の型に、論述ぶりを枠どられてきた。たとえば、一九五〇年代の論文は、一九五〇年代のスタイルに、そめあげられている。時代の鋳型からときはなたれた、自由な論文はあまりない。

また、たいていの論文は、大なり小なり学統の感化をうけている。あけすけに書けば、出身ゼミの色をおびているものである。たとえ、そこからの脱出をこころざしていたとしても。

ならば、われわれの書く論文なるものは、総体としてどのような拘束をうけているのか。何にしばられ、研究成果と称される文章は、書きつがれてきたのだろう。私は、そういったことどもが横断的に語りあえる場をもちたいと、ねがってきた。

二〇一二年度からは、それをつとめ先の国際日本文化研究センターに、もうけている。二〇一六年度までつづいた「人文諸学の科学史的研究」が、それである。この本は、そこをとおして、参加者たちがあらわした報告のまとめに、ほかならない。

じゅうらいの科学史研究は、自然科学がこうむる束縛のありかたを、さぐってきた。一見、価値中立的にうつる物理や化学も、じつはかくかくの社会情勢にうごかされている。国家の要請や資本からの支援が、こんなふうにからんできた、などなどと。

しかし、人文方面の学問が、そういう俎上にのることは、まずない。分析の対象となるのは、もっぱら自然諸学であった。

科学史の研究者が人文学に目をむけなかった事情は、わからなくもない。歴史や文学の研究が、しばしば時代の勢いにながされる。社会分析や経済学が、学統に左右されてしまう。そのことを、科学史の研究者たちは、しごくあたりまえの現象として、うけとめてきた。文化系なんて、そもそもそういうものなんだ、と。だから、わざわざ学問の被拘束性を問う気に、ならなかったのではないか。

その点で、物理や化学の対象となることどもは、社会の枠をこえているように見える。物理の法則や化学反応は、文化のありようにかかわりなく作動する。にもかかわらず、その「真理」へいどむ研究者の姿勢は、社会や文化の拘束をうけてきた。その意外性が、科学史の研究者たちをかりたててきたのだろう。そして、人文諸学には、そういう好奇心をそそる魅力が、なかったのだと考える。

二〇世紀のなかごろからは、人文系の学問も「人文科学」を自称するようになっている。「科学」なんだと、おさまりかえった身振りを、しめしだした。しかし、「人文科学」は、まだ科学史から相手をしてもらえるにいたっていない。あるいは、「社会科学」でも。やはり、どこかでは見くびられているのだろう。

なるほど、人文学が時流や学統に左右されるのは、不思議でないのかもしれない。研究会での報告を聞いていても、そのことを思い知る。誰もが、つぎのような口調で、発表をしてくれたものである。

あの時代は、みんなああいう方向にながされたんだ。彼は○○先生のところで学んだから、こういう仕事になるのは、やむをえない。以上のように、事態を必然的にながめる発表が、多かったと思う。物理や化学とは、やはり学説史の論じようがちがっているなと、感じいる。じゅうらいの科学史が、こちらへ目をむけないのもいたしかたないと、思わないではない。

だが、おかげで、人文学の被拘束性は、問いただされないまま放置されやすくなる。これはこれで、こまったことになるのではなかろうか。やはり、学問が何にしばられるのかは、人文系でもはっきりあかされるべきであろう。

この本によせられた諸論考が、人文学の被拘束性総体をつきとめているとは、言えない。それらは、個別分野ごとの諸事情へ、ところどころ光をあてているにとどまる。全体的な展望がえがけているとは、言いきれないだろう。

だが、読めば、さまざまな発見があるのではないか。似たような学問史の展開なら、自分たちの分野にもあった。あの時代に、こういう議論がわきたったのは、うちの領域だけでもなかったんだな、と。そういう掘り起しのひき金役を、この本がはたせればと、今はねがうしだいである。

この本を、私は四部にわけて、構成した。

第一部の諸論考は、明治以後、大日本帝国時代の人文諸学に、むきあっている。そこで成立したある型が、意外にながくたもたれた。あるいは、敗戦後にも尾をひいている様子が、それらを読むと、よくわかる。

第二部のものは、敗戦後の新しい展開を、大なり小なり批判的にふりかえっている。一時代を席捲した国民的歴史学運動は、どう人文諸学を翻弄したか。あるいは、しなかったか。分野ごとの、もしくは学統による差異などが、うかがえる。

間奏となるコラムをへて、第三部ははじめられる。

私はながらく、明治維新や日本近代の解釈史に、興味をいだいてきた。とりわけ、維新で絶対王政が成立したとする、ひところの通説に関心をよせている。どうして、ああいうおかしな議論がなりたったのかというふうに。二〇世紀なかごろの学界情勢に、あの説をうかびあがらせる力学がはたらいた。その作動ぶりを、対談というかたちで、往時の生証人である竹村民郎氏にたずねている。時代が学問をとらえる、そのからくりにせまろうとする試みである。

その前後には、関連する私と竹村氏の論文を、おいている。それぞれに、竹村氏への聞きとりをおぎなう意味で、口はばったいが益するところはあろう。なお、私はここで書いた文章に、国際的な日本研究への志もふくませている。ずいぶん肩に力がはいっているけれども、何かを感じて下されば、うれしい。

第四部には、私のマニフェストめいた文章を、再録した。ひとつは時代の拘束を論じており、もうひとつは学統のしばりをとらえている。もうひとつと今のべた文章は、研究会への呼びかけにも利用した。今回論考をよせてくれたのは、これに呼応してくれた研究者たちである。

目次

第三部◆戦後は明治をどうとらえたか

第四部◆再録

第一部

大日本帝国の時代から

論文

はたして言語学者はふがいないのか——日本語系統論の一断面

長田俊樹

はじめに

忘れもしない一九九四年六月二三日のことである。

今は亡き大野晋博士が『新版日本語の起源』（岩波新書）を出版されたのを機に、大野博士を日文研にお招きして、シンポジウム『日本語の起源について——大野晋教授のタミル語起源説をめぐって——』を開催した。日本でもようやく育ちつつあったドラヴィダ語研究者に、大野晋説を批判していただこうという趣旨だった。その当時は、私をはじめ、大野晋を批判しようと意気込んで、シンポジウムに立ちむかうのは三〇代の若い研究者たちだった。

ところが、大野説の批判というもくろみは、木っ端みじんに吹っ飛んでしまった。批判するどころか、大野晋の迫力に圧倒され、一方的にまくし立てられて、われわれは精彩を欠く結果となったのだ。そのときを振り返って、筆者はこう書いた。

シンポジウムでは、すでに朝日新聞（大阪版）に紹介されたように、大野教授とわれわれ若手研究者の議論はかみあったとはいえず、誤解を恐れずにいうならば、当日の議論では大野教授に軍配が上がったと認めざるをえない。しかしながら、それはわれわれ四名が大野説を承認したことを意味しないということは強調しておきたい。あえていうならば、大野教授に「日本語＝タミル語同系説」を撤回させることができなかったという意味において敗北したにすぎない。（長田 1996:247）

このシンポジウムが終わって、当時神戸市外大におられた庄垣内正弘教授と大阪外大の橋本勝教授につれられて、酒を飲みに行った。そのときだった。井上章一氏が偶然、同じ飲み屋にやってきたのだ。そして、言語学者たちが大野晋に言いくるめられて、傷をなめあっているように、どうやら井上氏には見えたらしい。それ以来、井上氏からは大野晋に論戦を挑んで破れ、その反省もなしにお互い傷をなめあう、ふがいない言語学者たちとレッテルを貼られたままなのである。

小論の目的は井上氏に反論を展開するためでも、ふがいないことを払拭するためでもない。日本語系統論を明治時代から振り返ってみると、言語学者とそれ以外の学者が日本語系統論をめぐって、論争したことが過去にも何度かあった。それを丁寧に読み直してみた。すると、言語学者以外から、ふがいないと感じられてもしょうがないと思える場面に遭遇したのである。ちょうど人文諸学の科学史的研究という本書のテーマにも当たらずとも遠からず、小論では日本語系統論を振り返りながら、言語学者たちのふがいなさを見ることにした。

一　明治の日本語系統論――日本語・印欧語起源説

日本に言語学が導入されたのは一八八六年、当時の帝国大学（現在の東京大学）に博言学科が設立されたのをもって嚆矢とする。一九世紀の後半は、ヨーロッパにおいて「音韻法則に例外なし」をかかげた青年文法学派が活躍し、比較言語学がもっとも盛んだった時期だ。一八九〇年に、ドイツ・フランスに留学した上田万年《かずとし》が帰国後、一八九四年に博言学科の主任教授に就任し、新村出《いずる》、藤岡勝二など、その後の京都帝国大学、東京帝国大学の言語学科主任となる後進を育てたのである。その当時の言語学において、最大の関心事は比較言語学、とりわけ日本語の系統問題であった。しかも、それは言語学者のみならず、その時代の知識人が関心をいだく問題でもあった。

ことの発端は田口卯吉《うきち》が史学会大会で「言語学上より観察したる人類の初代」と題して発表した、日本語＝アリヤン語（＝印欧語）起源説である。その発表原稿をもとに、「国語上より観察したる人種の初代」と題し、『史学雑誌』に掲載されたのは一九〇一（明治三四）年のことである。言語学会が設立された年が一八九八年で、言語学がようやく独り立ちする頃だった。また、世間一般には日清戦争から日露戦争にいたる時期、脱亜入欧の時代であった。

田口卯吉（一八五五～一九〇五）とはどういった人物なのか。

経済学者、歴史家、政治家。父は幕臣。最初医学を志したが、大蔵省翻訳局で英語・経済学を修め、『日本開化小史』（一八七七～八二）、『自由交易日本経済論』（一八七八）等を著す。明治一一年（一八七八）辞職。翌年経済雑誌社を興し「東京経済雑誌」を刊行、多くの論説を発表する一方、東京株式取引所、鉄道経営等にも関与した。二七年以降衆議院議員。また、『群書類従』（一八九四）、『国史大系』（一九〇一）等、大部の史料叢書を復刻・編集した。法学博士。（国立国会図書館のウェブサイト「近代日本人の肖像」より）

彼の著作の多くは国会図書館デジタルコレクションで読める。また、『日本開化小史』は岩波文庫と講談社学術文庫に入っている。政治家にして、経済学者であり、歴史家、学問の細分化が叫ばれて久しい今日では想像もできないほど幅広く活躍した人である。ただし、言語学者ではない。あらかじめ強調しておきたいが、田口説は日本語＝アリヤン語起源説がメインではない。むしろ、日本人種論に重きが置かれ、中国人と日本人の人種がちがうことを言語の相違を根拠にして論じている。

二　田口卯吉の日本人種論と日本語＝アリヤン語族説

それでは、田口卯吉の説とはいったいどんなものだったのか。

田口がはじめて日本人の起源を論じたのは「日本人種論」（1895）である。「我日本人種は蒙古人種即ち黄色人種の一部族にして、支那人種と同一人種なり」という説が一般的に受け入れられていることを紹介した後、日本人種と支那人種には「著明なる要点に於て相違せる所ある」と指摘する。「第一は語法是なり」、「其第二は容貌骨格是なり」、「其第三は知力是なり」と三つあげ、「我日本人種と支那人種とは以上の如き相違あり」と結論づけている。

この三つの論点のうち、第二、第三については当時でも賛同を得られなかったので、とくに言語の相違点を強調し、言語的にはアリヤン語族に近いという論を展開したのが『史学雑誌』に掲載された「国語上より観察したる人種の初代」だ。この論文はもともと「言語学上より観察したる人類の初代」と題して史学会大会で発表した講演にもとづく。したがって、以下でみるように、この論文は演説口調になっている。

まず、田口は次のように指摘する。

> 今日ヨウロッパ並びにアメリカの言語学者はサンスクリットを研究した後に其サンスクリットの言葉が自らの使つて居る言葉と一つであると云ふことに気が付きまして、自分共をアリヤン人種と名づけて居る。是に対しましてホンガリー、トルコ、満州、蒙古若くは日本朝鮮等の人種をチュラニヤンと申して居る。（田口1901a）

この一節を読んだ言語学者なら誰でも叫ぶはずだ。人種と語族を混同してはいけないと。後でみるように、若き言語学者、新村や藤岡はその点を指摘する。なお、チュラニヤン（Turanian）とはマックス・ミュラーの用語で、その当時の比較言語学の牙城であったドイツでは完全に否定されていたことも指摘しておこう。

さらに田口の説をみていくと、日本語とアリヤン語の比較はかなり細かい。登場する言語もヒブリュー（ヘブライ）、サンスクリット、ギリシヤ、ラテン、ペルシヤ、トルコ、ホンガリー（ハンガリー）、エジプト（アラビア）、バスク、チベット、イタリー、スパニス（スペイン）、フランス、ゼルマン（ドイツ）、スウエデン、ロシヤと多く、それらの語彙や文例が出てきて煩雑きわまりない。

そこで、田口の説をかいつまんでみておこう。田口は措辞論、現在の言語学で言うところの統語論の比較を試みている。そして、日本語は印欧語の古い言語であるサンスクリットに近いと指摘する。たとえば、日本語のような語尾を変化させるのはラテン、ギリシヤ、サンスクリットであり、ヨーロッパの現代語は語尾の変化よりも助動詞などを使用しているとか、サンスクリットの格変化をもって、日本語の「テニヲハ」と比較して、統語論的には日本語こそが正当なるアリヤン語でありアリヤン人種であるとし、次のように、結論づけている。

果して然らは今日のヨウロツパ人こそチユラニアン人種であります。然るに今や自らアリヤン人種と称して、我々をチユラニアンと称するのは我々の先祖を横取りして、我々を末家筋に貶すものではありますまいかと存します。（田口 1901b）

日本語はアリヤン語族の本家であるサンスクリットと近く、現代ヨーロッパ語はアリヤン語族と言われているが、それは事実ではないことを、統語論をもって論証したことになる。

この説には背景がある。ヨーロッパで高まっていた黄禍論だ。黄禍論とは「黄色人種が勃興して、白色人種に加えられるという禍害」を指すが、事実、一九〇四年には田口は『破黄禍論』を出版し、次のように述べている。

余は従来の研究に於て大和民族は支那人と別種にして、印度、ペルシア、グリーキ、ラテン等と同種なることを確信したる者なり。……日本人を以て支那人と同じ黄色人種となせるの一点已《す》でに事実を誤れりとすれば、黄禍論は全く無根の流説たらざるを得ず。（田口 1904）

田口は日本人と支那人（中国人）は黄色人種として同一視されるが、言語が異なるから人種も異なること、日本人こそはアリヤン人種であり、現代ヨーロッパ人はアリヤン人種ではないと主張したかったのだ。その言語学的証明の真偽はともかくとして、日清戦争を戦い、日露戦争に向かう、この時代としては共感を呼ぶものであり、まさにその当時の「空気を読んだ」主張だったといえよう。

三　言語学者たちの田口説批判

しかし、言語学者たちにとっては、時代背景などにおかまいなく、田口のいいかげんな比較言語学への理解がどうしても許せないのだ。

田口に猛然と立ち向かったのは、のちに文化勲章を受章し、『広辞苑』の編者として知られる新村出と、上田の後、東京帝国大学の言語学講座の主任教授を務めた藤岡勝二であった。ときに新村二五歳、藤岡二九歳、まさに新進気鋭の言語学者たちだった。

新村は怒っていた。田口の説を根底から否定し、こう指摘している。

なほ其誤謬は根底からの誤謬、全体の誤謬であつて、少々どころの誤謬ではないのでありますから、爰《ここ》に最も手厳き攻撃を加へやうと思ひます。只《ただ》惜む所は博士が此新説を一席の茶話とせられずして、而《しか》も堂々たる学会の講演とせられたことであります。（新村 1901a）

新村にとって、身内のお茶飲み話しならまだしも、学会の講演だったことが許されなかったのか、全否定と言っていい勢いだ。しかし、この冒頭の勢いとは裏腹に、批判のきれはどうみても鈍く、相手を打倒するだけの勢いを感じない。

たとえば、言語と人種の混同について、こう述べている。

第一に、言語の論をするに就ては暫くそれぞれの言語を使用した人種又は現に使用する人種から離れて語族そのものゝみを考へる方が正当でもあるし、便宜でもある。

言語の系統より推して直に人種の系統を云々する人を新聞紙や雑誌の上で度々見るが、それは大いなる軽率である。……決して他の科学の領分を侵して自己の権利を伸張するやうなことを言語学はしないのである。又自分だけの力を以て人種論を解釈することは出来ないのである。(新村 1901b)

言語と人種の混同はしてはいけない。アメリカのアフリカ系移民はもともとバンツーなどの言語を話していたが、今は英語を話しているではないか。でも、彼らはアリヤン人種ではない。そんな説得力のある表現はどこにもみあたらない。「正当」とか、「便宜」とか、「軽率」という言葉は批判としては大変弱い。

藤岡は新村のような厳しい批判的な態度は取らない。むしろ、穏便に、教えを請うという姿勢をとる。

トルコ、ホンガリー等をラテン、サンスクリットと同族とし、今の欧洲語をサンスクリット仲間から排斥せられる理由が一向腑に落ちません。これも尚一層証明を願ひたい。即ち印度欧羅巴語の発達に就て分派に就て先人が入り代り立ち代りして研究して、そして建立した歴史的な比較であるその根拠を排斥するに足る御説明を願ひたいものです。我等は欧洲学者に盲従せんとも思はず。更に之にまさる、とるべき明論あらば千里を遠しとせず伺ひに出ます。(藤岡 1901)

藤岡は新村よりも四歳上だ。年齢的なものなのか、はたまた性格的なものなのか、「欧洲学者に盲従」しているといった言語学への批判を念頭に置いて、学者田口卯吉への尊敬の念を失わないような配慮がなされている。言語学的には生ぬるいが、一般的にはこうした配慮がある方が受け入れやすいのだろう。後でみる、藤岡の一四個条はこうした配慮のもと、なされたにちがいない。

四　田口の反論

田口は早速、言語学者の批判に反論する。

余は之を拝読して二君〔＝新村・藤岡〕が一種奇異なる語法を用ひて人をして悪威を起さしむるに長せることを知り流石に博言学者〔言語学は博言学と呼ばれていた――筆者注〕たるに感せり。余は従来此の如き語法を用ひて攻撃し来るものに対しては、之に答へざるを例としたりしが、今や余は国語学に因りて人種の初代を講究せんとの希望を有し、ヨウロッパ博言学者が定めたる語族及ひ人種の分類の其の当を得ざることを確信して此の演説を為したることなれば之に答へざるは斯学に忠実なるものにあらざるを思ふ。故に余は特例として茲に二君に拝答せん。（田口 1901b）

たしかに、新村の批判は「悪威を起さしむる」に十分である。そんな全面否定にはいつもならば答えないのだが、重要な問題なので特例として答えるという田口の態度には余裕が感じられる。そして、以下の六点について確認を求めている。

第一　博言学は文法を度外視せず
第二　博言学者は単語の歴史的関係のみを以てアリヤン語族を定めたり
第三　博言学者はアリヤン語族を以て直にアリアン人種となせり

第四　国語は人種を判別するに於て依頼すべき標準なり

第五　国語は血より濃なり

第六　「テニヲハ」と格語尾

もちろん、第一、第二については、言語学者の異論はない。第三から第五点が問題となる。じつは、これらの説を唱えた言語学者がいた。それがマックス・ミュラーである。現在では宗教学者とみなされることが多いが、一八六八年から七六年まではオックスフォード大学の比較言語学科の主任教授だった。そして、彼こそがアーリヤ人種とアーリヤ語族の混同をもたらした張本人である（詳細は長田（2002）を参照）。

すべての誤解の源泉はマックス・ミュラーにあった。その点については、藤岡（1901）に指摘されていたが、田口はそんな言語学でのパラダイムチェンジを知るよしもなく、若い言語学者の主張には耳を傾けることはない。

第六に関連していえば、田口は統語論を主に論じているが、それに対する批判に対しては「君は余を評して措辞法一点張りと云ふと雖も余は却て博言学者の単語一点張りなることを責むるものなり」と切り返す。つまり、「音韻法則に例外なし」をもって、比較言語学がますます強固な地位を確立していったのだが、それを「単語一点張り」と指摘されると、当たらずとも遠からず、急所をつかれたことになる。もちろん、田口の「措辞法」の比較はまったく言語学的には意味をなさないのだが、その比較の無効性を言語学者たちが指摘しても、まったくその真意が伝わっていくとは到底思えない。「余が措辞法に重きを置く所以は単語は輸入し易く、偶中《ぐうちゅう》し易きものなれども措辞法は容易に変化し難きを以てなり」との田口の指摘は、借用語を比較しても同じ語族の証明とならないことを知る言語学者にとってはよくわかっていることなのである。それを言語学者が言うのではなく、田口が指摘するところに、この論争の勝敗が見えていたのではなかろうか。

田口は若い言語学者の批判に対して、あくまでも冷静だ。最後に、先輩学者として、こんな忠告を残している。

終に臨みて余は新村藤岡二君に向かひて忠告すべきことあり。各国一々の文法を調査せんこと是れなり。二君が単に博言学と題したる書のみを読みて、其の著者の意見に感服するに至れるとは至当の事なり。然れども彼の博言学者は決してホンガリー、トルコ、チベット、蒙古及ひ現今インド等の文法を調査せし者にあらざるなり。(田口 1901b)

欧州の学者に感化されずに、各国語をちゃんと勉強しなはれとは、田口の余裕だけが目につく。同じ言語学者の端くれとして、新村や藤岡を応援したい気持ちは山々だが、いくら言語学的正当性をもって、田口の論を批判したとしても、それがまったく通じていないことに愕然とするとともに、なるほどこれでは言語学者がふがいないと思われても致し方あるまい、と妙に納得したのである。

五 平井金三と亀田次郎

平井金三《きんざ》(一八五九〜一九一六)も多岐にわたる活躍をした、日本の近代宗教史に重要な足跡を残した明治の英学者である。平井については吉永進一を代表とする科研の報告書がある(吉永編 2007)。それによると、平井のアーリヤ語起源説をこう紹介している。

平井が積極的に日本語＝アーリヤ語説を発表し始めるのは明治35年からである。その前年、平井と同じく日印協会の創立会員であった田口卯吉が、史学会における「言語上より観察したる人類の初代」という講演で、日本語とサンスクリット語の近縁性を主張した。平井は明治35年11月2日、ユニテリアンの集まりで「日本語及びアリアン語の関係」について講演を行い、明治37年からは桜井義肇が編集発行していた『新公論』に「日本の言葉はアリアン言葉なり」を連載(19巻8号から第20巻1号)したのを皮切りに、『道』、『Journal of the Indo-Japanese Association』『ローマ字世界』など多くの雑誌に研究を発表している。また英文の冊子も発行して、海外にも送っている。（吉水編 2007）

平井の説を吟味するためには『新公論』や『道』などの雑誌を丹念に調べるべきだが、ここでは平井の説をめぐる亀田次郎との論争にだけ焦点をあてる。

亀田次郎とはどういった人なのか。亀田次郎（一八七六～一九四四）は国語学者として名を残し、古辞書収集家としても知られ、彼の蔵書は亀田文庫として国会図書館に収められている。一九〇三年に東京帝国大学文学部を卒業し、論争当時は東大の助手を務めていた。

論争の舞台は雑誌『帝国文学』である。一九〇七年、亀田次郎はＪＫの名で、「危険千万なる比較言語論」と題し、平井金三の「日本語はアリアン語で有る」と題する講演会の内容を雑報欄に紹介したのが端緒である。平井が二度答え、亀田もさらに二度批判論を展開している。二人の論争のうち、動詞の活用をめぐる部分は細かいので除く。亀田がいう「危険千万」とはなぜなのか、その点をみておこう。

氏〔＝平井〕が日本語がウラルアルタイ語ならず、アリアン語なりといふやうな、日本語系統論の大問題を解決するには、其順序として、先づ、日本語の外に、従来親族的関係ありといはれて居る、韓語や、琉球語や、満洲語や、蒙古語などの他のウラルアルタイ語を研究し、其比較研究を終へ以て其異なる所以を明かにし、而して後、其アリアン語と同一なるを証明せねばならぬ筈である。然るに氏は其言にもある如く、世にウラルアルタイ語と称せられて居る各国語に、一瞥だも与へずして、只単に印欧語のみに比較して、断案を下されたのは、誠に危険千万の論定といはねばならぬのである。（亀田 1907c）

この亀田の指摘は今の言語学の立場からいえば、あきらかにまちがっている。アフリカの大陸に近い島であるマダガスカルで話されるマラガシー語は、その周りの言語とは異なるオーストロネシア語族に属する。ウラルアルタイ語を研究せずに、アリアン語と日本語を比較することが「危険千万」だとは言語学者ですら納得しないだろう。

一方の平井は、このウラルアルタイ説を信じる亀田に対し、こう指摘する。

君〔＝亀田〕には、それで〔＝ウラルアルタイ語と比較することで〕宜しいでしょうが、私に迄世の学者達の例に従ふべしとは無理な御注文と存じます。世界中の学者が何と云ふたとて、自分の信じる事を曲ぐる事は金輪際なりません。其代り自分がもし誤つて居ることが分かれば秒時を移さず自説を棄つるに躊躇は致しません。（平井 1907b）

亀田が言語学における常識を押しつけようとしているのに対し、平井の態度はなんと清々しいことか。亀田を言語学者の代表とする事に躊躇しながらも、ここでもまた、言語学者のふがいなさを感じてしまったのである。

六　藤岡勝二の一四個条

藤岡勝二の田口説批判についてはすでに述べた。新村や亀田のように、田口や平井が比較言語学を誤解していることに怒って、「根底からの誤謬」とか、「危険千万なる言語比較論」といった全面的否定を前面に出すことはなかった。そうした対決姿勢では何も生み出さないことを知っていたのかもしれない。しかし、言語学者として、田口に反論を書いたし、平井とは京都出身で古い友人でもあったことから、この論争に決着をつけたいと思っていたのかもしれない。

そこで、一九〇八年、「日本語の位地」と題する論文を発表する。藤岡はつぎのように述べて、この論文の目的をあきらかにしている。

日本語としていよいよウラルアルタイ族に属するとすれば、まずどれくらいな仮定が出来るかということを考えてみたのです。これについて漠然とした二つか三つくらいなことは、随分多くの人が考えているようです。……その仮定としてウラルアルタイ言語と日本語との関係がどういう点において言われるかということを考えました。私の先ず考える処では、一四個条くらい考えてみることが出来ると思います。今までの人のいうのよりは遙かに多いのです。（大野編 1973）

もしウラルアルタイ言語と日本語が系統関係を有するならば、どんな共通点があるのか。仮定という立場を崩さない藤岡はあくまでも慎重だ。亀田のようには、けっしてウラルアルタイ語族に日本語が属すると宣言していないのである。

じつは、この藤岡の一四個条は日本語系統論が話題になるたびに言及される。たとえば、明治以降の日本語系統論をあつめた論文集（大野編 1973）に掲載されており、ここの引用もそれによる。ただし、この論文は日本語とウラルアルタイ語の系統関係を証明したものではなく、言語類型論的に似た言語特徴を示したにすぎない。

それにもかかわらず、この一四個条が受け入れられたのはなぜなのか。歴史的な系統関係と当該言語の類似、つまり言語類型論的類似とを混同していては、言語学者としては失格だ。言語学的にいえば、日本語がタミル語を起源とすることはその蓋然性はほとんどなく、せいぜい日本語もタミル語も同様、ドラヴィダ語族に属する蓋然性を問題とすべきなのだ。ところが、言語学者以外の一般読者を含めた立場からいえば、それが歴史的系統関係によるものであれ、単なる言語類型論的特徴であれ、似た現象を説明することが重要だということを示しているといえよう。

ここでは藤岡の一四個条を取りあげない。藤岡が具体的な一四個条をあげる前に、指摘したことをみていきたい。そこには、欧州でウラルアルタイ語と印欧語の系統関係が音声学者として名高いスイートによって提唱されていることなどをあげて、こう指摘している。

英語の学者として私が尊敬している平井金三氏がやはりインドヨーロッパと直接関係を説かれております。すなわちわが国には日本語の位置についてはインドゲルマン説が以前からあり、今も存しているのでありまず。これも決して一笑に付し去るべきものでありませぬでしょう……。（大野編 1973:338）

日本語＝印欧語起源説をけっして否定しないが、ウラルアルタイ語と日本語とはこんなに類似している。藤岡はひと味ちがった提示の仕方をしている。つまり、新村や亀田が真っ向から否定した説を藤岡は否定していない。この点は非常に重要な意味を含んでいる。じつは、言語の系統関係はけっして否定できないのだ。もっと正確にいえば、系統関係を証明できるが、系統関係のないことを証明はできないのである。

それはなぜか。たとえば、人類の起源を研究しＤＮＡの分析をおこなう研究者たちは、人類の一元起源説を想定している。つまり、人類はみんな同じ起源であるとするならば、言語も一元起源である可能性が十分にある。そうすると、すべての言語は究極的には一つから分岐したと想定できる。言いかえると、すべての言語が系統関係をもっている可能性がある。その可能性を排除できない以上、系統関係がないことは証明できないことになる。現に、言語一元説にたって、世界祖語を建てる人もいる（長田（1998）で紹介したことがある）。

では、日本語系統論では何が問題となるのか。それは提示された比較が検証可能な方法論を採っているのかどうかである。比較言語学は厳密な比較方法に基づいている。そこにはコジツケと規則的な音韻対応が峻別されている。少なくとも、言語学者たちはそのコンセンサスをもって、日本語の系統問題に取り組んでいる。われわれが大野を批判するのはこの点だ。

大野の比較方法の理解と言語学者の理解には大いなる食い違いがある。詳細は長田（1998）を参照していただき、ここでは繰り返さないが、基本的に言語は変化するのだから、安田徳太郎が提唱したレプチャ語やタミル語が日本語の起源であるとする前提がおかしい。レプチャ語が属するチベット＝ビルマ語族やタミル語が属するドラヴィダ語族との系統関係を問題とすべきである。それこそが日本語「系統」論なのである。

少しずれてしまった。明治期の日本語系統論のなかで、言語学以外の説にうまく対応したのは藤岡勝二だけだった。それはなぜか。藤岡勝二が天下の東京帝国大学の教授だったことが関係ないとは断言できないが、それよりも、藤岡が系統関係のないことを証明できないことを重々理解していたことや、言語学以外の方が言語学をどうみているかがよくわかっていたからではないか。印欧語起源説をあえて否定しないことが論争に挑んで敗れるといった、ふがいない「言語学者」を生まない唯一の解決策だと知っていたからではなかろうか。

七　大野晋の日本語＝タミル語起源説

ここまで明治期の日本語の系統をめぐる論争を紹介してきた。最後にもう一度大野晋に戻ろう。

かつて、服部四郎（1959）は「いやしくも事言語に関する限りは、最終的・決定的発言権は言語学にある」と豪語したように、日本語の系統という命題は本来言語学のものである。しかし、専門家以外の方々も積極的に発言してきた。その際、言語学の常識が通用しない。明治期の言語学者とそれ以外の学者との論争からそれがはっきりとした。

ところが、大野晋は言語学者ではないとしても、国語学者として、古くから日本語の起源について発言をしてきた、いわば専門家だ。『日本語の起源』（岩波新書）を刊行したのは一九五七年、今からほぼ六〇年前のことだ。その当時、巷で大流行だったのが日本語＝レプチャ語起源説だ。医師であり、フロイトの翻訳家であり、左翼活動家であった安田徳太郎（一八九八〜一九八三）が『万葉集の謎』（一九五五年刊行）のなかで提唱したものである。この本はベストセラーとなるとともに、日本語はレプチャ語起源だと信じる人も多かった。紙数に限りがあるので詳細にはここではふれないが、安田説をめぐる人文学史はいずれまた書くことにする。

じつは安田説に痛烈な批判をおこなったのが大野だった。レプチャ語で万葉集が読めるとか、レプチャ語が日本語の起源であるとか、安田が提示した説を木っ端微塵に粉砕する勢いで叩いたのだ。あれほど批判しておきながら、のちにはレプチャ語をタミル語に変えて、日本語＝タミル語起源説を提唱している。大野も安田説が頭にあったのか、こう述べている。

このタミール語説〔大野は最初タミール語と表記していたが、のちに批判を受けてタミル語に表記を変えた——筆者注〕をかつて私が批判した安田徳太郎氏の説と同じことだという人がある。気をつけて頂きたい。安田氏は音韻対応の法則を全く立てることができなかった。それを私は指摘した。しかしタミール語は明らかに音韻法則に支持された単語によって成立している。(『週刊朝日』昭和五七年一月一八日)

じつは、大野がここで言う「音韻法則」は言語学のそれと異なることは服部四郎(1959)がすでに指摘しているが、その見解の相違をここで取りあげていては「ふがいない」言語学者で終わってしまう。大野晋を真に乗り越えるためには、言語学を学んだ人だけが理解できる範囲をこえて、つまり言語学外要因を考えないと世間一般は認めてくれないのではないか。

シンポジウムで大野博士と論争して以来、ずっと心に引っかかっていたことがある。あきらかに言語学の比較方法を逸脱してまで、なぜ日本語＝タミル語起源説にこだわったのか。私なりに出した答えは二つだ。どちらも言語学外要因なのだが、これが正解かどうかはわからない。もっとも、もともと正解などないのだからそのつもりで読んでほしい。

まず一つは年齢的な要因だ。大野がタミル語をはじめたのは一九七九年、六〇歳の時だ。つまり、もう東京大学教授にもなれないし、社会的な出世は見込めない。大野自身ものちにその当時を振り返って、「すでに六〇歳を越えていて余命いくばくもない」（大野 2002:40）と述べている。年齢は焦りだけをもたらすわけではない。年を重ねることで、人は老獪にもなれる。

日本語＝タミル語起源説に反対した言語学者に村山七郎がいる。村山は一九九五年に亡くなっているが、大野（2002）では、その村山を登場させ、「村山氏は『謎がとけた』という面持ちで会話に加わって帰られました」と、コンテキストを読み違えると、村山も大野説に納得していた、そんな思わせぶりだ。これを老獪といわずして、なんといえようか。

年齢的なものに加えてもう一つ、ターゲットを言語学者にはせず、一般読者に絞りたかったのではなかろうか。その際見本としたのが安田徳太郎で、安田よりも自分の方が筆が立つという自信があった。それが証拠に安田をなぞらえた発言が目立つのだ。たとえば、レプチャ語で万葉集が読めるのに対して、安田徳太郎は万葉集の日本語をまったく知らないといって批判しておきながら、大野編（1980）では「タミール語で解けた万葉集のナゾの言葉」なるコラムを書いている。また、遠い将来自分の説は認められるだろうと二人とも述べている。安田も大野も亡くなった。幸か不幸か、お二人の説は今現在だれも継承していない。

国語学の大家が展開した説は残念ながら承認されなかった。なぜなのか。私見を述べると、これはひとえに言語学外要因が左右しているのではないか。つまり、タミル世界に行ってみればわかるが、その世界に足を踏み入れてみると、日本を感じさせることがほとんどない。少なくとも、わたしにはタミル世界と日本をつなぐ関係性はまったく浮かんでこなかった。そんな感覚レベルの話しを書くのは言語学者の端くれとして本意ではないが、結局、言語学的要因よりもこうした感覚が大きかったのではないか。

一方、レプチャ人に会うと日本人かと錯覚するほど、顔かたちが似ている。インドでレプチャ人と出会ったときの衝撃は今でも忘れられない。「あっ、日本人だ」思わず、そう叫んでしまった。たとえ言語学的には無効であったとしても、レプチャ文化と日本文化の類似を問題とする説は今後とも出てくるかもしれない。あの衝撃を知る者としてはそんな予感がしている。現に、中尾佐助の照葉樹林文化論も、やはり日本人と顔立ちが似たブータンの体験が大きかったように、日本語＝レプチャ語起源説と葉脈を通じるところがある。

おわりに

大野博士とのシンポジウムは今となっては懐かしい思い出だ。言語学的には何らまちがいのなかったはずの我々が、なぜ説得力を持ちえなかったのか。わたし自身、大野晋が自分の学説を提唱するようになった年齢に達した今、言語学外要因を想定するしかない。しかし、まだわからないことがある。日本はタミル世界とはあまりにもちがいすぎるという点だ。

明治時代の日本語系統論においては、その動機はわりとわかりやすい。田口の目的は黄禍論を粉砕することだったし、平井はもっと宗教的な動機が考えられる。また、安田のレプチャ語起源説も、次の一節を読めばその動機はあきらかだ。

> 有名な北方説としてのウラル・アルタイ語説にしても、あきらかに、日本の言語学者が軍部の北進政策と大陸侵略のラッパ吹きとして、日鮮満同祖論を学問的にうらづけるために、むりにこじつけたたわごとであった。（安田 1955）

戦争に反対して獄中生活を送った安田は軍部への嫌悪や怒りがあり、それに結びついたウラル・アルタイ語説に疑問を呈した気持ちはわからなくはない。

大野の著作では、大野説の背景としてTamil Lexiconという膨大な辞書との出会いをあげている。もちろん、年齢的に東大教授にはなれないし、読者を引きつける執筆力への過信などがあったとしても、ある意味、タミル語と結び付けようとする背景は純粋に言語学内要因だったことになる。

大野はタミル世界を知らずして、「タミール語」と日本語の比較をはじめた。その批判が嵐のように吹き荒れたが、もう戻れないと判断し、NHKを引き連れて、現地調査まで敢行した。撤退できないところまで行ってしまった以上、突っ走るしかない。ある時期からは自分の都合の悪い説には目をつぶり、自説の都合のいいことはどんどん追加されていった。そんなところが大野説が迷走していった背景かもしれない。

これで井上章一氏が納得してくれるのかどうか、わからない。しかし、大野説の背景について、言語学外要因を取り入れて考察することで、「ふがいない」レッテルを返上したかったのだが、いかがだろうか。

冒頭であげたシンポジウムの際、井上氏から大野説を打破するのは日本語=ムンダ語起源説をぶちあげるしかないとずいぶん煽られた。それはまた別のお話である。今日のところはこれで小論を終えることとする。

【参考文献】

大野晋（1957）『日本語の起源』岩波新書
大野晋編（1973）「言語学」『論集日本文化の起源5』平凡社
大野晋編（1980）『別冊現代のエスプリ：日本語の起源』至文堂
大野晋（1994）『新版日本語の起源』岩波新書
大野晋（2002）『日本語の教室』岩波新書
長田俊樹（1996）「小特集『日本語=タミル語同系説』を検証する――大野晋『日本語の起源　新版』をめぐって：0。

序」『日本研究』第一三集、二四八～二四三頁
長田俊樹（1998）「比較言語学・遠隔系統論・多角比較――大野教授の反論を読んで」『日本研究』第一七集、四〇四～三七三頁
長田俊樹（2002）『新インド学』角川叢書
亀田次郎（1907a）「危険千万なる比較言語論」『帝国文学』一三―五
亀田次郎（1907b）「平井金三氏の駁論に答ふ」『帝国文学』一三―八
亀田次郎（1907c）「更に平井金三氏の所論を駁す」『帝国文学』一三―一〇
新村出（1901a）「田口博士の言語に関する所論を読む」『言語学雑誌』第二巻第四号
新村出（1901b）「田口博士に答へて言語学の立脚地を明にす」『史学雑誌』一二―一一
田口卯吉（1895）「日本人種論」（『楽天録』（一八九八）に収録）
田口卯吉（1901a）「国語上より観察したる人種の初代」『史学雑誌』一二―六
田口卯吉（1901b）「人種の初代の根拠地を決するは国語に如くなし」『史学雑誌』一二―一〇
田口卯吉（1904）『破黄禍論』経済雑誌社
服部四郎（1959）『日本語の系統』岩波書店（岩波文庫で一九九九年に再刊）
平井金三（1907a）「「危険なる言語論」に答ふ」『帝国文学』一三―七
平井金三（1907b）「亀田次郎君に答へます」『帝国文学』一三―九
藤岡勝二（1901）「言語を以って直に人種の異同を判ずること」『史学雑誌』一二―九
藤岡勝二（1908）「日本語の位地」『國學院雑誌』（大野晋編（1973）『論集日本文化の起源』に再録）
安田徳太郎（1955）『万葉集の謎』カッパブックス
吉永進一編（2007）「平井金三における明治仏教の国際化に関する宗教史・文化史的研究」平成一六年度～一八年度科研報告書

論文

帝国大学の創設と日本型社会科学の形成

瀧井一博

一　帝国大学の創設――森有礼文政のはみご？

一八八六（明治一九）年三月一日、帝国大学令が制定され、ここに帝国大学が設立された。いわずと知れた東京大学の前身であり、今日にまで続く日本の最高学府の誕生である。こののち陸続として立ち上げられる「帝国」を冠した組織の嚆矢と目され、(1)その帝国大学令第一条に定められた「帝国大学ハ国家ノ須要ニ応スル学術技芸ヲ教授シ及其蘊奥《うんおう》ヲ攻究スルヲ以テ目的トス」とのあまりにも有名な一節によって、それは国家主義的な教育・学術体制の成立と見なされてきた。それが、近代日本における高等教育制度や学問観の転換をなすものだったことは、衆知の事柄に属する。(2)

確かに、帝国大学が最高学府として位置づけられ、近代日本の国家エリートを供出するリクルート装置として機能してきたこと、そして日本全土に張り巡らされた教育の網の目は、地方の有為な子弟を発掘し知のピラミッドの頂点たる帝大へと吸い上げていく役割を果たしていたことは疑いがない。このような帝国大学を頂く知の階層構造と人材のリクルート機構を指して、「帝国大学体制」と呼びえよう。(3)日本的〝科挙〟体制である。

このように、帝国大学の創立が、この国の教育体制を刷新するものだったことは明らかである。それは、国家主義的教育改革を掲げた初代文部大臣・森有礼の功績として当然のように語られる。[4] では、その一方で、帝国大学の創設は日本の学問のあり方にどのような変化をもたらしたのだろうか。実はこの点については、これまで十分な論究がなされてこなかったように思われる。「国家ノ須要ニ応スル」とのかけ声によって、学問の国家主義化が推進されたと何の疑念もなく語られるのみで、その実相についての理解は必ずしも深まっていないように見受けられるのである。[5]

本稿は、帝国大学の創設が日本の文系諸学、特に（筆者の専門上）社会科学に与えた影響を再考しようとするものである。先述のように帝大の成立によって学問の国家主義化へとかじが切られたとしても、問題はその内実である。以下では、帝国大学の創設に際して、その法科大学内に設けられた国家学会という学術団体の活動を通じて、近代日本の社会科学成立史のひとこまに光を当てたい。だが、その前提として、帝国大学の成立に関してひとつの仮説を提示したい。

（1） 帝大は森文政の産物か？

既述のように、帝国大学の誕生は近代日本の高等教育と学術の体制を国家主義へと転換させようとしたものだったとされる。そしてその背後には、文相・森有礼のリーダーシップがあったと専ら語られている。しかし、このような理解は妥当なものといえるのか、筆者には懐疑の念がある。

第一に、国家主義の中身であるが、これは既述のようにこれから本稿全体で考察していくので措いておく。第二の森文政の産物としての帝国大学という捉え方である。当時森の近くにいた大学行政のエキスパートの証言もあって、森が帝国大学令をみずから策定し、独自の大学構想をもってその運営にあたっていたことは当然視されている。[6] しかし、果たしてそうだったのか。というのも、森と実際の帝国大学との齟齬を示すいくつかの徴憑《ちょうひょう》も存在するからである。

最も著名なところでは、森がその死の四日前の一八八九年二月七日、帝国大学工科大学で行った演説がある。前の月に大学の寄宿舎で火災が生じ、学生の焼死者一名を出していた直後に帝大に赴いた森は、「学生ニ於テハ平素如何ナル注意ヲ取ラレシカ各自ノ良心ニ問ハレテ可ナラン」と述べ、学生たちの怒りを買った(7)。あまつさえ、この時、文部省では帝国大学の授業料増加が検討されており、帝大生の間に不満が高まっていた。森はこの措置の説明のためにみずから帝大に赴いたのであり、もともと森を迎える大学側の雰囲気には険悪なものがあった。そのうえに、右のような学生たちの神経を逆なでする発言をしてしまったのである。火に油を注ぎ、会場は騒然となったと新聞各紙は伝えている(8)。このような森と帝国大学側との感情的行き違いもあって、憲法発布日の森の凶変に対する帝大関係者の反応には冷淡なものも少なくなかった。

ところで前記の演説では、「大学ノ職員及ヒ学生タル者ハ、国家ト云フ事ガ大学ノ本尊デアルト心得ネバナラヌ。国家ハ大学ノ本尊デアル」と高唱され(9)、大学の現状は「文部大臣ニ於テハ政府ノ思フ所ノ満足ノ点ニハ成テハ居ラスト思フ」とも述べられている(10)。帝国大学が開学して三年になろうとしていたが、その現状は森にとって満足できるものではなかったのである。それというのも、森の構想する国家主義的大学政策と現実に推し進められていた帝国大学の国制化との間には顕著な相違が生じていたからである。

森が考えていた国家主義的大学政策とは何か。森はみずからの学術構想を「学政要領」と題した文書に取りまとめている。『森有礼全集』のなかには、その草案二通を含めた三通りの案が翻刻されているが(11)、そこに一貫しているのが、学問を致知の学、すなわち純正学（pure science）と応用の学（applied science）に分け、後者の応用の学に比重を置くべしとの見解である。国家に有用なる学問という近視眼的関心からはそのように説かれることは見やすいが、それよりも重視すべきなのは彼が一貫して、学制の経済的合理化を掲げていることである。

すなわち、最初の草案ではその筆頭に「経済ノ主義ニ基キ学制ヲ定ムルコト」と挙げられ、それは成案においては「国家経済（ナショナルエコノミー）ノ要理ニ本ツクヘキコト」との第一条に帰結する。森においては、学問の国家化とはその内容もさることながら、経済的な観点、端的にいってしまえば経済的合理化の問題と不可分だったのである。

このような政策は、当然国家財政の見地から必要でない学問の淘汰を招く。実際、帝国大学の設立は、それまでさまざまな省に分散していた各種専門学校を文部省に一元化するという行政改革の産物でもあったが、それは高等教育機関のリストラという性格もあった。森は自己の教育観を説明して、経済主義としばしば述べている(12)。その経済主義とは国家教育機関の統廃合による合理化という色彩が多分にあったのである。

このような財政健全主義からの緊縮策は、えてして現場の当事者からは不評をかこつ。一例を挙げよう。一八八六年、創立間もない帝国大学へ東京職工学校の移管問題が生じた。東京職工学校は、今日の東京工業大学の源流である。当時は職工徒弟の職業学校であった。しかし、その経営振るわず、存続があやぶまれていた。森文相はその経済的合理主義にもとづき、同校の廃止やむなしとの考えだったが、帝大の初代総長・渡邉洪基《ひろもと》はこれを引き取り、帝国大学附属学校として再編しようとした。そして、一八八六年四月に東京職工学校は帝国大学へ移管されることになる(13)。

東京職工学校移管問題からうかがえるのは、森と帝国大学側との経済主義をめぐる相克である。森は国家財政的見地から同校は国家にとって無用の長物と見なし、その廃止を打ち出した。しかし、帝大総長の渡邉は、国家の経済的発展にとってそれを必要視し、帝国大学に移管しようとしたのである。渡邉が行ったこのような処置の裏には、帝国大学で編み出される学理を実際に社会に適用していくために手足となる人材の養成という関心があった。それが故に、彼は職工教育と大学を連結させようとしたのである。同じ経済主義をうたいながら、森のそれは消極策であるが、創立期の帝大を取り仕切った渡邉の脳裏にあったのは、積極主義だったのである。

(2) 徳育をめぐるすれ違い

このような運営面での軋轢のみならず、両者の間には学問のあり方をめぐっても摩擦が生じていた。次節以下で詳しく論じるが、帝国大学の創設は、西洋学術に範を取った実学志向の確立を意味していた。これに対しては、伝統的な漢学や国学の側からの反発があった。帝大は、鹿鳴館に代表される軽佻浮薄な欧化政策の一環とも目されていたのである。

特に注目されるのが、そのような帝大の姿に当初天皇も憂慮を示していたことである。一八八七(明治二〇)年五月と一〇月の二度にわたって、明治天皇は侍従長徳大寺実則《とくだいじさねつね》を帝国大学に派遣し、その教育の実情について視察させた[14]。徳大寺は帝大における伝統的な徳育の不在を天皇に上奏し、天皇はその改善を求めた。これに先駆けて、前年の一八八六年一二月に西村茂樹が帝大で日本道徳論の講義を行っている[15]。

この一連の動きは、森有礼の意向に基づくものだったことが推察される。西村はこの時の講義をもとに『日本道徳論』を刊行したが、森はこの著を中学校以上の教科書にしようとしている。この時期の森は、かつての急進的な欧化主義的啓蒙主義者の姿は後景に退き、国体を尊重する国民主義を掲げていた[16]。ここで森は、そのような立場から徳育の注入を図っていたのである。

しかし、西村の『日本道徳論』を徳育の教科書にせんとの措置は、伊藤博文首相の逆鱗にふれ取り下げられた。この後も森は、中学校ならびに師範学校の教科書として採用されるべく一八八八年三月に『倫理書』を編纂し刊行している。この倫理書では、個人主義的合理主義の立場から社会倫理が説かれており、西村的な儒教主義や国体論とは一線を画している。森にしてみれば、伊藤の賛同が得られるようなかたちで徳育の導入を図ろうとしたのかもしれないが[17]、結局は『倫理書』も教科書としては採用されなかった。その経緯には不明の部分が多いが、ここでは帝大総長の渡邉が、それについて否定的な意見を述べていたことを紹介しておこう。

渡邉が残した草稿群のなかに、「現今倫理ノ見解一般紛雑ナルノ時ニ当リ又世人ノ向背共ニ其目的政府ニ在ルノ時ニ当リ、倫理教育ノ基本ヲ与フル読本トシテ諸家ノ評決ヲ取リ文部省ヨリ之ヲ発行スルハ、未タ完全ナラサルノ感アルノミナラス我国家ノ教化上ニ於テ大ニ危ム所ノモノアリ」と、学校教育における倫理教育の導入を尚早と批判した文書がある[18]。倫理観は国民の間で多様であり、そこに政府が上から倫理の正道を押しつけるような所業をしては、かえって禍害をなすとの見解である。ここに端無くも、学問観をめぐる森文相と渡邉総長との径庭が現れている。つまり、大学の場にも徳育を注入しようとする森文政と大学をあくまで学術の府としようとする帝国大学側の意向との葛藤である。

従来、帝国大学の誕生とその初期の運営は、森文政の政策的帰結として当然に理解されてきたが、そのような単線的理解は修正される必要があろう[19]。少なくとも、設立当初の帝国大学が「国家ノ須要ニ応スル」ためにいかなる実践を行っていたのかは、その内部の活動を精査してみる必要がある。

二　初代総長・渡邉洪基の学問観

すでに中野実が、東京大学に残されている帝国大学草創期の文部省と帝大との往復文書の詳密な分析を通じて指摘しているように、森の帝国大学理念と現場の教育や研究の実態との間には齟齬があり、「森は、それら現実、実態による理念の変更については認めざるを得ない状況にあった[20]」。換言すれば、「大学の「現場」からの帝国大学理念の変更があった[21]」ということである。それは、森文政の意図とは別に、帝国大学が独自の主体性をもって理念形成を行っていた証左でもある。では、それはどのような理念だったのか。

ここで注目すべきなのが、既に言及している帝国大学初代総長・渡邉洪基の存在である。[22] 渡邉は、一八九〇(明治二三)年にその地位を退くまで四年間にわたって創建期帝国大学のかじ取りを行った。これまで、初期の帝国大学総長といえば、彼の後を継いだ加藤弘之のほうが名高く、渡邉はいわば〝忘れられた初代総長〟である。学者ではなく、官僚であった渡邉は、政府の命を受けて天下ってきた落下傘総長と目され、大学史のなかでまともに取りあげられることはなかった。

しかし、その生涯を通観してみると、彼が独自の経綸をもって学術振興にあたっていたことが分かる。何よりも、彼は「三十六会長」の異名をとり、「府下ノ学術協会一時殆ンド君〔=渡邉〕ノ管理ニ属セザルモノナ」しと評される人物だった。[23] その息のかかった学術団体名を列挙してみよう。ほとんどが今日なお存続している学会である。東京地学協会、統計協会、国家学会、工学会、建築学会、東京化学会、東京倶楽部などがそれである。これ以外に、渡邉は幾多の学校の経営にも関わっており、帝国大学の総長のみならず、学習院次長として学習院の改革に辣腕を振るったほか、工手学校(現・工学院大学)と大倉商業学校(現・東京経済大学)の創設を手がけ、初代の校長の地位に就いている。

このように多彩な学術組織に関与していた彼は、一体いかなる思想をもってそれを手がけていたのだろうか。ここでは後年の帝国大学に連なる渡邉の考えが如実に表れた事例として、一八七九(明治一二)年設立の東京地学協会、そして彼が想を練った政治学校設立の企画を取りあげてみたい。

(1) 貴顕学会の設立

一八七九年創設の東京地学協会は、会長(社長)に北白川宮三品能久《よしひさ》親王を戴き、副会長(副社長)には榎本武揚が選任された。渡邉は幹事としてこの会の切り盛りに当たったが、そもそも同会は彼の唱道によって結成されたものだった。それは、協会の機関誌が、「東京地学協会設立ノ起源ハ、現今本会ノ幹事タル渡邊洪基氏曾テ欧洲ニ在リテ維也納府勅立地学協会ノ社員タル日、地学協会ノ本邦ニ欠クヘカラサルヲ熟思シ」た結果であると記していることに明らかである。(24) 外交官としてハプスブルク帝国に駐在していた経験をもつ渡邉は、赴任先のウィーンで同国の地理協会に入会しており、それと同種のものを日本にもたらそうとした。

この協会は、「貴顕学会」の異名をとった。(25) 会長に皇族を迎え、副会長に榎本という名だたる政治家を据えたことにその片鱗が表れているが、会員のなかには伊藤博文、井上馨、大隈重信、福沢諭吉、山県有朋といったそうそうたる名が見える。「当時此会に純地理学者は一人もな」かったと断言されているが、(26) 地(理)学を究めるとはまた別の目的をこの会がもっていたことは明らかである。

その目的とは何か。それは、「貴顕」の士、つまり国家のエリートを専門の枠を超えて幅広く糾合し、彼らが交流する場を提供するというものだった。当時ヨーロッパで結成された地理学の協会というものが、そもそものような趣旨で作られたものだった。(27) 渡邉が入会していたオーストリアの地理学協会にせよ、イギリスの王立地理協会にせよ、そこでは貴顕の士が行った異国旅行記や探検談の披露が主であり、それを各界の名士が聞いて楽しみ親睦を図るというのが活動の眼目だった。

渡邉はそのような「貴顕学会」を日本にもたらそうとした。それは、国家を担い運営する立場にある人々が幅広く集い、そして国の内外の地勢について情報を交換し、国のあり方に思いを馳せるよすがとするためだった。結社を興すにあたっての渡邉の哲学、それは異分野間の交流を進めるというものだった。これはのちに彼が帝国大学の法科大学内に設ける国家学会でも貫かれる。

（2）政治エリート養成の構想

次に取りあげたいのが、「政治学校設立之議」と題した渡邉の手になる意見書である。[28] 一八八二（明治一五）年八月の日付をもつこの建議書は、右大臣の岩倉具視に提出された。これに先立ち渡邉は、一八七八年から一八八一年にかけて学習院の次長を務め、その改革に当たっている。岩倉とは学習院との関係でパイプがあった。

渡邉の学習院改革は、皇族や華族の子弟が学ぶ同院を政治エリート育成の学校として確立しようとしたものだった。しかし、体育の操練や兵式教育を取り入れた渡邉の改革については、やんごとない筋からの反発も大きく、挫折を余儀なくされる。[29] 心機一転、改めて政治エリート教育の課題に取り組む姿勢を見せたのが、この意見書である。ここで彼は、御一新後の新しい社会にふさわしい「治国平天下ノ学」＝政治学が必要であることを説いている。

維新前においては、修身の道を説くというかたちで政治教育がなされていた。しかし今では各種専門教育は盛んに行われているものの、「社会ノ公利ヲ謀リ其幸福安寧ヲ保持スル政治経済ノ学」はないがしろにされている。その間隙を突くように、政治学の学習は私立のさまざまな学校や塾によってなされているが、そこでの教育は、「学風浅薄実歴ニ由ラスシテ空論ニ流レ、議論常ニ極端ニ走ル」弊に陥っていると述べられる。その結果、「一片ノ理論ヲ以テ学トシ、古今ノ実歴ヲ学ハズ、自ガラ《(ママ)》軽躁浮薄ニ至ル者」が政治学の徒として世間に輩出されている。民約論や天賦人権論などを生噛りしただけで、歴史や現実の実地に沿った研究はないがしろにした軽佻浮薄な輩が多いとの苦言である。

このような現下の弊風を指摘して渡邉は、「西洋各国ノ実況」を見よと呼びかける。そこでは学校が整備され、そこで教育と研究を行う学者の識見は社会の広い層から尊重されている。また、新聞雑誌も急躁過激な政見で華々しく紙面を飾りたてるよりも、碩学高儒や実歴者の意見を聴取するなど「政治経済ヲ学フノ装置自然ニ完備」している。かくして、ヨーロッパの地では、「財産地位アル者政治ヲ執リテ悶スルナク、議論亦タ過激ナラス。以テ文明ノ治ヲ得ル」ことができているとされる。そもそもわが国の青年書生の間に流行しているミル、スペンサー、ベンサムらにしても、西欧社会のなかでは新聞の論説のうえでの議論であり、正統的学校教育のなかで教えられている学説ではない、と渡邉は指摘する。それらは、正規の学校での政治教育を受けた後に参看されるものに過ぎない、とされるのである。

以上のように、渡邉は西欧での政治教育の現状を引き合いに出しながら、政治教育の反政府運動からの奪還を立論するのである。このようなエリート養成の構想を胸に抱いていた人物が、初代の帝国大学総長となったのだった。渡邉にとって、帝国大学は、かつて学習院で苦汁を嘗めた経験を挽回し、またそれを活かして再度、国家経綸の担い手を作り出していく格好の場だったのである。次節では、総長渡邉によってデッサンされた帝国大学のなかで、実際に展開された政治学の営みを瞥見することにしよう。

三　社会〝科学〟の成立——国家学会における〝研究〟の高唱

政治学校設立の構想をかねてより抱いていた渡邉は、帝国大学においてそれを実践する。これと並行して、伊藤博文も明治憲法の制定に先立って、大学制度の刷新を必要視していた。

一八八二（明治一五）年から翌年にかけてのヨーロッパでの〝憲法〟調査において、伊藤は立憲体制を布いて議会を開設するには、それに先立って近代的な行政を確立することが急務との認識に達した(30)。近代的な行政の確立には、メリトクラシーと専門知を原理とする官僚養成のシステムが不可欠である。そのような大学改革への意志を胸に、伊藤は帰国した。帝国大学の創設は、伊藤と渡邉という二つの水流がひとつになって実現したのである。

（1）国家学会の創設

では、そのようにして形作られた帝国大学に盛り込まれた学問の姿とは、いかなるものだったのだろうか。この問題に取り組むために、渡邉の強力なリーダーシップで帝大に設けられたある学会について考察したい。その名を国家学会という。今日なお東京大学法学部のスタッフによって構成されている法学・政治学研究の学術団体である。それが発行する『国家学会雑誌』は一八八七年の創刊以来、日本を代表する社会科学の学術誌として学界に君臨している。(31)

今でこそ国家学会は、『国家学会雑誌』を編集・刊行するのみの組織となっているが、創設初期の同会はむしろ講演会を活動の主体とし、国家をキーワードに幅広い分野の人々が集う場となることを掲げていた。そうすることで、国家学会は何を目指していたのか。ひとつには、渡邉の学習院改革の継続である。渡邉は国家学会を立ち上げることによって、国家を支える〝貴顕〟の人々を作り出そうとした。とはいえ、今やその対象は皇族や華族に限られない。国家学会がターゲットにしたのは、実際に国家の活動を担っている人々とその学理を研究している学者であり、彼らを糾合することによって新たな〝貴顕の士〟の誕生を画策したのである。「国家貴族」の創出といってもよい。この意味で、国家学会は、渡邉にとって学習院改革と東京地学協会を結び合わせたものとして構想されたといえよう。

国家学会が目指したものとしてもうひとつ挙げられるべきなのは、国家学それ自体の創造である。そもそも国家学とは何なのか。紙幅の関係で詳しい説明は省略せざるを得ないが、国家学会が掲げていた国家学とはドイツで唱えられていたStaatswissenschaftを日本に受容しようとしたものである。ドイツ流の政治経済学である。

ところが、奇妙なことに、このドイツの国家学とは決してドイツのアカデミズムにおいて主流に立っていたのではなく、むしろ前世代の遺物として淘汰の対象となっていた時代遅れの学問と目されていた。国家学は、国家活動全般を網羅した総合的学知をうたっていたが、それは専門分化と実証主義がパラダイムとなった一九世紀後半の学問史のなかでは、嘲笑の的でしかなかったのである。(32)

(2) 国家学の内実――民権派結社との対立

そのような異端の学問をなぜ帝国大学は取り入れようとしたのだろうか。結論からいえば、この時受容されたのは、ドイツ国家学の理論体系ではなかった。渡邉ら国家学会に集った人々は、国家の活動全体を対象にするという国家学の器を借り受け、そこに独自の内容を与えようとしていたのである。それはどのようなものだったのか。国家学会が掲げる国家学の内実を唱道した論説として、『国家学会雑誌』第四号に掲載された金子堅太郎の「日本行政法ヲ研究スルノ必要及ヒ方法ヲ論ス」が挙げられる。金子は伊藤博文系の官僚として明治憲法の起草作業にもタッチしていた人物である。当時、首相秘書官などの官職にありながら、法科大学講師として帝国大学にて行政法を講じていた。

金子のこの論説は、国家学会の第二回例会における同名の講演の筆記録である。この講演は、「頗る世論を喚起し、朝にも野にも論難攻撃を試むるものあるに至」るほどの大きな反響を呼んだと伝えられている。一体、何が世論を刺激したのだろうか。

金子演説に対する反駁を加えたものとして、『東京輿論新誌』第二八八号に掲載された高野真毅「金子堅太郎氏の演説を聞て一驚す」がある。その内容を見ていこう。著者はまず、金子の如き「常に官海に遊泳する」人物が日本行政法研究の方法について論じたという一事に注目している。何といっても、「氏は予輩の如き草莽の一書生にあらずして総理大臣秘書官の地位に在る人なり。去れば其学識経験と云ひ、官海の事情と云ひ、之を知るに精《くわ》しきこと予輩の比」ではないからである。(33)

しかし蓋を開けてみると、金子の所説は、高野を激昂させた。というのも、金子が演説のなかで、西洋の法律の学習に血道を上げている書生学者を日本の法制度に無知な「片輪学者《ママ》」と嘲罵したからである。金子は欧米一辺倒の「片輪学者」を克服するために、「日本古来の行政法を研究せよと言ふ」。これに対して高野は、「一片の妄言」として猛烈に反発し、「今日の日本は漸次旧来の陋習を脱して欧米の新主義を輸入せんとするの時なり。然るに日本古代の行政法は之を取調べて将来の則と為すに足らず」と論駁を加える。

ここからうかがえるように、金子の演説は西欧法の導入に見切りをつけ、日本の固有法制の見直しを図るという「反動」的性格のものとして受けとめられた。それが故にそれは、当時の知識人を激昂させたのである。

さて、このような民間の声に対して、国家学会のほうでは一八八七（明治二〇）年六月発行の『国家学会雑誌』第四号に金子の講演録を掲載した。これを通じて、金子の所論を追ってみたい。

まず、行政法の定義である。それは、「憲法又ハ国法及ヒ国家ノ事業ヲ処理施行スルノ機関方法ヲ云フモノ」であり、「政府ノ行為ヲ実施スル方法」とされる。(34) このように考えると、行政法とはおよそ「国家ヲ組織シ、国民ヲ統御スルノ事実ア」るところでは必ず存在するものである。(35) 他方で、その範囲と様態には国ごとに大きな差異があるだろう。重要なのは、日本の国情に合った行政法学の確立だとされる。

日本の国情に合った行政法学、すなわち「日本行政法学」を金子は説く。それは換言すれば、歴史主義に基づく法学の方法と体系である。注目すべきことに、金子はそれを欧米の思考と背反するものとは見なしていない。つまり、高野ら民間知識人が金子演説を西欧文明の軽視と見なしたのとは裏腹に、金子自身は西欧思想の正当な受容を自認していたのであった。(36)

実際、一九世紀前半の西欧ではドイツを中心にして、抽象的自然法思想から民族精神論を基軸とする歴史法学へと法学方法論の転換がなされていた。[37]それは、民族や国民をキーワードとして、歴史や伝統を駆使してその政治的社会的肉付けを施していく知的営みの隆盛として把握できるが、そこからさらに、日々生起する社会問題にいかに対処し、それをどのように学問的に理論化し政策にむすびつけていくかという、勝れて現実的な作業へと展開していっていた。金子にしてみれば、自分こそがそのような同時代の西欧思想の真の理解者なのであって、高野らの批判は時代錯誤な書生論議と見なされたのである。

高野の激昂も無理はない。金子の演説は、明らかに高野ら在野の民権家が担ってきた政治教育に対する反攻の狼煙だった。この講演において金子は、確かにこれまでの法律学士を「片輪学者」と呼び、彼らとは一線を画した新しい学識者の養成を説いているのである。

金子によれば、現下の私立法律学校は、「殆ント英米両国ノ法律学校ノ組織ニシテ、専ラ欧米ノ学理ヲ講習」する弊に陥っていると批判される。[38]その結果、学生は日本の法制度には目もくれず、欧米の制度を引き合いにした空理空論ばかりを弄しており、その結果、行政法など現実の国家を動かしている重要な法制度は法学教育において看過されてしまっている。既存の法律学校では、「行政官吏トナルノ教育ヲ与フルノ途ヲ欠」いているのである。[39]かくして、「只欧米ノ学理ノミヲ研究シテ、全ク本邦ノ行政法ヲ知ラサルトキハ、即チ車ニシテ両輪ヲ具ヘサルカ如ク、是レ所謂片輪ノ学識ト云フモ亦不可ナキカ如シ」と断じられることになるのである。[40]

(3) 国家学会のエトス

このように、金子講演は国家学会の論敵を明示した。それは、民権派の結社と化していた私立の法律学校であった。他方で、この演説は、国家学会が嚮導すべき知の方向性を設定するものでもあった。それは、日本の独自性を勘案した行政構築のための政策知ということができる。この点について、補足しておきたい。

金子演説が希求する国家学、それは「研究・方法・比較」という標語にまとめられる。講演タイトルに掲げられているように、そこでのテーマは「行政法研究の方法」である。「研究」ということの含意は、ラジカルな政府批判に終始する私立学校の書生たちに対抗して、具体的に法や制度を内在的に考察し、またそれを構想するエトスと考えられる。この点で示唆的なのは、次のような国家学会規則第五条の規定である。

本会ノ講義討論会ニ預リ、又ハ雑誌ニ投稿スルニ方《あた》リ、会員ハ充分言論ノ自由ヲ有スルコト論ヲ矣タスト雖、政談ニ渉《かかわ》ルモノハ一切之ヲ許サヽルモノトス(41)

政談に陥ってはならない。国家学会は研究の場である。それが裏書された規定といえよう。この規定が有するインパクトは、当時の私立学校の講義風景を考え合わせれば、一層明瞭となる。当時の私立学校での講義とは、壇上から講師が盛んに政論をふっかけ、それに学生たちが一斉に呼号するというものであった(42)。そのような政談的雰囲気を政治の議論空間から排し、より冷徹な「研究」の姿勢で政治を学問的に語ること。それがこの時期の国家学会のコンセンサスであり目標だったのである。

四　日本型社会科学の形成

既述のように、『国家学会雑誌』は東京大学法学部（大学院法学政治学研究科）の紀要として、今なお法学政治学の研究をリードする立場にある。本稿では、その国家学会が帝国大学の創設とあわせて一八八七年に設立された際の経緯を論述し、同会の「国家ノ須要ニ応スル」活動の所以と意義について考察した。以上論じたことをもとに、日本における社会科学の形成にあたって、国家学会が果たした意義と役割について若干のコメントを付しておきたい。
石田雄は日本の社会科学史における国家学会設立の画期性を次のように特徴づけている。すなわち、「私学における活発な動きに対して官学がその中心とするドイツ系の国家学を振興するために作られたのが「国家学会」であった」、と[43]。

つまり、「独逸学」としての国家学を導入することによって、私学に対抗する官学の樹立を図ったのが、国家学会だったとの理解である。ここに示唆されているように、国家学会には、市民社会の自由な学問の展開を淘汰しようとする国家の御用機関とのイメージがつきまとう。その点をより明瞭に語っているのが、戦後すぐに著された丸山眞男の「科学としての政治学」である。丸山はここで、ドイツの国家学の政治学史における特異性を論じて次のようにいう。すなわち、ドイツでは「政治学はほとんどもっぱら国家学（Staatslehre）として展開し、それもとくに、国法学（Staatsrechtslehre）乃至は行政学の巨大な成長のなかにのみこまれてしまった」が、それは同国の市民的自由の脆弱さと強大な官僚機構の支配力の結果であったとされる[44]。

明治の日本が受け入れたのは、このようなドイツ流の国家学としての政治学だった。その受け皿となった国家学会は、日本における市民的政治学の芽を摘み、政治の営みを国家に限局するという官治主義的な政治学を根付かせるものだったということになろう。確かに、帝国大学が、創立の翌年の一八八七年に導入された文官試験の受験資格に特権的な地位を占めたことによって、そこでの教育の内容と体系が私学にも浸潤していったことは指摘できる。

だがその一方で、帝国大学と国家学会が私学を凌駕したことを、ただ単に国家権力の後ろ盾という観点からのみ捉えることは、事態を単純化していないかとの思いも残る。本論で詳述したように、国家学会は確かに私学における政治学教育のアンチテーゼとして成立した。しかし、その際に国家学会側が提示した対抗原理は、研究であった。金子演説に表明されていたように、国家の行政活動の研究をうたって、国家学会は反・私学の旗幟としていたのである。それは、自国の歴史を明らかにし、他国との統計的な比較を行うことによって、国家行政のあり方を考察し、その成果を現実の政策に応用するということである。私学での授業がしばしば政府批判のアジテーションに陥っていたことを考慮に入れれば、むしろ経験科学としての政治学としては、国家学会のほうに一日の長があったということになるのではなかろうか。

このように、国家学会は日本の社会科学に〝研究〟というエトスを注入するものだったと指摘することができる。もう一度帝国大学令の有名な第一条を見てみよう。「帝国大学ハ国家ノ須要ニ応スル学術技芸ヲ教授シ及其蘊奥ヲ攻究スルヲ以テ目的トス」との規定である。従来ともすると、「国家ノ須要ニ応スル」の部分ばかりが大書され、学問の国家管理化の端緒を切り開いたものとして語られる傾向があるが、帝国大学には、そもそも研究体制としての近代的学問を日本に成立させたという一面もあったことは看過すべきでない。

最後に、そのような〝研究〟のエトスを有して、どのような社会科学者としての意識と行動原理がもたらされたかについて若干のことを記しておきたい。国家学会は、私学の政治学教育の政談に対抗して作られた。対抗原理として研究をうたったそれは、科学によって政談を「暗消」しようとしたものだったといえる。(45)

だが、そのことは、国家学として開始された日本の社会科学が、言葉の通常の意味における〝研究〟に専心するように仕向けられたことを意味しない。渡邉洪基による帝国大学の構想は、学理と社会をつなぐ応用を旨としたものだった。国家学会はその先兵として、学者と実務家が交流するフォーラムの役割を期待されていた。今日でいうシンクタンクに近い。すなわち、〝研究〟主義とは決して学者の非政治化を意味していたのではない。統治のシステムの一翼を担うという新たな学知と学者（国制知）の創出を意図していたのである。

そのような為政者の意図が、その後順調に実現していったわけではない。むしろ、できあがった帝国大学は徐々に自治を主張し、政府からの自由を勝ち得ていく。国家学会も当初の理念に背を向け、純然たる学者たちの集まりへと装いを変える。だが、それが研究を第一とする非政治的学者の誕生であったわけでもない。美濃部達吉や吉野作造といった国家学会の中心的存在の帝大法科の教授たちは、『国家学会雑誌』に研究成果を発表する一方、『中央公論』や『改造』などの論壇誌でさかんに政論を展開した。そのような〝国家学者〟たちの言動は、かつての私学の政談への回帰なのか、あるいは帝国大学と国家学会の初発の理念の変奏なのか。今後の課題としたい。

【注】

（1）文部官僚として森有礼に仕えた経験のある木場貞長は、「日本語にて帝国の文字を用ひし例ハ多々あれとも、Imperial の語を帝国と称せしは森氏の創作デハなかつたかと思ふ。其後ハ帝国憲法、帝国議会、帝国ホテルなとゝ続々此語を使ふ事ニなつて自ら自然的ニなつて来たが、当時ハ何となくゴツゴツ聞へて極て不自然であつた事を記憶して居る」と回想している。「帝国大学令制定に関する木場貞長氏の追憶談」（『新修　森有礼全集』第四巻、文泉堂書店、一九九九年）三三六〜三三七頁。引用に際して、旧字体を新字体に改めた。以下同。

（2）すでに、この点を論述したいくつものすぐれた概説書に恵まれている。中山茂『帝国大学の誕生――国際比較の中での東大』（中公新書、一九七八年）、中野実『東京大学物語――まだ君が若かったころ』（吉川弘文館、一九九九年）、寺崎昌男『東京大学の歴史――大学制度の先駆け』（講談社学術文庫、二〇〇七年）、天野郁夫『大学の誕生――帝国大学の時代』上（中公新書、二〇〇九年）。

（3）「帝国大学体制」という問題設定について、中野実『近代日本大学制度の成立』（吉川弘文館、二〇〇三年）、瀧井一博『帝国大学の創設と初代総長渡邉洪基（第十九回夏期教育セミナー）』（旧制高等学校記念館、二〇一六年）四二〜四三頁を参照。

（4）その典型的理解を示すものとして、『東京大学百年史』通史編一（東京大学出版会、一九八四年）七九六頁以下の論述を参照。最近の例として、小路田泰直「日本大学史論序説――森有礼と帝国大学」（『日本史の方法』第一号、二〇〇五年）。

（5）参照、山室信一『法制官僚の時代――国家の設計と知の歴程』（木鐸社、一九八四年）三一五頁以下、石田雄『日本の社会科学〔増補新装版〕』（東京大学出版会、二〇一三年）二三頁以下。これらの先駆的考察によって、本稿で論じる国家学会の設立とは、ドイツ学に基づく学問の国家主義化のマイルストーンだったとの通説が樹立された。以下では、国家学会の活動の内在的理解を通じて、この図式とは別の見方を提供する。それは、国家学会の掲げる国家学とは、「研究」を唱えた近代日本における初めての自覚的な社会〝科学〟の試みだったというものである。なお、近時、鈴木貞美は概念編制史という観点から帝国大学の成立が日本の学問史に及ぼした画期的意義を指摘している。参照、鈴木貞美「日本の帝国大学制度――概念編制史研究の立場から」（酒井哲哉／松田利彦編『帝国と高等教育――東アジアの文脈から』国際日本文化研究センター、二〇一三年）。鈴木は、工科大学を中心に論じているが、本稿では法科大学の観点からこれを論じ直してみたい。

（6）多くの研究が依拠するのが、前掲注(1)「帝国大学令制定に関する木場貞長氏の追憶談」である。

（7）『学士会月報』第一二号（一八八九年）一〇頁。前掲注(3)中野実『近代日本大学制度の成立』、一五〇頁も参照。

（8）前掲注(4)小路田泰直「日本大学史論序説」に二月一〇日付の『東京朝日新聞』の記事が紹介されているが（一二七〜一二八頁）、このほかにも、在京各紙はこの帝大内での一騒動をこぞって報じている。二月九日付の『東京日日新聞』は、冒頭の学生焼死事件への言及から会場が騒然とし、「ノー、ノー」の声が湧き上がって森の声が聞き取れなくなったこと、また、授業料増加の本題に入ることなく、突然話を打ち切って聴衆を煙に巻いて去っていったことが記されている。原文は以下の通り。「此よりハ兼て待設けつる授業料増加の明解を与へ文部省の方針を示さるゝならんと片唾を飲だるに如何なる故か大臣は話頭を他に転じ大学生ハ他日社会の上流を占むる者なれバ大学の教授上に関してハ猥りに文部大臣之れに干渉せず云々と述て茲に演説を止められぬ。学生諸氏ハ此の有様に眉を顰め学生の焼死に付き我々の良心を問ハるゝだに心得ぬに今将に本論に入らんとするに当り突然弁を止められたる事の不思議さよとて一同腕を拱きて其判断に窮したりとかや」。

(9) 前掲注(7)『学士会月報』第一二号、一一頁。

(10) 前掲注(7)『学士会月報』第一二号、九頁。

(11) 『新修　森有礼全集』第二巻(文泉堂書店、一九九八年)一六三頁以下。

(12) 参照、犬塚孝明『森有礼』(吉川弘文館、一九八六年)二八一頁。

(13) この件については、拙著『渡邉洪基――衆智を集むるを第一とす』(ミネルヴァ書房、二〇一六年)二一五頁以下。

(14) 『明治天皇紀』第六巻(吉川弘文館、一九七一年)七四七頁、八二三頁。

(15) 以下、西村の『日本道徳論』を巡る事態の経緯については、西村茂樹『往事録』(『増補改訂　西村茂樹全集』第四巻、思文閣出版、二〇〇六年)四七二〜四七三頁を参照。

(16) 先に引用した一八八九年二月七日の森の帝大での演説で彼が、「文部大臣ニ於テハ政府ノ思フ所ノ満足ノ点ニハ成テハ居ラス」と述べた時、直接彼の念頭にあったのは、この点であった。「例ヘバ法律学政治学ニ就テハ我邦古来ノ沿革ニ徴シ、現今ノ事態ニ照ラシテ教ヘモシ学ビモセネバナラス。勿論広ク外国ノ法律或ハ政治ノ学ヲ研究スルコト必要ナリト雖トモ到底国家ヲ以テ主眼トナサヽルベカラズ」(前掲注7『学士会月報』第一二号、一二頁)と森は弁じている。しかし、実態は異なり、当時の帝大では、まさに森が唱えるようなかたちでの歴史主義的国民主義に基づいた学問の実践が着々と進展していたことは、次節で詳述する。

(17) 西村を用いた『日本道徳論』の称揚と『倫理書』の立場とがどのように整合していたのかは、これまでの森研究でも正面切って論じられてこなかった。従来の研究は一方に偏して他方を顧みない傾向にある。この二つの徳育書のギャップが、果たして森のなかでいかに整合されていたのか、あるいは単なる変節なのかは、森研究の積み残された課題である。

(18) 『渡邉洪基関係資料』(東京大学文書館蔵)、六一―一二一。

(19) 早くにこの点を指摘したものとして、前掲注(3)中野実『近代日本大学制度の成立』、六四頁以下を参照。
(20) 前掲注(3)中野実『近代日本大学制度の成立』、七八頁。
(21) 前掲注(3)中野実『近代日本大学制度の成立』、七七頁。
(22) この特異な学政官の生涯と事績の全容については、前掲注(13)拙著『渡邉洪基』を参照。
(23) 「東京統計協会会長渡邉洪基君事跡概略」(『統計集誌』第二四三号、一九〇一年)四頁。
(24) 『東京地学協会報告』第一巻〔復刻版〕(ゆまに書房、一九九〇年)三七四頁。
(25) その実態について、石田龍次郎著・竹内啓一編『日本における近代地理学の成立』(大明堂、一九八四年)一〇一～一〇三頁を参照。
(26) 田中阿歌麿「東京地学協会と予の関係」(『地学雑誌』第五〇〇号、一九三〇年)五七九頁。
(27) 前掲注(25)石田龍次郎『日本における近代地理学の成立』、一〇一頁。
(28) 前掲注(18)『渡邉洪基関係資料』、一二。
(29) 前掲注(13)拙著『渡邉洪基』、一三三頁以下。
(30) 拙著『伊藤博文――知の政治家』(中公新書、二〇一〇年)第二章を参照。
(31) 国家学会の初期の活動について、すでに筆者はまとまった考察を行っている。拙著『ドイツ国家学と明治国制――シュタイン国家学の軌跡』(ミネルヴァ書房、一九九九年)第六章を参照。本節の論述は、旧著で論じたことから抜粋し要約したものである。
(32) 参照、前掲注(31)拙著『ドイツ国家学と明治国制』第一章。
(33) 以下、高野論文からの引用は、『東京輿論新誌』第二八八号(一八八七年)五～六頁。
(34) 金子堅太郎「日本行政法ヲ研究スルノ必要及ヒ方法ヲ論ス」(『国家学会雑誌』第四号、一八八七年)一八三頁。
(35) 前掲注(34)金子堅太郎「日本行政法ヲ研究スルノ必要及ヒ方法ヲ論ス」、一八四頁。
(36) 講演のなかで金子は、日本の留学生がドイツで憲法・行政法学の大家ルドルフ・グナイスト(Rudolf Gneist)から、

「日本ヨリ此国ニ留学シ、又ハ来遊スル日本人ト対話スルニ、日本人ハ欧米各国ノ法令ハ之ヲ熟知スルモノアルモ、其本国ノ行政法及ヒ其実施ノ形況ヲ問ヘハ、未夕曾テ十分ナル説明答弁ヲナスモノアルヲ見ス」と揶揄された話を引いている。前掲注(34)金子堅太郎「日本行政法ヲ研究スルノ必要及ヒ方法ヲ論ス」、一九二頁。

(37) ドイツ近代法学の祖とされるフリードリヒ・カール・フォン・サヴィニー（Friedrich Carl von Savigny）が打ち立てた歴史法学による法学史の一大転換については、戦後の日本の法制史学界においても、磯村哲、上山安敏、河上倫逸といった先学によって詳細に説き明かされてきた。ここではさしあたり、上山安敏『法社会史』（みすず書房、一九六六年）と河上倫逸『法の文化社会史――ヨーロッパ学識法の形成からドイツ歴史法学の成立まで』（ミネルヴァ書房、一九八九年）のみ挙げておく。

(38) 前掲注(34)金子堅太郎「日本行政法ヲ研究スルノ必要及ヒ方法ヲ論ス」、一八九頁。

(39) 前掲注(34)金子堅太郎「日本行政法ヲ研究スルノ必要及ヒ方法ヲ論ス」、一八九頁。

(40) 前掲注(34)金子堅太郎「日本行政法ヲ研究スルノ必要及ヒ方法ヲ論ス」、一九三頁。

(41)『国家学会雑誌』第一号（一八八七年）五六頁。

(42) 当時の東京専門学校（現在の早稲田大学）の看板教師だった小野梓の授業風景は次のようなものだったという。「小野先生の講義は丸で政治演説のやうだ。財政の原理などはそち除けで、盛んに政談をせられる。かういふ風にして、学生の気風を政治弁論に導かれたのは実に非常なものである。〔中略〕全校の生徒約二百人は、総て是れ年少気鋭の政治家であつた」（早稲田大学大学史編集所編『早稲田大学百年史』第一巻、早稲田大学出版部、一九七八年、四七四頁）。

(43) 前掲注(5)石田雄『日本の社会科学〔増補新装版〕』、三一～三二頁。

(44)『丸山眞男集』第三巻（岩波書店、一九九五年）一三七頁。

(45) このような学問のあり方の希求は、一八七九（明治一二）年に伊藤博文によって建策された「教育議」のなかに見られる。春畝公追頌会編『伊藤博文伝』中巻（原書房、一九七〇年）一五三～一五四頁。

【付記】 本稿は、平成二八年度科学研究費助成事業（学術研究助成基金助成金（挑戦的萌芽研究））課題番号26590003による研究成果の一部である。

論文

天心の「子ども」たち——日本美術史の思想はどう継承されたのか

藤原貞朗

『形の生命』（一九三四）で知られるフランスの美術史家アンリ・フォシヨンに『仏教美術』（一九二一）という著作がある。三章立てで、インド、中国、日本の美術の歴史を編年的に交差させて語ったものだが、日本美術を前者二つの弁証法的綜合と理解しており、一読して岡倉覚三（天心）の『東洋の理想』（一九〇三）に想を得ていることが分かる。実際、フォシヨンは冒頭で、岡倉の思想が執筆の動機のひとつであると記している。

アジアの統一性と仏教の発展的性格、この二つが現在の極東の美学者たちが抱く理念だ。その党派性は誰もが感じるところだが、この歴史感覚と共時感覚に秀でた一派は、祖国の愛国主義、さらにアジア大陸の愛国主義に鼓舞されて、この理念を引き出してきた。……そして、民族の集団意識を創造し、蘇らせ、次なる行動計画を準備中である。(1)

フォシヨンは岡倉の思想に潜む東洋主義とその政治性を読み取り、それが「次なる行動計画」を引き起こすと予言している。第一次大戦後の西欧で岡倉の著作がいかに政治的に受容されたかを示す点で興味深いが、私が注目したいのは「歴史感覚と共時感覚に秀でた一派」という文言である。岡倉はすでに一九一三（大正二）年に他界していた。ゆえにフォシヨンの念頭にあるのは岡倉を継ぐ次世代の「一派」の存在だ。彼は具体的に誰を想定していたのだろうか。

まず想起されるのは、岡倉が率いた日本美術院の芸術家たちだろう。岡倉の一周忌に再興された日本美術院は、まさに「次なる行動計画」に取り掛かっていた。しかし、フォシヨンは「歴史感覚……に秀でた」「美学者」と書いており、学者や文筆家を想定すべきだろう。そこで、次に思い出すべきは、岡倉を「予言者」と呼び、近代批判と伝統回帰を提唱して台頭した保田与重郎《やすだよじゅうろう》や浅野晃などの日本浪漫派である。[2] だが、その活動は一九三六（昭和一一）年以後のことで、『仏教美術』が出た一九二一年には影も形もなかった。

だとすれば、やはり美術史学や美学の分野で一九二〇年頃に岡倉の思想を継承した学者を想定するのが妥当だろう。しかし、ここで壁に突き当たる。井上章一と稲賀繁美が指摘しているように、岡倉の『東洋の理想』は一九一〇年代には早くも学術的に「時代後れ」とされ、瀧精一や伊東忠太ら次世代の専門家に批判された。瀧は「岡倉のことを軽んじ」て「学術的な欠陥を馬鹿に」し、[3] 伊東は「天心は学者にあらず」との「判定」を下した。[4]

稲賀は、岡倉以後の第二世代の美術史学が創始者・岡倉を否定する「父殺しの儀式」によって成立したとまでいう。よく知られるように、岡倉は一八九八年に東京美術学校校長の座を追われ、美術史編纂に関わる公職を離れるとともに、みずからが創刊した美術雑誌『國華』の編集からも疎遠になってゆく。結果、彼を継ぐ「弟子」、つまり美術史学の「父」を継承する「子ども」たちは育たなかった。ましてやフォシヨンのいう「一派」など形成されようもなかったというのが、今日の常識的見解である。

フォシヨンが出鱈目を書いた可能性もある。来日経験のない彼は日本の美術史学界事情には疎かった。しかし、彼は『東洋の理想』（と『日本の覚醒』）を（一九一七年のフランス語版で）読み、岡倉の思想の重大さを鋭く見抜いていた。一九二四年にはこうも書いている。

アジア各地の哲学者や詩人、美術家の作品を扱いながら、日本の岡倉は、おそらく虚構だが、構造としては民族的精髄に根ざした連続性を引き出した。それは共通の遺産にして有機的な思想であり、美徳を固持し、緊張の中で生きる人種〔日本人〕が鼓舞する大陸〔アジア〕の愛国心というべきものだ。(5) 岡倉の提示する東洋の理想の歴史を「虚構」と断じた上でなお、日本の「精髄に根ざした」構造を有する物語として評価し、影響力を最大限に見積もった。私たちは俗物的なスキャンダルに目を奪われ、岡倉の思想の影響の射程を軽くみてしまってはいないだろうか。フォシヨンのように外からの目で見れば、「民族的精髄に根ざした連続性」が岡倉以後の世代にも認めうるのではないか。フォシヨンを手がかりに、「父殺しの儀式」を執行した「子ども」たちが（無自覚的であれ）父から継承した美術史思想の「連続性」を探索してゆきたい。

一　東京帝国大学初代美術史講座教授・瀧精一

フォシヨンの念頭にあった美術史家は、おそらく東京帝国大学初代美術史講座教授の瀧精一である。一九二〇（大正九）年頃の瀧は英語版『國華』（一九〇五〜一八）の編集を通じ、岡倉に次いで欧米で知られる美術史家だった。(6) さらに『仏教美術』刊行の一九二一年にはフォシヨンと直接会い、面識があった。

今日、瀧を岡倉の後継者とみなすことはない。学史的研究で瀧と岡倉の関係に最初に言及したのは井上章一の『法隆寺への精神史』（一九九四）だが、そこではガンダーラ仏の日本への影響を巡って、「学術的配慮」から岡倉を「軽んじ」た人物として瀧が登場する。(7) 次いで、稲賀繁美の「理念としてのアジア」（二〇〇〇）が両者の関係を取りあげるが、そこではさらに踏み込んで、瀧が岡倉を「中傷」し、その「信憑性」を「掘り崩す意図」をもっていたとされる。前述のように稲賀は「父殺しの儀式」により岡倉の次世代の美術史が形成されたとみており、「日本における美術史学の確立は、いわば岡倉天心の死後の失権と軌を一にして進行」したと言い切っている。(8) （岡倉の死は一九一三年、一方、帝大に美術史講座が設置され瀧が教授となるのが一九一四年なので、稲賀の説はドラマティックで魅力的である)。

確かに、先行研究が言及するガンダーラ仏の影響論のみならず、文人画や日本美術院の評価を巡り、瀧は岡倉に「反発」し、ときに「中傷」的態度を取った(9)。しかし、その一方で岡倉の仕事を評価した文章もある(たとえば一九一〇年の岡倉の帝大講義「泰西巧藝史」について〔後述〕(10))。また、瀧の岡倉への批判には必ず留保がつけられ(たとえば岡倉の書画論に関して(11))、激しく「中傷」したフェノロサとは対照的である(たとえば狩野芳崖と橋本雅邦の評価に関して(12))。瀧が目の敵にしたのはフェノロサであり、岡倉ではなかった。少なくとも、彼の岡倉への態度には曖昧で複雑なものがあった。それゆえ、フォシヨンが瀧と岡倉を同じ「一派」とみなしたとしても、さほど不思議ではない。

そう想像させる出来事が一九二一年に起こっている。九月末にパリで開催された国際美術史会議に二人は同席し、同じ「極東の芸術」部門で発表した。発表者は四名で、三番目の瀧に続き、フォシヨンが発表している。瀧は「文人画について」と題し、英語で次のように発表した。

東洋美術のなかで文人画ほど西洋画と異なるものはない。近年、主観主義や表現主義の芸術が台頭する西洋で文人画も注目され始めたが、世界的に有名な浮世絵版画はいうまでもなく、古い仏画や大和絵そして文人画もまったく正当に評価されているとは言い難い……(13)。

帰国後に『國華』に掲載された学会報告には、「〔瀧〕博士は東洋画の真髄を知らしめんことに努められ南画〔文人画〕に関することを英語で演説」したと記されている(14)。外国人の「不当な」日本美術理解に抗い、日本の「正当」な評価を提示することが瀧の目的であった。

この発表を聞いたフォシヨンは困惑したはずである。なぜなら、瀧の後に行う予定の彼の論題は「浮世絵版画と一九世紀後半期の西洋絵画」で、「帝政ローマ時代の彫刻家が……ガンダーラ仏を創出」してから、「日本精神に深く通じた印象派」が「日本美術の影響」を受けた一九世紀にいたるまで、東西芸術は相互に影響を与えつつ普遍的芸術の創出へと向かっていると結論する内容だったからである[15]。東西の芸術理解を画然と分ける瀧の主張とは真逆の内容だった。フォシヨンは自分の発表を台なしにされたと思っただろう（そのせいか、会議に参加中の彼は将来の妻に宛て、会議の凡庸さを嘆き、すぐに自宅のあるリヨンに戻りたいと書いている[16]）。いずれにせよ、このとき彼は瀧精一を、東洋の一体性と東西芸術の異質性を主張した岡倉の「一派」と理解したとしても不思議はあるまい。

一九二〇年頃の日本の美術史学界の思想的側面、とくに東洋主義の観点に目を向けるならば、瀧が岡倉から多くを学んだのではないかと思われるふしが多々ある。たとえば、先行研究が取りあげるガンダーラ仏の影響を巡る議論だ。岡倉はガンダーラから日本への影響を疑問視し、ガンダーラ仏には中国的要素もみられると主張したが、瀧はこれを批判した。この点に関し、井上も稲賀も一九一六年の瀧の論文「印度芸術の東亜に及ぼせる影響に就て」の一節を引用している[17]。曰く、「岡倉氏の無謀なる主張には耳を傾くるの要なけれども、氏の著書が東洋主義の主張をなすものとして有力と認められたるものなる故に黙過しがたしと云へり」。確かに「無謀なる主張」のくだりには嘲笑的なニュアンスがある。だが単に岡倉を嘲笑するだけなら、前半部のみを書いて学術的信憑性なしと断言すればよかっただろう。それなのに「東洋主義の主張をなすものとして有力」ゆえに「黙過しがたし」と付加した。瀧が書きたかったのはむしろこの後半部だったのではないだろうか。学術的には問題だが、根底の「東洋主義」には敬意を払わねばならない、と。というのは、この論文は瀧が七年前に発表した論文での「日本美術に於ける犍駄羅式の流伝は殆ど動かすべからざる」との発言を撤回し、「印度マトゥーラより出ずる釈迦像に最も近似」と修正すべく書かれたもの、つまりは岡倉の主張に歩み寄る内容だったからである。

さらに、井上章一が紹介するように、瀧は同年に東亜協会での講演「健駄羅芸術の批判に就て」において、より強くガンダーラからの影響を否定している。曰く、日本美術にガンダーラとの「関係あるとみる……考えは欧羅巴人間にも早晩失せなければならない」、と。[18] 東亜協会とは、東大哲学科の井上哲次郎が主宰する学会である。よく知られるように、井上は愛国主義の立場から国家主義と離反するキリスト教を批判し、東洋の歴史において綜合的に形成された日本の「国民道徳」の優越性を説いていた。これを一言で「東洋主義」と呼ぶ訳にはいかないが、日本がアジアの宗教と道徳を代表するという主張は岡倉の美術史観と同型の思想というべきだろう。瀧が井上の思想に共鳴していたか否かは定かでないが、単に場の空気を察知して東洋主義的な発言をしたわけではない。帝大教授に就任した頃から、「東洋主義の主張をなすものとして有力」な岡倉に学んだかのような言動が目立ち始めていた。帝大の美術史家であることを意識する一九一〇年代半ば頃から、瀧は、東洋的価値観を西洋に訴える岡倉のスタイルを模倣し始めたのではないかと思われるのである。

瀧精一には、東洋主義以外にも、岡倉の美術思想を意識した形跡がいくつかある。やや煩雑となるが、瀧が『國華』に発表した文章を追いながら、岡倉との関係を推察したい。『國華』は一八八九(明治二二)年に岡倉覚三と高橋健三によって創刊された。瀧が「業務担当員」となるのは一九〇一年のことで(九七年に帝大卒業)で、一八九八年にスキャンダルで美術学校を追われた岡倉に代わり、実質的な編集担当となったようである。これ以後、岡倉が執筆や編集に直接的に関わることはなかったが、一九〇五年までは、執筆陣や経営陣に岡倉色は少なからず残存しており、[19] その内容にはつねに目を光らせていたに違いない。

瀧精一は哲学科(美学)出身で、帝大の初代美術史教授には必ずしもふさわしい人物ではなかったといえる。たとえば、一九〇二年に「色彩説」を発表したが、ここには美術史の歴史感覚も東洋主義的視点も皆無だ。瀧によれば、「芸術家は特に色彩の学理を研究する」必要があるため、「世の芸術家に向かって指針を供せん」として書かれたもので、美術批評的な論文である。芸術家にも学問的知識が必要と主張するのが初期の瀧のパターンだった。瀧が編集を始めた頃からこの雑誌の「批評性」は後退し「学術性」が前面化すると指摘する研究者もいるが、それは一九二〇年以降のことである。一九一〇年以前の瀧はむしろ批評的なスタンスを鮮明にしていた。一九〇七年の論文「現代の日本の絵画」では、「現代の日本絵画」に「見るに足るべきもの鮮《すくな》きは真に慨歎すべき」と大上段に振りかぶり、画壇の問題点を挙げ連ねている。こうした瀧の問題意識は、『國華』創刊号で岡倉が宣言した「日本美術がその特質によって進化せんことを希望」し、「国民の美術」としての「将来の美術」を創造するという理念を継承したものだといえるだろう。(20)

先行研究は瀧の岡倉への中傷的態度を特筆したが、私は逆に岡倉への配慮をみせた文章がある点を強調したい。たとえば一九一〇年四月に岡倉が東京帝国大学で「泰東巧藝史」と題する講義を三カ月担当したとき、『國華』の「雑録」記者はこう報告した。

余輩は我美術界の先覚者〔岡倉のこと〕が自家の意見を開陳せらるる事の我学界を裨益すること極めて多大なるべきを信ずる者である。……蘊蓄ある同君の講演は聴講者を発明せしめたる事決して少くなかったであろうと信ずる。而して寧ろ吾人は同君の講演期間の短かりしを遺憾とする者である。(21)

東京美術学校を追われて以来の一二年ぶりの講義を『國華』が取りあげた意味は大きい。斎藤隆三によれば、この講義は帝大総長となった浜尾新が旧友の岡倉に依頼して実現したらしい。(22) 当時、文科大学長だった井上哲次郎が「幾分難色」を示す問題含みの人事だった。「寧ろ吾人は同君の講演期間の短かりしを遺憾とする」というくだりはこの辺の事情を指してのことだろう。斎藤は困難な人事も「同時に、瀧精一を講師に迎え」ることで可能になったと記すが、瀧は前年にはすでに帝大で美学と日本美術史の講義を担当しており、この解釈には問題がある。瀧を「敵視」し、岡倉の「不当な」不遇を強調するための主観的解釈といえる。

この記事が出た一九一〇年頃から、瀧精一は美術史家として岡倉の美術史思想を意識し始めたと思われる。彼は一九〇九年まで講師として東大と京大で日本美術史を講じていた。ところが一九一〇年の四月に京大で「支那宋代の絵画」と題して初めて中国古画の講義を行う[23]。これは同時期に開講された岡倉の講義（古代中国の考古学的遺物からインドの仏教美術までを論じる）に影響を受けてのことに違いない。さらに東大美術史講座教授となってからの瀧は、概説で「日本美術史」、特講で「中国絵画史」または「印度仏教美術史」、そして演習で「支那画論」を講じた[24]。仏教美術を軸に日本、中国、印度を論じる「東洋美術史」は、いうまでもなく、岡倉をルーツとするものであった。

このようにみるなら、一九〇〇年代から一〇年代にかけての瀧は、「親殺しの儀式」を執り行ったというよりも、偉大なる「父」への「反抗心」ないし「ライバル心」にとりつかれていたと考えた方がいい。もう一例を挙げたい。先述の通り、瀧は一九〇五年から英語版の『國華』を刊行し始める。「外人の我美術を研究する者の為め系統的なる知識の誘導を努めん」とするためである[25]。欧米研究者に日本の美術史観を教示する身振りはまさに岡倉的である。

さらに、瀧はなぜ一九〇五年という年に英語版の刊行に踏み切ったのか。私は岡倉の行動と関係があると考えたい。岡倉は一九〇五年一〇月にボストン美術館に着任する（この時をもって『國華』の編集を完全に退任したとする研究もある）。このタイミングと英語版の刊行は一致している。思うに、日本美術史の伝道師よろしく英文著作をひっさげて北米へ旅立つ岡倉に対し、瀧は憧憬と競合心を抱いたのではないか。英文『國華』の刊行によって、父たる岡倉に対抗しようとしたのではないだろうか。

井上章一は岡倉と瀧について論じた章の最後に、岡倉の影響力についてこう評している。「（瀧は）岡倉のことを軽んじる。……だが、岡倉が後世にあたえたインパクトそのものは、あんがいあなどれない。わりあいに大きな意味を、もっていたのではないか[26]」。おそらく、影響とは本来そんなものだろう。師の心酔者だけが影響を受けるわけではない。父親に楯突いて生意気なことをいってはみたものの、気づいてみると父親と同じことをしている。そんな「子ども」の姿を瀧精一に重ねたくなる。

瀧は一九四五年に急逝した。翌年の『美術年鑑』を紐とくと、瀧についてこう記されている。「岡倉天心等創刊者の意を継承して、その〔『國華』の〕発展に努力」した、と。[27] 戦時の瀧は岡倉の思想を継承する美術史家とみなされていた。『美術年鑑』の言葉を借りれば、彼は岡倉の後を継ぐように「古社寺保存会、国宝保存会の委員となり、重要美術品等調査会の創設に尽力し、その委員となつた」。また、対外的には「対支文化事業として設立された東方文化学院のために尽瘁し」、「海外諸国へ東洋美術を紹介するに大きな役割を果し」、一九四〇年には「東洋美術文化宣揚の功績に対し朝日文化賞」を受けた。かりに岡倉が存命していれば、岡倉が辿ったであろう生涯を瀧は生きたように思える。

二　京都帝国大学・初代考古学講座教授　濱田耕作

さて、美術史学の学史を語る場合、一九一四（大正三）年の東大美学第二講座（美術史）の設置をもって、この学問が「確立」したと語られることが多い。[28] 同じ頃（一九一六年）、岡倉の美術史思想を反映した『稿本日本美術略史』（一九〇一）の改訂版が出るが、そこでは「建築の部」が美術史から独立して改編された。岡倉は「時代精神」を重視し、建築も美術も同じ時代の枠組で論じる構成を採ったが、改訂版はそれを打ち消し、各々の自立的な発展プロセスを記述した。[29] この重要性を指摘した稲賀繁美は、これも「父殺しの儀式」の一例とし、美術史学と建築学が分離し、学問として独立したと分析している。[30]

稲賀は触れていないが、一九一六年に京大史学科に考古学講座が新設されたことも、同じく美術史学領域の分離・独立の文脈で理解すべきだろう。しかし、この美術史と考古学の分離については、岡倉の思想の「抹殺」ではなく、むしろ「継承」の結果として考えるべきだと私は考えている。

東大美術史講座と京大考古学講座の設置は、これまで不思議と関連づけて論じられることはなかった。しかし時期と人事を考慮すれば、明らかに連動した出来事と理解しなければならない。京大で考古学講座の教授となったのは濱田耕作だが、彼は一九〇五（明治三八）年まで東大史学科に在籍し、一九〇三年から一九〇九年まで『國華』の主力の論文執筆者だった。瀧精一とともに雑誌に深く関わっていたのである（瀧は八歳年長）。その間、濱田は同誌に「支那の古銅器に就いて」（一九〇三）など考古学の論文を二点発表しているが、出世作は一九〇六年に連載された「希臘印度式美術の東漸に就いて」である。当時の美術史学界の論争に彼も身を投じていたのである。

この論文以降、一九〇九年までの四年間に彼が寄稿したのは全て日本美術を主題とするものだった――「平家と美術」（一九〇七）、「桃山時代と其の美術の特質」（同）、「狩野元信論」（一九〇八）、「雪舟の幼時と豪渓の奇勝」（同）、「菱川師宣の事ども」（同）、「鎌倉時代の美術」（一九〇九）など日本美術史の王道をゆく論文を計二一本も発表している。京大への転任が決まり、國華社が歓送講演会を行った際にも、濱田が選んだ論題は「日本美術の特色」だった。

要するに京大赴任前の濱田は日本美術の専門家として振舞っていた。瀧と競合関係にあった。この歓送会での濱田の講演について、『國華』はこう報告している。「濱田文学士の演説は日本美術史上、時代の区分及び日本美術固有の特色といふのであるが、……頗る穏当な、而して有益な演説であった」(31)。無記名の記事だが「頗る穏当な、而して有益」という表現に、主筆の瀧の皮肉を読み取っていいように思う。

こうして濱田は一九一〇年四月に京大考古学講座の設置準備のため、東京を離れた（新講座設置に六年もかけたわけだ！）。しかし、日本美術の論文ばかり書いていた濱田が、なぜ考古学講座を任されたのだろうか（京大が美術史講座を設置するのは戦後のことである）。

今日では考古学と美術史はディシプリンのかなり異なる学問と認識されている。だから、濱田は「日本考古学の父」と称されるが、「美術史家」として想起されることはまずない。せいぜい余技で日本美術を論じたと思われているくらいだろう。しかし、瀧と濱田が東西の大学で教鞭をとった戦前は、東大美術史講座と京大考古学講座は緊密な連携関係にあった。二つの講座は一九一〇年に「新しい」学問として同時に設置計画されたと考えることができる。では、京大考古学の「新しさ」とは何か。再び一九〇九年の濱田の歓送会報告の記事を参照したい。講演の概略を伝えたあと、文章はこう続いている。

〔濱田〕文学士は他日京都の文科に於て設けらるべき考古学に就て今からその材料の蒐集等を受持たるるとの事である〔が……〕その設けんとする考古学は……従来国人の研究する考古学の如く、徒《いたずら》に西洋の考古学を祖述するのみか、乃至は単に人類学の付属学の如き観をなすものでは決して充分ではない。京都大学の希望する考古学は無論此類のものではないとの事で……新に健全の考古学を建立するを欲するとの事である。

当時の帝大にはまだ考古学講座は独立して存在していなかった。近接学問としては、理系に鳥居龍蔵の人類学と関野貞《ただし》の建築工学があったが、記者によれば、京大考古学はこれに準ずるものであっては「決して充分ではなく、「新に健全の考古学」が必要だという。ここでいう新しい考古学とは何か。

それは濱田が京都に移ってすぐに実施された調査をみれば理解できる。一九一〇年秋、京大は中国学者の狩野直喜、富岡謙蔵、小川琢治、内藤湖南、そして濱田の五名の「清国派遣団」を結成し、北京で考古・美術的遺物の「資料蒐集」を行った。持ち帰ったのは、「敦煌石室遺書」、「洛陽附近発見土製品」（土偶、泥像等）、「洛陽附近発見碑碣銅器」、「遼東発見遺物」等だ。革命を二年後に控えた中国では古美術品や考古的遺物が大量に流出し始めていた。ボストン美術館に着任した岡倉覚三も美術館の命を得て、一九〇六年に中国で古美術品蒐集を行っていた。欧米の諸機関に比して、日本の研究機関は後れを取っていた。[32]京大の調査は、その後れを挽回するための威信をかけたある種国策的な古美術収集の旅であった。

要するに「新に健全の考古学」とは中国を中心とする東アジアを対象とする考古学であった。濱田はその要求に応えるべく、調査後すぐに「支那古代の泥像」(『國華』二五二・二五五・二五六・二五八号、一九一一年)を発表した。その後も三年弱の欧州留学を挟み、濱田は、西都原《さいとばる》(宮崎)や北九州壁画古墳の発掘を開始する一方で、「漢代の漆器およびそのほかの遺物」(『國華』二七三号、一九一五年)、「漢以前の土器について」(同誌、三二一号、一九一七年)、『泉屋清賞』(編著、國華社、全一一冊、一九一八〜二六年)等、中国古美術の研究を発表し続けた。さらに、一九一八年には朝鮮総督府古蹟調査員となり、伽倻地方の調査にも臨む。京大考古学は中国から日本にかけての東アジアを主たる調査地として出発したのだった。

濱田の初期の中国考古学の仕事は没後にまとめて書籍化されたが、その書名は『東洋美術研究』(座右宝刊行会、一九四二年)である。二〇世紀前半期、欧米学者を中心とする中国美術研究は主として漢代までの古代に偏り、それらを「美術史」の範疇で語ることも多かった(中世以降の書画研究は進展しなかった)。濱田の仕事は(考古的発掘調査報告は除いて)欧米基準の「東洋美術史」研究だったといってよい。ここでも再び想起すべきは、一九一〇年の岡倉による帝大講義「泰東巧藝史」だ。「泰東」とは「泰西」の対義語で「東洋」のこと、「巧藝」の「巧」は「工芸」の「工」でなく「ファインアート」の「ファイン(巧みな)」であり、要するに「美術」のことで、「泰東巧藝史」とは「東洋美術史」を指す。そして、その内容は前述の通り、古代中国の考古学的遺物の解説から、仏教美術まで論じるものだった。学術的には未熟だったが、岡倉の講義は先進的な「東洋美術史」講義だったのであり、濱田にも少なからず指針を与えたものだったと想像される。

大胆な仮説だが、東アジア考古学を新たに教育研究の対象とした一九一六年の考古学教室の設置は、岡倉が一九一〇年の講義で提示した「東洋美術史」をひとつの淵源としているのではなかろうか。京大の清国調査団が一九一〇年秋に結成されたのは決して偶然ではない。じつは、瀧もまた別に東大の命を得て、一九一〇年秋に渡清し、北京で京大調査団に合流している。そして、帰国後は京大が開催した報告展覧会に「古書画写真及び風景写真などを出品」するとともに、「支那画に対する鑑識の変化」と題する講演を行った。(33) つまり、一九一〇年の清国調査は、東西帝大の合同の資料調査だったのである。調査の直前に東大で行われた岡倉の講義の影響を考えたくなるゆえんであるが、少なくとも瀧や濱田は、岡倉に後れをとってはならぬと急かされるように中国へ向かい、調査研究に臨んだに違いない。

以上の仮説から、私は一九一〇年を日本における東洋美術史編纂の学史的画期とみる。東大美術史教室と京大考古学教室の新設時期は微妙にずれるが、計画がなされたのはこの年である。濱田が京都へ移ったこの年、東大は（おそらく）宋代絵画を講じる美術史講座設置のため、瀧をその担当に選んだ。この記念すべき年度の初めに岡倉は東大で「東洋美術史」を講じていたのである。岡倉が構想した「東洋美術史」が、古代（考古的遺物中心）と中世以降（絵画中心）に棲み分けする形で、京都に考古学が、東大に美術史学が設置されることとなった、そう私は解釈したい。帝大の考古学と美術史はディシプリンとして分離したのではなく、「東洋美術史」編纂という同じ目的を共有しつつ併設されたのである。(34)

濱田耕作もまた瀧と同じく『國華』への関与を通じ、岡倉を意識していたはずである。彼の出世作は「希臘印度式美術の東漸に就いて」だが、内容は岡倉とは対立するものであった。濱田は後年こう述べている。「故岡倉覚三氏が印度美術に関する講演を同じ史学会に於いて試みられた時には、其の東亜美術に於ける影響を殆ど否定せられる態度であって、私をして少からず失望せしめた」[35]。一九〇二年にインドから帰国した岡倉の講演を聞いての感想であり、若き濱田も岡倉説の学術性を否定していた。だが、論文ではこれには触れていない。岡倉への配慮は論文の発表年にもうかがわれるだろう。この論文が『國華』に連載されたのは一九〇六年、つまりこの雑誌から岡倉色が完全に消える一九〇五年を待ってのことであった。

ガンダーラ仏の影響問題で濱田が岡倉に歩み寄ることはなかったが、歴史把握や思想面では、両者には類似する部分も多い。たとえば初期の濱田の日本美術研究の特徴は、岡倉と同じく、作品背後の「時代精神」を重視する傾向にあった。「桃山時代と其の美術の特質」（『國華』二一二号、一九〇七年）で、「美術の性質」は「時代の精神によりて支配せられ、時代の精神が英傑の性格によりて指導せらるる」と定義し、「鎌倉時代の美術」（『國華』二三四・二三七・二三九・二四一号、一九〇九年）では「（武士の）文化の特質」は「国民の自発的文物」と「地方平民の文明を代表」すると述べ、絵画・彫刻・建築を横断して時代的特徴を抽出分析した。諸作品を時代ごとに区分して「時代精神」と結びつける手法は、岡倉覚三の日本美術史と『東洋の理想』の大きな特徴であった[36]。

また、次の濱田の態度も岡倉を想起させずにはおかない。一九三六年の大学での特殊講義「東亜古代美術綜説」の草稿だが、そこで濱田は、「東亜をひとつのまとまった文化圏として取り扱うにおいて、始めて日本の美術も明瞭に且つ正当に認識することができる」と書いている[37]。この考え方を短絡的に岡倉の「アジアはひとつ」の主張と結び付けてはいけないだろうが、ガンダーラの影響論以来、濱田の美術史は、アジアをひとつの文化圏として捉えるマクロな視点に特徴がある。一九一〇年代から韓半島と中国北部に考古学調査に出向き、一九二八年には東亜考古学会を創設して北京大学と共同調査を行うなど、濱田はつねに東アジアの考古学・美術史の前線にいた。一九二八年には外務省管轄のもとに東方文化学院が創設されるが、濱田もその一員として『東亜考古学研究』（岡書院、一九三〇年）と『考古学上より見たる東亜文明の黎明』（刀江書院、一九三〇年）を発表し、東アジアを代表する研究者を自認した。

時局の影響が大きいとはいえ、こうしたキャリアは岡倉覚三を「父」とする「東亜をひとつのまとまった文化圏」と捉える美術史思想を起点にしているとみるのが自然だろう。岡倉が創出した東洋主義的な美術史思想のレールの上を、濱田も瀧も知らず知らずに辿っていたのだと私は思う。

さいごに

再びフォションの言葉に帰ろう。彼は一九二一年の時点ですでに岡倉の東洋主義的な美術史思想が「一派」を形成し、次世代に継承されていると観察していた。そしてそれが政治的に作用してゆく可能性も予見した。戦後の日本では、岡倉の著作は「誤って」戦時に政治利用されたと説明されることも多い。とくに一九三六年以降の日本浪漫派の活動などを論じる際には顕著である。しかし、フォションが一九二一年に岡倉の政治的インパクトの重大性を予見したことをあらためて深く考えねばならない。実際、日本浪漫派を待つまでもなく、横山大観は一九三〇年の「羅馬開催日本美術展覧会」に際して、みずからの芸術が「大和民族の藝術的真価」と「東洋藝術の光彩」を「世界に示」し、「民族興隆の精神を喚起する一助」となると宣言した(38)。

岡倉の東洋主義（汎アジア主義）的な美術思想は、すでに一九二〇年代には広く美術界と美術史学界に共有されていたと考えるべきだろう。少なくとも一九四〇年までの日本美術史学の学史を編むとすれば、岡倉からの断絶（だけ）ではなく、継承を見る視点が必要である。そうしなければ、瀧と濱田が牽引した美術史と考古学が、なぜともに「東洋」へと向かったのかが見えなくなる。単純に時局の問題のみに回収され、学問の継承の問題として理解されなくなってしまうだろう。日本の美術史学は、岡倉以来一貫して、（日本を含む、ないし日本を軸とした）「東洋美術史」を志向していたのであり、このパースペクティヴのもとに学史を語る必要があると思う。

【注】

（1）Henri Focillon, *L'Art bouddhique*, Paris, 1921, p.l.

（2）保田与重郎は一九三六年に「明治の精神」（『文藝』二・三・四月）、浅野晃は一九三七年に「戦いに於ける美の擁護者」（『新日本』、二月）を発表し、岡倉を「予言者」と呼んだ。とりわけ浅野は一九三八年に『東洋の理想』を邦訳し、「アジアは自己へと還らねばならぬ」と鼓舞した。なお、本文および注においては、現代文として読みやすいよう原文表記を一部変更して引用している。

（3）井上章一『法隆寺への精神史』（弘文堂、一九九四年）一七八頁。

（4）稲賀繁美「理念としてのアジア　岡倉天心と東洋美術史の構想、その顛末（下）」（『國文學』第四五巻一〇号、二〇〇〇年）一一五頁。

（5）Focillon, « Préface » de la deuxième édition d'*Hokousaï*, Paris, 1925, p. II-III. さらに一九二七年にはこうも書く。「岡倉が表明した東洋の感情は一種の普遍的歴史、つまり全人類に理解可能な方法によって表明されている。」« Orient et Occident ; l'humanisme moderne » (*L'Oeuvre*, le 3 mars 1927, *Comoedia*, le 14 mars 1927 et *L'Impartiel français*, le 15 mars 1927).

（6）フランスではとくにラファエル・ペトルッチの著作『極東美術における自然哲学』（一九一〇年）によって、『國華』と瀧精一の名が知られることとなった。Raphaël Petrucci, *La philosophie de la nature dans l'art d'Extrême-Orient*, Paris, 1910.

（7）井上、注(3)前掲書、一五四〜一八〇頁。

(8) 稲賀、注(4)前掲論文、一一五頁。

(9) 瀧精一と文人画復興については、以下の論文を参照のこと。拙稿「日本の東洋美術史と瀧精一——中国美術史編纂をめぐる国際的・学際的競合」(稲賀繁美編『東洋意識 夢想と現実のあいだ』ミネルヴァ書房、二〇一二年)三〇一〜三三四頁。

(10) 無記名「雑録」(岡倉覚三氏の東洋美術史講義)(『國華』二四三号、一九一〇年)五八頁。

(11) 瀧「書と絵画及装飾美術との連関に就て」(『國華』二〇一号、一九〇七年)五六九〜五八〇頁。

(12) 瀧「芳崖雅邦を論ず」(『國華』四三四号、一九二七年)二三一〜二三二頁。

(13) Seiichi Taki, « Le Bunjingwa ou la peinture de lettré », *Actes du congrès d'histoire de l'art, Paris, 26 sep.-5 oct.1921*, vol.I, Paris, 1923, p.362-366.

(14) 無記名「雑録」(瀧博士の帰朝)(『國華』三八〇号、一九二一年)二六七頁。文人画を「正当に評価」しない外国人として瀧の想定した敵は、文人画を「蛇蝎視した」フェノロサだった。文人画の復興は瀧の一貫した態度で、帝室技芸員絵師だった父・和亭を再評価する切り札であった。注(9)の拙論を参照のこと。

(15) Henri Focillon, « L'estampe japonaise et la peinture en Occident dans la seconde motié du XIXe siècle », *Actes du congrès d'histoire de l'art*, op.cit., p.367-387. 以下の拙訳を参照のこと。「翻訳と解題、アンリ・フォシヨン著『日本の版画と十九世紀後半期の西欧絵画』」(『五浦論叢』一五号、二〇〇八年)一八七〜二〇六頁。

(16) *Archives Henri Focillon*, Université de Paris, Bibliothèque d'art et d'archéologie Jacques Doucet, inventaire par Claire Tissot, 1998, Boîte 6, correspondance familiale.

(17) 井上、注(3)前掲書、一七八頁、および、稲賀、注(4)前掲論文、一一五頁。

(18) 井上、注(3)前掲書、一七〇頁。

(19) 角田卓朗「動乱の國華社——『國華』変質の舞台裏」(『近代画説』二二号、二〇一三年)一五〇〜一六七頁。

(20) 『國華』創刊号、一八八九年、一頁。

(21) 注(10)と同じ。
(22) 斎藤隆三『岡倉天心』(新装版)(吉川弘文館、一九八五年〔初版は一九六〇年〕)二一六〜二二一頁。
(23) 無記名、「雑録」(『國華』二三九号、一九一〇年)二八六頁。
(24) 藤懸静也「瀧博士の追憶 上」(『國華』六五一号、一九四六年)六六頁。
(25) 「英文國華」広告(『國華』一八七号、一九〇五年)一七七頁。
(26) 井上、注(3)前掲書、一八〇頁。
(27) 『日本美術年鑑』(昭和一九、二〇、二一年版)(朝日新聞社、一九四六年)一〇〇〜一〇一頁。
(28) 美学第二講座は、一九一七年に「美学美術史講座」と名称変更、一九一九年には「美学美術史学科」と組織変更された。
(29) ヨーロッパの美術史編纂ではおおむね建築史、絵画史、彫刻史と、ジャンルごとの発展史を記すのが通例であり、その意味では一九〇一年に編纂された『稿本日本美術略史』は日本独特で、欧米にとっては独創的な美術通史であった。
(30) 稲賀、注(4)前掲論文、一一六頁。
(31) 無記名「雑録」(濱田文学士の演説)(『國華』二三三号、一九一〇年)一一六頁。
(32) この点に関しては、以下の文献を参照のこと。拙稿「東洋美術史学の起源における歴史観・文化的価値観・分析方法をめぐる日本と欧米の競合について、総合的検討」(『茨城大学人文学部紀要人文学科論集』四五号、二〇〇六年)一〜一六頁。
(33) 無記名「雑録」(京都大学清国派遣報告講演会)(『國華』二五〇号、一九一一年)二五三〜二五四頁。
(34) 一九一〇年の『國華』(二二八号)「雑録」には無記名で以下のような記事がある。「京都帝国大学に於いては、本年〔一九一〇年〕に至りて其の文科大学に於いて東洋美術に関する講義を開始したる紀念的意味を以て」、記念の展覧会を開催する、と。
(35) 濱田耕作「犍陀羅彫刻と六朝の泥像」(『史林』一二巻一号、一九二七年)、『東洋美術研究』(座右宝刊行会、一九四二年）所収。

(36) ただし、これをもって岡倉の直接の影響とするわけにはいかない。濱田は史学科出身であり、「時代精神」への関心は当時の東大史学科の特徴でもあったからである。とくに平安から鎌倉時代にかけての歴史観、さらに、美術史と文化史全般を「精神史」として関連づける手法については、原勝郎（とくに『日本中世史』冨山房、一九〇六年）の影響も大きいだろう。

(37) 濱田耕作「東亜古代美術綜説」（一九三六～三七年、京都帝國大学文学部考古学科特殊講義草稿）『東洋美術研究』（座右宝刊行会、一九四二年）三六七～四五九頁。

(38) 横山大観『伊太利政府主催　大倉男爵後援　羅馬開催日本美術展覧会に就て』（非売品、一九三〇年）。

論考

「日本美術史」の形成と古都奈良・京都

高木博志

はじめに

大英博物館のエルギン・マーブル、一八世紀創立期のベルリン美術館でみせたシラー（Johann Christoph Friedrich von Schiller)やゲーテ(Johann Wolfgang von Goethe）の古典古代の服装、博物館設計者シンケル（Karl Friedrich Schinkel）のイタリアへの憧憬、ルーブルの至宝ミロのヴィーナス（ローマ時代の模作ではないオリジナル）、アメリカにおいてもボストン美術館・メトロポリタン美術館のギリシャ・ローマコレクションなど。近代の国民国家形成過程において欧米列強の各国美術館・博物館における、ギリシャ・ローマの「古典古代」の意味は圧倒的に大きかった（朽木ゆり子『パルテノン・スキャンダル』新潮社、二〇〇四年、東京国立博物館ほか編『ベルリンの至宝展』、二〇〇五年）。

佐藤道信がいうように、ヨーロッパでは、ロマネスク・ゴチック・ルネッサンス・オランダ美術・フランス美術といった共通の「ヨーロッパ美術史」のなかに「自国美術史」を位置づける通史が成立する（『美術のアイデンティティー』吉川弘文館、二〇〇七年）。そしてもう一つの特色として、イギリス・フランス・オーストリア・ドイツなどの列強の国民国家の間で、「文明」の起源としてのギリシャ・ローマ（古典古代）を尊び、その正統な後継者としての地位を争う歴史があった。

まさにイギリスやフランスという国民国家の起源

を示すレガリアとして、エルギン・マーブルやミロのヴィーナスは存在する。そしてギリシャには、歴史の始原や文明の起源としての意義が、ローマにはビクトリア朝のロンドンやナチス時代（第三帝国）のベルリンのように「帝国」の首都としての空間的支配の広がりのイメージをともなう。

日本において奈良をギリシャに重ねるイメージの起源は、フェノロサにあるが、国民国家形成における奈良・京都の古都としての意味は、伝統文化を国際社会に対してアピールする上で、またナショナル・アイデンティティ形成の上で不可欠であった（村形明子「E・F・フェノロサ『東洋美術史綱』『国文学・解釈と鑑賞』一九九五年五月号）。

奈良が日本のギリシャであることには、二重の意味があった。一つは、すでに述べたギリシャという古典古代を起源にする欧米と共通の「文明」の文法に日本も属そうとする国際社会への打ち出しで、法隆寺の釈迦三尊像は一八九〇年代に仏像から彫刻へと、信仰の対象から文化財へとその意味づけを転換する。もう一つは、実際にギリシャがアレクサンドロス大王の東征、ヘレニズム文化、インド・中国を経て、法隆寺金堂の柱、エンタシスに流れ着くという、文化伝播の語りである（井上章一『法隆寺への精神史』弘文堂、一九九六年）。

たとえば東京帝国大学や京都帝国大学において制度化されたギリシャ研究の意味は、日本古代の意味づけと不可分であった。初代京都帝国大学西洋史講座の坂口昂《さかぐちたかし》「プラトーのアカデミ」（『世界史論講』岩波書店、一九三一年）のなかで、ヨーロッパの国民国家「各自の文化の伝来が深く所謂古典希臘《ギリシャ》に負ふ所多大なるにも想到して報本反始《ほうほんはんし》〔祖先の恩に報いること――筆者注〕の念を起さざるを得なかった」と解釈し、「十八世紀末から十九世紀にかけて欧洲の各国民各民族は各自固有の歴史を回顧し、各自固有の性質と任務とを尊重愛護し、之に相応する理想の実現に焦慮した、是れ彼等のローマンチックであつた」とのべる。ヨーロッパの国民国家形成にともなうロマン主義のなかに、各国の古典古代への憧憬や国民文化の希求をみる。

その背景には、ギリシャ・ローマから文明が世界に伝播するとみるランケ（Leopold von Ranke）による一九世紀の世界史像があった。創設された帝国大学史学科に、一八八七年に赴任したリース（Ludwig Riess）はランケの弟子で、そこから日本の西洋史学・国史学がはじまった。

本稿では、このような世界史に規定された日本の国民国家形成過程と重ねながら古都奈良・京都が「日本美術史」にどう位置づくのかを考えたい。すなわち近代における古代の意味である（高木博志『近代天皇制と古都』岩波書店、二〇〇六年、参照）。

一　明治維新と古都

古都とは、かつて天皇がいたみやこの意味である。古都奈良、京都といってもその来歴は、大きく違う。たとえば京都市は昭和初期に七〇万人を超える人口の大都市であった一方で、奈良は同時期に県全体でも六一万人余の人口にすぎなかった。江戸時代以来の来歴を考えると、大都市の京都と田舎の奈良という異質なものが、近現代において同じ古都という概念でくくられるようになった。それは政治・経済・社会といった都市の現実からではなく、古都という語が一般化する時期の、一九六〇年代以降の高度経済成長下の大衆社会や観光の隆盛を通じてであろう。

五代将軍綱吉の文治政治を背景とした宝永六（一七〇九）年の東大寺大仏殿の二度目の再建以来、大仏観光が隆盛となる。絵図屋庄八の絵図（図1）にあるように、江戸時代の奈良には、大仏殿を中心に左手に築地で囲まれた興福寺、右手に東大寺二月堂から春日山、春日神社、そして下方に奈良町といった小宇宙があった。

また元禄期にも陵墓の修補・整備（修陵）事業があったが、幕末の公武合体運動をうけて幕府が朝廷と一緒になっておこなった文久の修陵事業は、国家的なプロジェクトとなった。象徴的には、一万両の予算がつぎ込まれて、初代の神武天皇陵が創りださ

図1　奈良名所絵図　江戸後期絵図屋庄八版（筆者蔵）

れた。八世紀初頭に編纂された古事記・日本書紀に記述された、架空の神武天皇が紀元前六六〇年正月元日に奈良県の畝傍《うねび》山麓の橿原宮で即位したという神話を、目に見えるものにする戦略があった。もっとも今日では、津田左右吉《そうきち》の『神代史の新しい研究』（一九一三年）などの批判的な研究により、古事記や日本書紀は、五～七世紀の政治思想を反映した歴史叙述に過ぎないとされている。

神武天皇陵の場所は論争となり、文久三（一八六三）年に孝明天皇の勅裁で最後は、有力な候補地であった、被差別部落の洞部《ほうら》落に隣接した丸山古墳ではなく、中世の国源寺《こくげんじ》跡とされるミサンザイに決定した。その後、五〇年あまりの間に、神武天皇陵の周辺の集落が移転させられ、拝所と鳥居、参道をともなう清浄な神道的空間が現出した（図2）。

さて慶応三（一八六七）年一二月の王政復古の大号令で、新政府は「神武創業」の理念を掲げ、大陸からの文化の影響や鎌倉幕府から江戸幕府にいたる武士の政治を否定し、古代の天皇親政に回帰しよう

図２　幕末の畝傍山山麓
（鈴木良「天皇制と部落差別」『部落』1968年２月号）

とした。そして神仏分離、神道国教化がめざされた。奈良では興福寺の一乗院や大乗院の塔頭などが破棄され、鹿が草をはむ奈良公園となり、天理の石上《いそのかみ》神宮の神宮寺だった内山永久寺も廃寺となり宝物が藤田美術館や海外などに流出した。京都でも、石清水八幡宮の神宮寺は廃棄され「魔界のごとく」なり、また八坂神社の神宮寺が壊されたあとは、一八七三（明治六）年から円山公園として整備されてゆく。

　こうした廃仏毀釈の運動に象徴されるように、明治初年の仏教などの伝統文化の否定は、同時に極端な文明開化状況と表裏一体であった。一八七五年に東大寺の大仏殿を会場としておこなわれた奈良博覧会においては、古社寺から出陳された仏像や絵画等の宝物とともに東大寺から内務省に移管されたばかりの正倉院御物も展覧され、一七万人余の観客が集った。このあと一八八〇年代に正倉院宝物は、「秘匿《ひとく》された」天皇の私宝となってゆく。

　京都では、明治二（一八六九）年東京遷都という天皇や公家たちの東京への移動により、江戸時代には本願寺などの社寺とともに、観光の中心であった京都御所とそれを取り囲む公家町は荒廃していった。そして平安時代以来、京都の朝廷の年中行事に組み込まれていた三大勅祭（賀茂祭・石清水放生会《ほうじょうえ》・春日祭）は、朝廷の移動にともない東京の皇室の年中行事とは関係がなくなり、断絶してゆく。明治四（一八七一）年には皇室の神仏分離がおこなわれ、平安時代以来の権門寺院（東寺・延暦寺など）と皇室との関係が切れた。にもかかわらず近世に皇室の菩提寺であった泉涌寺《せんにゅうじ》の近代において、仏教の先祖供養は、皇族の私的な世界で許された。一方で、国家神道の皇霊祭祀が公的なものとなる。

京都御所（大宮《おおみや》御所・仙洞《せんとう》御所）を会場に、一八七三年には第二回京都博覧会が催され、外国人が居留地から初めて京都に入洛し、内外の入場者は四〇万六〇〇〇人にのぼった。この博覧会では初めての京都の英文ガイドブック、*The guide celebrated places for the foreign visitors in kiyoto & the surrounding places for the foreign visitors*（山本覚馬《かくま》、一八七三年）が刊行された。祇園では、都踊りがヨーロッパのレビューを摸して創始され、外国人観光客が泊まるホテルや洋食屋が集中する円山公園を中心とする東山は、いまや「文明開化」の象徴的な場となった。知恩院の門前には、外国人向けの骨董街が発展してゆくこととなる。

京都の東山を描いた近世の絵画は、京都の町から東山をのぞむものであった。それに対して一八七三年の英文ガイドブックの記述は、"so the people go and feast there looking down upon the fine flowers from the halls"とあり、新しい近代の視線は、東山山腹のホテル・料亭から京都の町を一望にみおろす景観がたたえられた。

二　立憲制の形成と古都

このように明治初年の文明開化の時期は古都の伝統文化が否定された。それとまったく正反対の動向が起きるのは、一八七七（明治一〇）年、明治天皇の京都・大和行幸を契機とした。同年の西南戦争の勃発という軍事的要請により、明治天皇は約半年間、長期に滞在することとなった。京都で天皇は御所に滞在しつつ、二月一一日には孝明天皇十年式年祭での神武陵参拝、正倉院開封、歴代天皇陵への奉幣といった活動をおこなった。また天皇は、東京遷都後の京都御所の荒廃を嘆き、天皇の手元金を下す。九門内を京都御苑と命名し、一八七八年から八〇年にかけて、槇村正直知事時代の京都府は、大内保存事業として、四囲の石塁の外郭、九門の付け替え、道路の整備、植樹をおこなった。

この京都御苑整備の大きな要因には、国際社会に対する伝統文化の押し出しという外交上の要請があった。この頃に、桂離宮（一八八一年の桂宮家の断絶後）、修学院離宮（一八八三年）や、幕府の拠点だった二条城（一八八四年）が宮内省の管轄となった。のちの記述であるが、一九一五（大正四）年の大正大礼記念に京都市が編纂した『新撰京都名勝誌』では、皇宮（京都御所）、御苑、仙洞御所、大宮御所、二条離宮、修学院離宮、桂離宮を、同書の冒頭に特別な名勝として記述するが、これらはいずれも一八八〇年代に宮内省管轄の皇室財産として整備された文化財群であった。

また古都の文化財に関わって、天皇陵は一八七八年に、正倉院御物は一八八四年に宮内省の専管となった。このように一八九〇年代以降に、皇室財産となる文化財が、一連の群（かたまり）として、この時期に集積される構造が重要である。

その背景にはヨーロッパの王室の影響があった。伊藤博文は「御料地選定ニ関スル議」（一八八七〜八八年頃）のなかで、ヨーロッパの君主制の例を引き、愛国心の喚起には、自らの国民国家の歴史を知ることが不可欠とする。そしてヨーロッパ君主制の「旧跡故地《きゅうせきこち》」を保存している実態にならって、古代や中世に天皇がとどまったり隠棲した、滋賀・隠岐・笠置・鎌倉などの「霊場旧跡」を御料地に編入することを提案する。こうした文化戦略は、たとえば、一八八〇年代に、ドイツやイギリスの皇子たち、外国貴賓が来日した際に、わざわざ秘匿された正倉院を開封して歴史の古さを見せつけた「宝物外交」にも現れる。

伝統文化が外交や政治の力になることは、日本が一八八〇年代にヨーロッパの実態から学んだことであった。一八八二年の三条実美・岩倉具視宛、柳《やなぎ》原前光《はらさきみつ》による「帝室儀式の議」（岩倉具視文書二一八、国立国会図書館憲政資料室蔵）では、ヨーロッパ王室の伝統文化の政治利用が報告されている。

たとえば、フランツ・ヨーゼフ一世治世のオーストリアでは、都市改造による環状道路（リング）にすでにガス灯があったが、戴冠式ではわざわざ篝火をたく古い伝統の儀式次第が採用されたと報告された。さらにウィーンのステファン大寺院に貧民を集めて、新帝が自ら貧民の足を洗い、皇后が布で拭くパフォーマンスに現れた慈恵性が強調された。またロシアでは、西欧に開かれた政治的首都ペテルスブルグから、ロマノフ家の王は「旧都」モスクワに移動し、ギリシャ正教の伝統文化のなかで戴冠式をあげた。女官の大礼服は「国風（ロシア風）」の古い様式であり、年初に大河の堅い氷を割る独特の儀式もおこなわれた。

一八八一年に末松謙澄《けんちょう》は、イギリスにおいて「諸礼式」の古さを尊ぶのは「怪奇」で可笑しいことであるが、意味があることとみなした（『長崎省吾関係文書』一三九―四、同館蔵）。

世界の「一等国」になるには、憲法・軍隊・教育などといった普遍的な文明の装置だけではだめで、オーストリアやロシアのみならずイギリス・フランス・ドイツなどにおいても、それぞれの固有の歴史・伝統文化を国際社会に対してアピールすることが、欧米の文法であった（高木博志『近代天皇制の文化史的研究』校倉書房、一九九七年）。

かくして、一八八三年一月の岩倉具視の建議では、ロシアの二都制における伝統都市モスクワの役割に習い、即位・大嘗祭を京都御苑で施行することを提言した（『岩倉公実記』）。そして、賀茂祭・石清水放生会・春日祭の再興、平安神宮の創建、御所の宝庫の設置や年中行事の復興などを提案した。この建議は一八八九年皇室典範に明記され、一九〇九年登極令で詳細な儀式次第が決まり、一九一五（大正四）年大正大礼と一九二八（昭和三）年昭和大礼は京都御苑で施行されることとなった。

一八八九年二月一一日（紀元節）の大日本帝国憲法発布は「皇祖皇宗」に誓う形をとった（『明治天皇紀』同日条）。アジアで最初の憲法制定の場で、日本固有の歴史性をアピールした。まさにこの年、すべての天皇陵が大急ぎで治定され（現在、継体天皇陵など多くの天皇陵で考古学から治定の誤りが指摘されている）、新皇居で皇霊殿（歴代天皇の霊を祀る）と連動して万世一系の陵墓群が視覚化されてゆく。伊藤博文は、条約改正を達成するためには、歴代の天皇陵をすべて決めて「万世一系」の天皇家の歴史を目に見えるものとし、「国体の精華」を内外に誇るべきとした（『明治天皇紀』一八八九年六月九日条）。天皇陵群をすべて決定することは、国際社会における「一等国」になるための戦略である。

かくして一八八九年にこけら落としされた新皇居を擁する帝都東京に対して、古都としての奈良・京都といった、国土の空間配置が成立した。明治天皇で一二一代（長慶天皇を除く）となる天皇陵のうち、奈良には三〇基、京都には五九基が集中する、天皇制にとっての歴史性・伝統性が、古都の景観として現出してゆく。

三　国民国家と古都

（1）日本美術史の成立

一八八九年には東京・京都・奈良に三つの帝国博物館の設置が決まり、それらはオーストリア・ドイツ・イギリス・フランスなどの博物館を参照しつつ組織を整えていった（『東京国立博物館百年史』本文編、一九七三年）。一八八七年に東京美術学校が設立され、まだ二〇代の岡倉天心が初代校長となった。こうした「美術」の制度化（佐藤道信『「日本美術」誕生』講談社、一九九六年）は、フェノロサの欧米からの美術理論の移入を介し、帝国博物館初代総長となる九鬼《くき》隆一や岡倉などが中心となって、帝国憲法発布後に本格的に展開した。臨時全国宝物調査（一八八八～九七年）において、ジャンル・等級・年代・作者など今日の「美術史」の基本的な分析方法が確立する。

今日につながる古代から近代までの時代区分は、博覧会や外交などで国際社会に対して視覚的に訴える美術史において、歴史学に先んじて成立する。岡倉天心は、東京美術学校でおこなった「日本美術史」の講義のなかで（一八九一年度、原安民筆記、『岡倉天心全集』四）、推古時代（飛鳥文化）―天智時代（白鳳文化）―天平時代―平安時代―鎌倉時代といった時代区分を提唱した。古都奈良に関わっては、法隆寺釈迦三尊像に代表され中国六朝文化の影響をうけた推古時代、法隆寺金堂壁画などにインド・ギリシャ風美術をみる天智時代、国際色豊かな盛唐文化の影響をうけた東大寺戒壇院《かいだんいん》四天王像・三月堂執金剛神像《しっこんごうじんぞう》・正倉院のガラス工芸などに標準作をみる天平時代といった、宝物調査の成果と一体となった歴史認識を提示した。

　古都京都では、平安遷都（七九四年）後の平安時代を密教の空海時代と、「純然たる日本風」で優美な貴族文化が栄え、絵師金岡《かなおか》、仏師定朝《じょうちょう》といった芸術家（これはルネサンス以降の近代概念の過去への投影）を輩出した延喜《えんぎ》時代にわけた。一〇世紀以降の延喜時代が、のちに国風文化としてナショナル・アイデンティティかつ京都の表象になってゆく。そして天心は過去の美術史の体系化のみならず、「未来の美術を作りつゝあるなり」として、横山大観・菱田春草など現代作家を育てて、洋画に対抗して相補う「日本画」のジャンルをつくりだしていった。

(2)「日本文化」の模索

　ここでギリシャ文明とヨーロッパ各国、中国文明と日本の関係がアナロジーとして、国民国家形成に果たす事例を指摘したい。

　それは中国製の華原磬《かげんけい》（興福寺所蔵の仏具／図3）が、日本の国宝として囲い込まれる問題についてである。岡倉天心は「日本美術史」のなかで、「西洋の文明は希臘、羅馬《ローマ》に取れり。然れども彼れは皆我が物として論ぜり。故に、我れは隋唐の文物を模倣し、以て之れを渾化《こんか》せり。然らば之れを我が

図３　華原磬（興福寺蔵）
撮影：飛鳥園

物として論ずるも敢て不可なかる可し」と論じる。英仏などの現代の列強が、ギリシャ・ローマに文明の起源をもつとして、自らの起源をそれらに置く。したがって日本が中国文明を「我が物」と論じても、日本の文化として融合しているために問題はないとの主張である。

中世以降なら「日本人」の作による美術品も多いが、六〇〇年頃の飛鳥時代においては大陸からもたらされたり、渡来人の手になる国宝が大部分であり、それを除いたら、何が「日本文化」として残るのか？　まさに近代に引かれた国境で現れた国民国家日本が、東アジアの歴史や文化を、自らの都合の良いように再構成しようとする政治戦略であり政治文化であろう。

さて古都京都に目を転じると、一八九三年のシカゴ博覧会における日本パビリオンは、図4のごとく、全体として平等院鳳凰堂を摸した国風文化の意匠であった。この原案は、岡倉天心によるものである。まさに生成したばかりの「日本美術史」における、

図4　シカゴ博覧会・鳳凰殿(1893年)
(東京国立博物館『海を渡った明治の美術』1997年)

中国とは断絶し源氏物語や優美な和歌によってはぐくまれる「国風文化」が、「日本文化」の表象となっている。

その二年後の一八九五年に、平安遷都千百年紀念

祭と第四回内国勧業博覧会がセットで、鴨川の東側の岡崎の地でおこなわれた。前者を契機として、平安時代から明治維新までの京都の歴史と風俗が行列する時代祭が始まったように、紀念祭は伝統文化を体現した。後者は、近代/文明を象徴し、博覧会を契機に、琵琶湖疏水や市電が敷設され、電灯が普及した。クローンとして近代に創り出された桜の品種であるソメイヨシノが、疏水などの開発された場に、豪奢なピンクの桜並木を現出すべく植樹された。

また京都の案内記や観光ガイドブックの出版数は、一八九四年には四冊だったのが、一八九五年には三三冊へと急増し、観光を後押しした。なかでも *The official guide-book Kyoto and the allied prefectures*, 1895 は、京都市参事会により、外国人向けに編纂された。本格的な観光ブームが到来するのは第一次世界大戦後の大衆社会状況下だが、その前段階として、行政が観光を制度化するきっかけがこの紀念祭にはあった。

岡倉天心の東京美術学校での「日本美術史」講義が、博覧会に向けて編纂された歴史書である、湯本文彦『平安通志』(一八九五年)にその影響を与え、博覧会に合わせて京都帝国博物館の開館が目指された。一八九五年の京都の第四回内国勧業博覧会は、美術や文化財が制度化される、まっただなかに開催されたのである。

一八九七年に制定された古社寺保存法のなかで、国宝 (National treasure) 概念がはじめて成立した。そして岡倉天心によって枠組みが作られた「日本美術史」がはじめて書物として活字となるのが、パリ万国博覧会に向けて編纂された *Histoire de L'art du Japon*, 1900 においてであった。その出版が、フランス語であったことには、国際社会への自画像の発信という初発の契機があらわれている (その日本語訳が『稿本日本帝国美術略史』農商務省、一九〇一年)。

同書の序文に九鬼隆一は、東洋美術史の編纂事業は、中国やインドの国民には望むことはできず、まさに「東洋ノ宝庫」である「日本帝国」で初めて完成すると宣言した。ヨーロッパとアジアに対する、アジアを代表する「日本文化」の確定と発信、という「帝国」の課題が、二〇世紀に立ち現れることとなった。

（3）帝国のなかの古都奈良・京都

第一次世界大戦後の一九一九年に制定された、史跡名勝天然紀念物保存法は、先行する朝鮮総督府の古蹟及遺物保存規則と連動しつつ展開した。またドイツのHeimatschutz《ハイマートシュッツ》（郷土色保護）を紹介した黒板勝美は、日露戦後の地方改良運動下で、史蹟・名勝の保護は、地域社会における現地保存や住民の顕彰運動とともに、郷土愛と愛国心をつなげる媒介として働き、皇室を崇敬する歴史意識を喚起した。平城京・平安京・嵐山・吉野山・豊臣秀吉関連史蹟などの古都の文化財は保護されていった。そして慶州は、奈良になぞらえられて、日本が支配する朝鮮の「古都」として、植民地時代の観光のなかに位置づいた。

関野貞《ただし》は、一八九五年に卒業論文「鳳凰堂建築説」を帝国大学工科大学に提出し、古社寺保存法にともなって設置された文化財保護を担う初代奈良県技師をへて、一九〇一年東京帝国大学助教授に就任した。翌年には朝鮮半島での遺跡調査をおこない『韓国建築調査報告』（一九〇四年）をまとめて、新羅時代—高麗時代—朝鮮時代といった時代区分を有する「朝鮮美術史」の今日につながる枠組みを作り出した。関野はのちの『朝鮮美術史』（一九三二年）で新羅統一時代の八世紀の景徳王の頃には、「固有の趣味を露はして華麗繊巧の極」に達したと論じている。卒論「鳳凰堂建築説」で中国文明とは切れた固有な国民文化である「国風文化」があるからこそ、自立した国民の歴史が存在するとした、関野の日本美術史の方法論が、朝鮮美術史にも適用された。宇治の平等院鳳凰堂と慶州の石窟庵は、それぞれの国の美術史が自立するための、象徴的な文化財となった（高木博志「日本美術史／朝鮮美術史の成立」岩本通弥編『世界遺産時代の民俗学』風響社、二〇一四年、ハングル版ヒューマニスト社・ソウル、二〇〇四年が初出)。

かくして二〇世紀の奈良・京都は、中国東北部や朝鮮を領有する日本の「帝国」における、古都のモデルとして、そのありようが模索された。

一九一〇年代以降になると現実の帝国日本の侵略・拡大とともに、一六世紀の東アジア規模の交流を背景に花開いた「安土桃山文化」が浮上することとなった。一六世紀後半の織豊期には、豪壮な城郭建築や障壁画が時代の雰囲気をあらわし、南蛮人がキリスト教をもたらし、大航海時代の日本人は東南アジアにまでいたり貿易を展開した。一九一〇年代以降、こうした「安土桃山文化」が顕彰され、京都イメージと重ねられてゆく。

また国内においては、一九一二年の明治天皇の桃山御陵を最後として、一九二六年の皇室陵墓令に基づいて、大正・昭和と将来の天皇陵は、もはや京都ではなく東京に隣接する地域に造営されることが決められた。帝国の首都東京と、古代のノスタルジーの場である古都奈良・京都は、東アジアのなかに定置されてゆく。

【付記】本稿は、二〇〇八年三月一日、人間文化研究機構連携研究「ユーラシアと日本」国際シンポジウム(於京都市国際交流会館)、および二〇一五年七月三日、Meiji restoration and the ancient capitals Nara Kyoto, The Global History and the Meiji Restoration Conference(於ハイデルベルグ大学)における研究報告を、もとにしたものである。

論考

邪馬台国論争の超克
——白鳥・津田史学からの脱却

小路田泰直

はじめに

歴史とは語り手の主観によって構成された過去についての物語だとする史観が最近流布している。ならば語り手の主観が大きく変わらなくてはならない時、語られる歴史もまた大きく変わらなくてはならない。今がそういう時だ。

そこで私がいいたいのは、邪馬台国論争などという無意味な論争はもうそろそろ止めて、その論争の一方の当事者であった白鳥庫吉《くらきち》や、その弟子津田左《そ》右吉《うきち》の影響から、この国の歴史学は一日も早く解放されなくてはならないのではないかということである。だから本稿も「近代の超克」をもじって「邪馬台国論争の超克」と題した。ではなぜそう思うのか。以下説明していきたい。

一　邪馬台国論争とその不毛

（1）論争の発端と経緯

そこでまず邪馬台国論争とは如何なる論争であったかだが、次の『魏志倭人伝』（の記事の傍線部）の不可解さをきっかけに起きた、同書に記された三世紀初頭にこの列島上に存在した国「邪馬台国」が、畿内（大和）にあったか、九州にあったかを問う論争であった。

郡（帯方郡）より倭に至るには、海岸に循《したが》って水行し、韓国を歴《へ》て、乍《あるい》は南し乍は東し、その北岸狗邪韓国に到る七千余里。始めて一海を度《わた》る千余里、対馬国に至る。……また南一海を渡る千余里、名づけて瀚海《かんかい》という。一大国に至る。……また一海を渡る千余里、末廬国に至る。……東南陸行五百里にして、伊都国に到る。……東南奴国に至る百里。……東行不弥国に至る百里。……南、投馬国に至る水行二十日。官を弥弥といい、副を弥弥那利という。五万余戸ばかり。南、邪馬壱国に至る、女王の都する所、水行十日陸行一月。官に伊支馬あり、次を弥馬升といい、次を弥馬獲支といい、次を奴佳鞮という。七万余戸ばかり。女王国より以北、その戸数・道里は得て略記すべきも、その余の旁国は遠絶にして得て詳かにすべからず。……その南に狗奴国あり、男子を王となす。その官に狗古智卑狗あり。女王に属せず。郡より女王国に至る万二千里。

では傍線部の不可解さとは何か。通常誰しも「邪馬台国」と聞けば「大和国」のことだと考えるが、この傍線部どおりに行っても、日本列島の地形を考えて「南」を「東」に読み替えてみる程度では、絶対に大和にいたらないことであった。北九州の不弥国から水行二〇日で行き着く投馬国は吉備国（岡山県）付近。そこから再び水行一〇日で再上陸するところは大阪湾岸の何処か。だとすればそこから大和まで一月はかかり過ぎだからである。

そして一旦その不可解さが気になり始めると、『魏志倭人伝』の記事には何処かに間違いがある、あるいは暗号めいた謎があるということになり、間違い探し、謎解き合戦に火が点いたのである。

火を点けたのは、東京帝国大学の白鳥庫吉であった。彼は上記引用の最後の部分に注目した。帯方郡から邪馬台国までの総距離は一万二〇〇〇里だというのである。それと里数で記された帯方郡から不弥国までの距離の総和の差をみてみると、わずか一三〇〇里程度しかない。考えてみれば不弥国から邪馬台国までは、里数ではなく日数で記されている。信をおき難い。その間はやはり一三〇〇里しかなかったと考えるべきなのである。そして一三〇〇里といえば、末盧国（佐賀県唐津市付近）と伊都国（福岡県糸島市付近）の間が五〇〇里だから、たいした距離ではない。だとすれば邪馬台国はやはり九州のなかにあったとするのが適当である。しかもその場合には、無理して方位を、「南」を「東」へ読み替える必要もなくなる。

こう考えて白鳥が九州説を唱え、それに反発して京都帝国大学の内藤湖南が畿内説を唱えたのが論争の始まりであった。時に一九一〇（明治四三）年のことであった。

以後、今日まで論争は百花繚乱の観を呈し、今や『魏志倭人伝』の読みを競うだけでは決着がつかないということとなり、むしろ考古学上の論争へと発展している。九州説派は佐賀県の吉野ケ里遺跡を邪馬台国の跡だといい、畿内説派は奈良県桜井市の纏《まき》向《むく》遺跡を邪馬台国の跡だといっている。

(2) 不可解さは存在しない

ただ、冒頭にも述べたように私はこの論争を、極めて無意味な論争だと思っている。ではそれはなぜか。論争のきっかけになった傍線部の不可解さなるものが、実は存在しないからである。北九州の不弥国から傍線部どおりに行っても、「南」を「東」と読み替える程度では、絶対に大和には行き着かないというのが、その不可解さの内容であったが、傍線部どおりに行けば、「南」を「東」と読み替えるだけで、ちゃんと大和に行き着く。理由は簡単である。魏の使いは日本海を経由したと考えればいいだけだからである。

『魏志倭人伝』には「南、投馬国に至る水行二十日」「南、邪馬壱国に至る、女王の都する所、水行十日陸行一月」とあるだけで、魏の使いが瀬戸内海を通ったとは書いていない。この記事だけを読めば、瀬戸内海を通った可能性と日本海を通った可能性は五分と五分である。どちらを行こうと、方向は同じだからである。

そして日本海を通ったと考えれば、傍線部どおりに行き大和に行き着くのは可能なのである。不弥国から水行二〇日で行き着く投馬国は出雲国、そこから水行一〇日で再上陸する所は丹後半島付近――多分その付け根の天橋立付近――、そこから大和まで一月かかっても、決しておかしくはない。一点難があるとすれば、日本海を経由した場合、再上陸地点から大和まで、相当に険しい山を越えなくてはならないと思われる点だが、それも杞憂に過ぎない。由良川と加古川を使えば、海抜九五メートル（／一五〇キロ）の分水嶺を越えるだけで瀬戸内海に出られるし、琵琶湖を経由しても良いからである。そして一つ可能なルートがあれば、それで不可解さは消える。

論争のきっかけになった傍線部の不可解さは、実は幻だったのである。ならば論争自体が無意味であったといって差し支えなくなる。

しかも、もう一つ大事なことは「東」が「南」と記されていたことにも、合理的な理由があったということである。同じ『魏志倭人伝』に次のようにあった。

男子は大小となく、皆黥面《げいめん》文身す。古より以来、その使中国に詣《いた》るや、皆自ら大夫と称す。夏后小康の子、会稽に封ぜられ、断髪文身、以て蛟《こう》竜《りゅう》の害を避く。今倭の水人、好んで沈没して魚蛤を捕え、文身しまた以て大魚・水禽を厭《はら》う。後やや以て飾りとなす。諸国の文身各々異り、あるいは左にしあるいは右にし、あるいは大にあるいは小に、尊卑差あり。どの道里を計るに、当に会稽の東冶《とうや》の東にあるべし。その風俗淫らず。……但耳・朱崖と同じ。

かつての越人と「今」の「倭人」、さらには「但耳・朱崖」（広東省・海南島）の人々――越南人――との間に強い風俗の近似があること、日本（倭）という国は「会稽」の東にあることが書かれている。古代中国人が、風俗の近似を理由に日本のことを、越の故地「会稽」の「東」（長江下流域の東方海上）にある国と推認していたことがわかる。

だとすれば、彼らは日本（倭）という国が九州北部において朝鮮半島と近接していることも知っている――だから魏はそこから使いを送ってきたのである――から、日本（倭）という国は九州北部を離れれば離れる程、南へ下がっていく国だと理解していたことになる。「東」へを「南」へと誤解したとしても、それはやむを得なかったのである。

そして越人と倭人と越南人の風俗の近似は、多分本当であった。三者は黒潮の流れによって緊密に結びつけられ、一つの黒潮文化圏を構成していたはずだからである。その場合、日本人も長く中国のことを「もろこし」＝「諸越」と呼び、華中・華南の人々（百越）に中国人を代表させてきたことが、参考になる。

二　論争の背景
――「民族自決権」の時代のナショナリズム

(1) 白鳥説への国民的共感

しかし無意味な論争も、一〇〇年続くには、続くだけの理由があったはずである。ではその理由とは。答えだけをいうが、九州説を唱えた白鳥庫吉の思いへの国民的共感だったと、私は思う。

東洋史家であった白鳥が、邪馬台国＝九州説をいい始めたのは、上記引用の次の部分に目を留めたからであった。

女王国より以北、その戸数・道里は得て略記すべきも、その余の旁国は遠絶にして得て詳かにすべからず。

「北」は「西」だから、魏の使いにとって、邪馬台国より西の国々のことは「戸数・道里」を「略記」できる程に認識できていたが、それより「東」の国のこととなると「遠絶にして得て詳かにすべから」ざる状態に置かれていた。ならば三世紀の段階で、中国文明の影響が及んでいたのは邪馬台国までであり、それより以東にはそれは及んでいなかった。白鳥はこの一文を、相当強引だが、こう解釈した。だから彼は九州説を唱えたのである。

彼が本当にいいたかったのは、三世紀の段階で、日本列島社会の大半は未だ中国文明の影響下に入っていなかった、したがってそこには日本固有の文化が育まれる余地があったということであった。中国文明の圧倒的な影響にさらされてなお、それに同化されてしまわない日本固有の文化の存在を立証するために、彼は邪馬台国＝九州説を唱えたのである。

彼の愛弟子津田左右吉が『支那思想と日本』に戦後に付した「まへがき」で次のように述べたこと、それをいわんがために、彼は邪馬台国＝九州説を唱えたのである。

（私の考えは）日本の文化は、日本の民族生活の独自なる歴史的展開によつて、独自に形づくられたものであり、従つてシナの文明とは全く違つたものである、といふこと、日本とシナとは、別々の歴史をもち別々の文化なり文明なりをもつてゐる、別々の世界であつて、この二つを含むものとしての、一つの東洋といふ世界は成りたつてゐず、一つの東洋文化東洋文明といふものは無い、といふこと、日本は過去においては、文化財としてシナの文物を多くとり入れたけれども、決してシナの文明の世界につゝみこまれたのではない、といふこと、シナからとり入れた文物が日本の文化の発達に大なるはたらきをしたことは明かであるが、一面ではまた、それを妨げそれをゆがめる力ともなつた、といふこと、それにもかゝはらず、日本人は日本人としての独自の生活を発展させ、独自の文化を創造して来た、といふこと、日本の過去の知識人の知識としては、シナ思想が重んぜられたけれども、それは日本人の実生活とははるかにかけはなれたものであり、直接には実生活の上にはたらいてゐない、といふことである。（『歴史学と歴史教育』に収録するにあたって『支那思想と日本』に付した「まへがき」、一九五九年）ちなみに津田は同じことをいうのに、日本という国は、四方を海に囲まれているから孤立し、外からの刺激が極度に少なかった。そのため容易に発展することができず、隣接する世界が次々と文明化していくなかでも、長く未開にとどまり続けた。だから時として中国等の外国から先進文明が流れ込んでくることがあっても、それを理解することができず、結果的にその影響を受けることなく過ごした。その結果、鎌倉時代ぐらいになって漸く文明の域に達してみると、世界でも稀に見るユニークな、固有の文化を持つ国になっていたのである。と、こう説明していた。白鳥よりも強引で非科学的である。

この日本文化の固有性をいわんとした白鳥の意図に、多くの人が共感し、事実としては間違っていても九州説を支持した。だから論争は一〇〇年続いたのである。

（2）学者たちに課せられたミッション

ではなぜ白鳥や津田は、日本文化の固有性をいうことに、固執したのだろうか。

それは、二〇世紀初頭、国家が国家であるための条件の世界史的転換があったからである。国家の正当性を語るのに、個々人の人権・独立を前提に、社会契約論的にそれを語る時代から、民族という共同体の実在を前提に、民族自決権的にそれを語る時代へと変わった。とりわけ東アジアにおいて、その変化は早く訪れた。日清戦争後、アメリカが「門戸開放・機会均等」――第一次大戦後的にいえば「民族自決」の原則――のスローガンを掲げて、列強による中国分割に介入し、それに待ったをかけたからであった。

だとすれば、漸く日英通商航海条約を締結し、治外法権の撤廃に成功し、日清戦争にも勝って本格的な独立国としての歩みを始めた日本は、その直後に、またまた独立を維持していくために、背負わなくてはならない重たい課題をかかえこんだことになる。

それは日本民族の実在を内外に証明してみせるという課題であった。そのためには二つのことをしなくてはならなかった。一つはアイヌ民族も琉球民族も日本民族の一員であることの証明。もう一つは、日本民族は決して中華民族の一部ではないことの証明であった。

当然その証明には多くの知と学者が動員された。上田万年《かずとし》（言語学）や鳥居龍蔵（人類学）や金田一京助（言語学）といった人々の名前を思い浮かべることができる。そしてその後段のことの証明を引き受けたのが、白鳥であり、津田だったのである。だから彼らは、日本文化の固有性の証明に尋常ならざるこだわりを見せたのである。文化の相違こそ、民族と民族を分かつ最大の指標だと考えたからであった。

むすびに

かくていえることは、邪馬台国論争は決して事実を巡る論争ではなかったということ、民族自決権こそ国家存立の基礎になった時代に相応しい、二〇世紀型日本ナショナリズムを生み出すための培養基として企図された論争だったということである。

そしてその論争の最大の成果が、白鳥史学の日本史学バージョン、津田史学の成立だったのである。日本の歴史を長く未開の歴史にみたてることによって、日本人の文明に対する理解力の低さを理由に、一切の外来文化の影響を無視する、純粋培養的日本史認識の成立だったのである。

しかも重要なことは、その純粋培養的日本史認識は、戦前期よりも戦後になってより大きな広がりを見せたということである。戦前期日本においては、国家の広がりと民族の広がりの間に、誰の目にも明らかな乖離が存在した。大日本帝国は、朝鮮や台湾といった異民族社会をもその内部に含んでいた。白鳥や津田的な日本史認識の上にだけ立脚していたのでは大日本帝国は成り立たなかった。純粋培養的日本史認識とは真逆の、内藤湖南的、大アジア主義的日本史認識の成り立つ余地も残していた。とりわけ、大東亜共栄圏の確立が目指されていた一九三〇年代末から一九四〇年代にかけては、そうであった。一九四〇年に津田左右吉が出版法違反で取り締まりを受けたことなども、そのことの証しであった。

しかし戦後は、国家と民族の広がりが、基本的に一致した。白鳥的、津田的、純粋培養的日本史認識が広がる条件が整った。したがってそれは、一挙に戦前以上の広がりを見せることになったのである。当然邪馬台国論争に対する関心も、戦前期以上の高まりを見せた。

しかも、戦前から戦後にかけて、津田史学同様、事あるごとに日本社会の未開性、後進性をいい立てる講座派マルクス主義が大きな影響力を持った。それも純粋培養的日本史認識の拡散を後押ししたのである。

はたしてこれ以上、その純粋培養的日本史認識のなかにい続けて良いのか。それが私の問いである。

【参考文献】
石原道博編訳（1951）『魏志倭人伝』岩波文庫
小路田泰直（1997）『日本史の思想』柏書房
小路田泰直（2001）『「邪馬台国」と日本人』平凡社新書
小路田泰直（2014）『卑弥呼と天皇制』洋泉社歴史新書
小路田泰直（2017）『日本史論——黒潮と大和の地平から』敬文舎
佐伯有清（1971）『邪馬台国』吉川弘文館
佐伯有清（1972）『戦後の邪馬台国』吉川弘文館
佐伯有清（2006）『邪馬台国論争』岩波新書
津田左右吉（1965）『津田左右吉全集』第二〇巻、岩波書店

論考

特高警察と民衆宗教の物語

永岡　崇

一　民衆宗教の〝物語〟

憎いかたきへの敵意を募らせて、復讐を心の支えにして生きていると、いつしか自分自身がそのかたきと同じ表情、同じ仕草で、同じことをしているのに気づいて愕然とする……。二時間もののサスペンスドラマによくある筋書だが、日常生活でも似たようなことはあるかもしれない。そして学問の世界でも、しばしば同じようなことは起こっている。

たとえばマルクス主義史学にとって、近代天皇制国家は理論的にも実践的にも批判と克服の対象だったが、こうした敵対的関係性にもかかわらず、というよりもそれゆえに、両者の間に奇妙な共通性が生じることもあったのではないだろうか。この小稿では、そうした視角から、一九五〇～六〇年代における初期民衆宗教史研究の成立を再検討してみたい。

一九五〇年代後半、黒住教や天理教、金光教、丸山教、大本など一九世紀を中心に新しく興った宗教運動を「民衆宗教」と呼び、マルクス主義の立場からその歴史的意義を肯定的に評価する諸研究が現れた。佐木秋夫・乾孝・小口偉一・松島栄一『教祖――庶民の神々』（青木書店、一九五五年）などが先鞭をつけ、村上重良の『近代民衆宗教史の研究』（法藏館、一九五八年）によって戦後歴史学の一隅に座を占めることになる。村上や佐木をはじめ多くの研究者が参加して作り上げられた大本の教団史、『大本七十年史』（一九六四・六七年）は、初期民衆

宗教史研究のひとつの到達点を示すものといえるだろう。(1)

こうした研究によって、それまで軽蔑的なニュアンスとともに〝淫祠邪教〟や〝新興宗教〟などと呼びならわされてきた近代の新たな宗教運動が――アカデミズム周辺の小さなサークルにおいてではあるが――歴史の主体となるべき民衆の可能性を内包したものとして、とらえなおされるにいたったのだ。

村上らによる初期民衆宗教史研究で集中的に論じられたのは、やはり教祖だった。民衆宗教の教祖たちは、神がかりと呼ばれる劇的な神秘体験をきっかけに、独自の宗教活動を展開したが、信者にとってそれは真正＝神聖な天啓であり、べつの人びとはたんなる狂気、あるいは詐欺師のトリックのようなものだと考えるかもしれない。これにたいして村上らの研究は、民衆宗教の〝神〟の正体は教祖たちの〝無意識〟のことだとしたうえで、彼／彼女が民衆のひとりとして苦難の人生を生き、その経験から無意識のうちに蓄えた思想を、神がかりという媒介を通じて汲み出し、人びとに語り伝えたのだという〝物語〟を基盤とするものである。(2)

同時にこの〝物語〟は――しばしば指摘されてきたように――民衆宗教を「政治的な支配体制に対する反抗、対抗、代替の運動」(3)として描こうとするイデオロギー的な傾向性をもつものでもあった。つまり、近代天皇制国家ないし資本制社会、家父長制的秩序といった、民衆を苛むシステムへの告発が、教祖たちの宗教的言説という姿をとって現われている、とされるのだ。これを、民衆宗教の〝物語〟と呼ぼう。

しかし、こうした〝物語〟は、戦後の民衆宗教史研究という立場が初めて生みだしたものなのか、それとも、戦前期以来の教祖をめぐる表象の系譜に、その原型をみつけることができるのだろうか。たとえば、日本マルクス主義の言説のなかで、その〝物語〟は語られていたのだろうか。たしかにマルクス主義と宗教の関係は、エンゲルスの『ドイツ農民戦争』が示すように、たんなる宗教阿片論に還元されるものではなく、ときとして革命的な力の源泉として宗教的なものが見いだされることがある。戦前の日本でも、日蓮を階級闘争の先導者として位置づけた佐木秋夫『日蓮』(一九三八年)のように、左翼的文脈のなかで仏教の宗祖を評価しようとする眼差しが存在した[(4)]。

だが、中山みきや出口なおのような民衆宗教の教祖は、基本的にその対象には入っていなかった。戸坂潤が「新興宗教は少くとも高級なインテリの文化的要求を満足させない。大本教や天理教の聖書は文学的価値を持たぬ。まして「ひとのみち」のものをやだ」[(5)]と書いていたように、戦前のマルクス主義者にも、〝新興宗教〟への抜き難い偏見が存在したことを指摘しておく必要がある。戦後にはその評価が反転し、民衆宗教は進歩的知識人のアイドルへと変貌することになるのだが、この転回をもたらしたものはいったい何だったのだろうか。

こうした問いに単純明快な答えを差し出すことは難しい。民衆宗教史研究という言説は、おそらく複数の、しかもたがいに絡まり合った経路を通って成立したと思われるからだ。ここではささやかに、そうした経路のうちのひとつをたどりなおしてみたい。焦点となるのは、民衆宗教の象徴的存在ともいうべき大本、そしてその政治的敵対者であった特別高等警察(特高)である。特高は大本のかたきであったばかりではない。「近代日本の批判的分析に焦点を結ぶ批判知」[(6)]として出発した戦後日本の学問的な知にとっても、さまざまな思想や言論を抑圧した〝天皇の警察〟特高は、当然強く非難されるべき存在だった。本稿で浮かび上がらせたいのは、戦後知の一翼をなす民衆宗教史研究と特高体制とのひそやかな共犯関係である。

二　特高課長の大本研究

(1)特高と宗教集団

アジア・太平洋戦争が拡大していく一九三〇年代後半は、大本やひとのみち教団、ホーリネス系教団など、多くの宗教集団にたいする弾圧の嵐が吹き荒れた時代でもあった。そして、これらの教団に不敬罪や治安維持法違反などといった罪状を割りあてるべく、捜査を展開したのが特高である。一九一〇年代に創設された特高は、当初は共産主義者の取り締まりに主軸を据えてきたが、共産主義運動が実質的に壊滅させられた一九三〇年代半ば以降、「その基本的性格を継承しつつも、国家・社会秩序の破壊一般」へとその役割を拡大させ、「自らを国家と一体化させる自己意識」を肥大させながら、「反社会的」とされる宗教運動も、取り締まりの対象に組み込んでいったのだ。(7)

特高は、宗教集団やその信者の思想犯としての容疑を固めていく過程で、「先づ合法的場面に於けるもの、例へば合法出版物の記載内容、公開布教場での言動、公刊教義書等の検討解明より始まつて、各種裏面言動に迄」(8)および捜査を綿密に行っていた。こうした特高の捜査が具体的にどのように行われていたのか、秘密性の高い組織の性格上、同時代の資料によって明らかにするのは難しいのだが、戦後、捜査担当者が当時を振りかえった文書はいくつか存在する。

京都府特高課長として第二次大本事件を指揮した杭迫軍二《くいせこぐんじ》の『白日の下に——大本事件の真相』(日刊労働通信社、一九七一年)はそのひとつであるが、ここには杭迫が大本の歴史・教義について徹底的に調べ上げていく過程が詳細に記されている。もちろん、敗戦によって特高はとうに解体され、高度経済成長を通過したこの時点で書かれたこの書物に、事件そのものを実証的に再構成するための資料としての価値はあまり高くないかもしれない。しかし、「自序」において大本の運動が「一種の宗教的神話を背景にして、国の根本的機構に対して実力で反体制を企てたものであった」とし、「いずれの国家を問わず、現実にみずからの行く手に立ちふさがるこの種の危険に対しては、何等かの対応の措置は必須でなければならない」とのべているように、(9)杭迫は当時の特高がとった行動の正当性を一貫して確信しつづけていた。

つまり、杭迫は事件当時と同様に、大本が反社会的な「邪教」であるという前提のもとでこの書物を書いており、この間に彼の大本にたいする見方に大きな変化があるとは考えにくい。したがって、一九三〇年代の特高が疑わしい宗教集団をどのように眼差し、いかなる手順、いかなる論理で捜査していったのかを知るための重要な資料として、この書物を読むことができると思われる。

(2) 捜査=研究対象としての大本

杭迫の手記を読み進める前に、大本と第二次大本事件にいたる経緯について簡単に説明しておこう。

一八九二年に神がかりし、神のことばを記した筆先《ふでさき》を書きながら宗教活動を行っていた開祖・出口なおと、霊学・霊術を得意とする聖師・上田喜三郎（のちの出口王仁三郎《おにさぶろう》）とが出会い、二人の思想・実践がときに対立しながら展開していったのが、初期大本の活動である。大正期に入り、なおが死去すると、王仁三郎や浅野和三郎を中心に立替え立直しと呼ばれる終末主義的な宣伝が活発化し、知識人や海軍士官などをふくめて急激に信徒を拡大していくが、その活動が官憲の警戒を招き、一九二一（大正一〇）年に王仁三郎らは不敬罪などの容疑で検挙される（第一次大本事件）。

その後、大赦によって免訴となった王仁三郎らは布教活動を再開、満蒙問題への発言や立替え立直しの主張などで注目を集めていく。一九三四（昭和九）年には外郭団体・昭和神聖会を結成し、軍人や民間右翼団体と提携しながら活発な政治的活動を行おうとするが、これらの動きが不敬罪や治安維持法違反にあたるとして一九三五年に第二次大本事件が勃発し、王仁三郎以下幹部が投獄され、教団施設は破壊、土地も不法に売却されるなど、徹底的な弾圧を受けたのである。

愛知県特高課にいた杭迫が大本の捜査のために京都府に異動したのは一九三四年一〇月末、出口王仁三郎らが検挙された一九三五年一二月八日の、一年と少し前のことであった。特高課内でも極秘の任務であり、着任後、彼は少数の部下とともに、大本にかんするさまざまな文献を読み、整理する作業に勤しんだ。

杭迫は、みずからの実践を説明するのに、好んで「研究」ということばを用いている。「当面の研究課題は、いうまでもなく大本の全貌にわたってその真実を描出することにある。したがって事前の予見を抱くことが禁物であるとともに、研究結果に偏見や独断を挟んで客観性を欠くような見解は絶対に許されない」とのべ、みずからの「研究」の「客観性」についての自負を強調するのである。そして、「大本の基本的文献とされるものは残らず読破した。それもただ読み流すというのではなく、まず大本理論の資料と見られるものを余すところなく抽出する。次には現行法上の問題点とされる疑のあるものを、これまた残らず抜き書き」していった。この「研究」の現場を訪れた上司は「学生の試験勉強そっくりだね！」と評したという(10)。

三　変態心理学と教祖

さきほど民衆宗教の〝物語〟に不可欠な要素として、(一)教祖たちが語った〝神のことば〟を教祖自身の無意識のあらわれとして読み替え、それを前半生における苦難の生活と結びつけようとする語り、(二)〝神のことば〟というかたちをとってあらわれた教祖の思想は、社会もしくは支配体制への批判・抵抗を表明したものだとする語り、という二点をあげた。まとめるなら、教祖における前半生の苦悩―神がかり―社会批判の思想という三つの要素を相互に連関するものととらえる語り、といってもよいだろう。杭迫の大本研究に、これらは見出せるのだろうか。

杭迫は、出口なおを「いわれなき土俗的迷信」にとらわれた「無学な老婆」だったとしている。そして、彼女の「永年にわたる貧困と、その夫の怠惰による生活上の重圧」を強調したうえで、神がかりをもたらした原因について、きわめて明快に特定している。すなわち同一家系に多くの「狂人」を出した「医学的な遺伝」と、「永年にわたる貧困と、その夫の怠惰による生活上の重圧」がそれであり、「二重苦、三重苦に耐えきれなかった老婆は、その血の流れも手伝って、自らも喪心したのである」とするのである。[11]

こうした杭迫の見解は、しかし彼の独創ではない。大本について調べを進める過程で、杭迫は「当代の変態心理学者として知られ、特に大本に関する研究については前々から高く評価されている」中村古峡を訪ねている。杭迫は彼に種々の質問をし、「博士の識見に照して、わが所信の誤っていないことを確かめ得た」という。[12] このことからも明らかなように、神がかりや鎮魂帰神法のような、大本の神秘的現象についての杭迫の理解は、中村らの変態心理学から大きな影響を受けていたのだ。

それでは、変態心理学による「大本に関する研究」とはどのようなものだったのか。一九一七年、「異常心理」「超心理」への関心のもとに「こころの科学」についての総合誌と呼びうるものとして創刊された雑誌『変態心理』は、同時代の新宗教現象の研究にも力を入れていた。[13] 編集主幹を務めた中村古峡の執拗ともいえる大本批判はよく知られているが、ここでは代表的な作品として、中村の『大本教の解剖——学理的厳正批判』(日本精神医学会、一九二〇年)をとりあげ、出口なおがどのように分析されているのかをみてみよう。

なおの前半生について中村が着目するのは、彼女の「辛辣な人生の悲惨事」である。ひとつは夫が「生来の飲んだくれで毫も家業を顧み」ない人物であったことによる貧困であり、[14] そのなかで彼女の「身心が如何に消耗されてゐたかは、蓋し想像するに難くありません」[15] とのべている。もうひとつは彼女が「不良の子供ばかりを持つてゐたこと」であるという。とくに、二人の娘が相次いで「発狂」していることから、「精神変質の濃厚な遺伝素因が、教祖の一族に漲《みなぎ》り亙つてゐた」[16] としている。中村はなおが無教育であったことと、この「遺伝素因」を強調するのである。杭迫が、こうした中村の見解を忠実になぞっていることを確認しておこう。

さて、中村の立場からは、なおが神がかりの状態で書いたテクストである「神諭《しんゆ》」は「完全なる宗教性妄想痴呆患者の濫書症」の産物であり、「変態心理学上から見れば、慥《たしか》に研究の価値ある一資料を提供するもの」ということになる(17)。その内容については、文辞が冗漫であること、曖昧なことばが多いこと、教訓が「コンヴエンシヨナル」で「オリヂナリテイー」がないことを指摘したうえで、当時注目を集めていた「神諭」のなかの「予言」は「註解者の捏造」にすぎないとする。「世界の立替」や「綾部帝都説」といったことも根拠のない「妖言」であり、「天地神人の関係」についてのべた部分も、「現代人に因つて創作されたる最も荒唐無稽な妄想の一適例」だと断じるのだ(18)。

つまりそれらは精神病者であるなおの症状を示すものでしかなく、彼女のオリジナルな思想としての資格は与えられない。中村は、「予言」とされるものの内容には一定の関心を示しているようだが、それらはすべて信者や教団によるこじつけや捏造として処理されており、なおはここでも徹底的に思想主体であることから疎外されてしまうのだ。

四　深層への遡行

(1) 特高の存在性格と論理構造

神がかりのメカニズムについては中村に完全に依拠していた杭迫だが、「神諭」の理解にかんしてはまず、王仁三郎による改作の問題を指摘している。彼は変態心理学との微妙な違いをみせることになる。彼はまず、王仁三郎による改作の問題を指摘している。現存する「神諭」というテクストはなおが直接に書いたもの(「筆先」と呼ばれる)ではなく、それを王仁三郎の意図に沿って修正したものである(中村もこのことは認識しており、さきにふれた「註解者の捏造」への言及はその点にかかわっている)。したがって、これをそのまま、なおの考えを記した文書として読むことはできないのだが、杭迫はなお自身と筆先の内容を完全に切り離してしまっているわけではない。王仁三郎の改作に留意しつつも、筆先にはある程度「開祖なおの想念に近いもの」[19]が含まれている、というのが彼の見方であるようだ。

杭迫は、「もちろん思想というほどの体系的なものではない」としながらも、「神諭」をとおしてなおの考えを推測しようとする。それによれば、「彼女の過去からも推測できるように、その口にし、書きしるしたものが、いくぶん世情に対して批判的であったことは想像に難くない」が、「王仁三郎の参画によって、なおの筆先が模造され、また創作が加えられて、いちじるしく反社会的と批判されるに至ったような原作は、ほとんど見あたらない」[20]。つまり、弾圧の対象となるような「反社会的」な思想は、ひとえに王仁三郎のものであり、「喪心」の老婆であるなおは、いわば思想犯罪から免責されている。

だが、さりげない言及ではあるが、「彼女の過去」、すなわち生活史上の「二重苦、三重苦」と「世情に対して批判的であったこと」とを結びつけて理解しているという点は、決定的に重要である。杭迫は、教祖における前半生の苦悩―神がかり―社会批判の思想という三つの要素を連関させてとらえる見方をとっているのであり、民衆宗教の〝物語〟がここで形成されているのだ。さきにのべたとおり、変態心理学の立場は杭迫の立場にかなり近いのだが、中村の場合、なおの苦悩と神がかりを連結はしても、「神諭」に社会批判の思想を読み込むことはない。彼にとって「完全なる宗教性妄想痴呆患者の濫書症」の産物である「神諭」には、検討に値する思想など存在するはずがないからだ。

杭迫が変態心理学の論理に依拠しながらも、ここでその枠組みを越え出てなおの思想内容に踏み込んでしまう理由は、おそらく思想警察としての特高の存在性格に求められるのではないだろうか。というのも、犯罪の理由・動機の存在を刑罰の計測単位とする近代刑法理論において、中村のように「狂人」

というレッテルを貼り、「神論」を無内容なものと断じてしまうなら、なおは刑法の守備範囲から逃れ出てしまう。それゆえ、特高がその職域を保つうえでは、被疑者がたんなる「狂人」ではなく、理解可能な思考の担い手であることを明らかにする必要があるのだ。そして、一九〇八年以降の新刑法体制では、犯罪はその行為が違法であることだけを質すのではなく、その行為の背後にあるとされる人格をも問わなければならないのであり[21]、思想警察としての特高も、犯罪心理学者が勧めるように、「犯罪者を〔の〕犯罪者としての人格全体の研究[22]」を行っていくことになるだろう。そうした意味で、特高の論理構造においては、「神論」のなかに「世情に対して批判的」な意味を読みとり、さらにそれをなおの生活史に起因するものと考える傾向が生じることは、必然なのである。

(2) 反国家思想という「実相」

とはいえ、なおの「神論」についての言及は、いわば特高警察官である杭迫の思考の習慣がもたらした〝勇み足〟とでもいうべきものだろう。杭迫＝特高にとっても、なおはあくまで「喪心」の人であり、彼女の「反社会的」思想を追及する意図はなかったから(そもそも彼女はすでに故人である)、「神論」にかんしてそれ以上の突っ込んだ分析はみられない。彼らにとって、真に追及すべきなのは出口王仁三郎の思想であった。したがって、王仁三郎にかんする記述を検討することで、右にのべた論理構成の意味の明確化を試みよう。

王仁三郎の人物像について、「成長期の青少年時代に冷たかった生母の愛にうえ、いわゆる反抗期の緩和剤とてないまま反社会的性格の人として育った。長じて大本人となってからは、その未公認問題や教団の旧幹部との間の闘争過程で、ますます反権力的思想を培養[23]」したとまとめられているように、彼の場合にも、「反社会的性格」「反権力的思想」と、その原因としての少年期からの不如意な経験とが結びつけられている。杭迫は、王仁三郎に劇的な神がかりがあったとは考えていないと思われるので、なおについて語られたような図式はそのままではあてはまらないのだが、彼の人格形成にかんする物語の論理構成もまた、なおの場合と相似的になっているという点を確認しておきたい。

つぎに、王仁三郎の創作によるものと目されていた、大本の教義にかんする特高の解釈に目を転じてみよう。杭迫は、第一次大本事件における捜査の記録を批判的に検討して、「大本教義が成文としては未完成の段階にあったので、事前の準備資料が不十分であったためと推量されるが、質問が核心をとり逃がしているうらみがある」[24]とし、その問題点が「断片的な章句に表明せられた僅かの現象面にとらわれて、その根底をなしている一連の思想を逸した」[25]ことにある、と指摘している。

そして杭迫は、大本教義=王仁三郎の思想を理解するためには「偽装や迷彩の背後に内包されている実相を洞察しなければならない」、「彼等の反国家思想は厳然とした事実であり、これを体系化したものこそが、その教理に他ならない」とのべ[26]、現象/根底、偽装・迷彩/実相、教理/反国家思想という二項対立的図式でとらえたうえで、それぞれ前者から後者に遡行すべきだと説くのである。

これをさきにのべた王仁三郎の人格形成をめぐる物語と接続させて考えるなら、少年期・青年期における不如意な経験→「反社会的性格」「反権力的思想」の醸成→「真相」としての反国家思想VS「偽装部分」としての宗教的言説の二重構造で構築された大本教義、という理路が形成されていることがわかる。こうして杭迫は、大本の宗教思想を反国家思想へと翻訳し、近代天皇制国家への反逆者としてのイメージを創出する視座を獲得するのである。

(3)〝本質〟への欲望

宗教的な語彙によって構築された言説であっても、じつはその背後もしくは深層に、べつの意味を読みとることが可能であるとする考え方は、戦後民衆宗教史研究のものでもある。たとえば近世の富士講から明治期の丸山教にいたる「世直し」の論理の系譜を分析した安丸良夫とひろたまさきは、これらの「宗教的表現」の背後に、「貧困と抑圧からの解放を求める民衆の幻想」を読みとろうとする。それが「貧困と抑圧からの解放を求める」ものである以上、そのような現状をもたらしている支配秩序やイデオロギーにたいする異端的な性格を内包することになるだろう。そしてそれが「宗教的表現」をとるのは、「民衆は権力組織や社会組織について具体的に考察するだけの経験と視野をもたないために、あたらしい社会を宗教的幻想のなかで構想せざるをえない」という事情によるものだとされる(27)。否定形の表現が反復されているとおり、ここで「宗教的表現」は副次的な意義をしか認められない。研究者はそこに立ち止まらずに、「民衆の幻想」、すなわち民衆思想へと遡行していかなければならないのだ。

変態心理学は、合理主義的な枠組みによって民衆宗教の世俗的理解を推し進めたが、特高警察はそこに左翼運動取締りのなかで培われた解釈コードを持ちこむことによって、反体制思想という〝本質〟を析出した。そして戦後民衆宗教史研究は、政治的立場としては国家的弾圧機構を強く嫌悪しながらも、支配体制にたいする異端性という〝本質〟への欲望を彼らと共有し、民衆宗教の〝物語〟を継承したのである。

五　弾圧と共犯

特高と民衆宗教史研究の語りの構造にこうした共通性がみられるのは、おそらく偶然ではない。そのことを示唆するのが、初期民衆宗教史研究の一翼を担った佐木秋夫の発言である。冒頭でふれた『大本七十年史』編纂会の討議において、佐木はつぎのようにのべている。

〔第二次大本事件で、教団に治安維持法にふれる点が――引用者注〕あったところでかまわない。むしろあったほうがいい場合があるわけですよ。つまり、戦争に適するものは利用すると

いう姿勢があるわけだから、協力しないで、拒否して、あたったほうがいいわけでしょ。(28)

第二次大本事件での弾圧を、彼はなぜか肯定的に受け止めているようだ。大本は戦争への協力を拒否したために弾圧を受けたわけではないのだが、そのことはとりあえず措き、ここでの佐木の意図について考えてみたい。彼は、弾圧以前の大本の活動について、「けっきょくこういう信仰は、大衆を米騒動のような現実のたたかいに参加させるのではなく、怒りをあおりたて反抗の姿勢を固めながらも、それを神秘の夢に発散させ、国民を信者と非信者とに分断してしまう」(29)と、批判的にとらえていた。マルクス主義者らしく、神秘主義的信仰が「現実のたたかい」の妨げになると考えたのである。

つまり、佐木にとって(少なくとも戦前の)大本はそれ自体として積極的に評価できる存在ではなかった。それをふまえて右の引用を読むと、〝天皇の警察〟である特高が目を付け、弾圧の標的にした——反権力性にお墨付きを与えた——ということこそが、彼が大本を民衆宗教として肯定するうえで決定的な意味をもっていたことが理解できるのである。佐木らにとって民衆宗教は、自律的に存立するものではなく、いわば絶対的なかたき役としての近代天皇制国家との相互依存的な関係のなかでしか語りえないものだったのだ。そう考えれば、第二次大本事件を皮切りとする宗教弾圧の季節が訪れる前の段階で、マルクス主義者が天理教や大本を〝インチキ宗教〟としかみなしていなかったのも当然といえるだろう。

特高警察とのこうした逆説的共犯関係は、民衆宗教史研究の草創期にあらわれた特異な現象にすぎないということもできるかもしれない。実際、佐木や村上のような、国家権力への対抗を過度に強調する立場はしだいに乗り越えられ、より多様で柔軟な民衆宗教のありように関心が広がっていった。しかしそれでも、研究分野の形成に関わった政治的対抗関係を知ることは、みずからの学問的活動にあらかじめ刻み込まれた歴史性を認識するためにも重要なのではないだろうか。
おそらくあらゆる学問は、アカデミズムの内部でこつこつと積み上げられていくことによってのみ形成されるのではなく、多様な担い手による葛藤をはらんだ関係性のなかで織りなされていくものだ。そして今も、学問を取り巻く複雑なポリティクスは作動しているのである。

【注】

(1) 大本七十年史編纂会編『大本七十年史』上・下巻、宗教法人大本、一九六四・一九六七年。この編纂事業については、永岡崇「宗教文化は誰のものか——『大本七十年史』編纂事業をめぐって」(『日本研究』四七集、二〇一三年)を参照されたい。
(2) 永岡崇「歴史の記述と憑依——飯降伊蔵の「おさしづ」と親神共同体をめぐって」川村邦光編『憑依の近代とポリティクス』青弓社、二〇〇七年、参照。
(3) 島薗進「民衆宗教か、新宗教か——二つの立場の統合に向けて」『江戸の思想』一号、一九九五年、一六二頁。
(4) 磯前順一『喪失とノスタルジア——近代日本の余白へ』みすず書房、二〇〇七年、参照。
(5) 戸坂潤『思想と風俗』平凡社、二〇〇一年(原著一九三六年)、三二〇頁。
(6) 安丸良夫「戦後知の変貌」『安丸良夫集5』岩波書店、二〇一三年、二頁。
(7) 大日方純夫「特高警察」『岩波講座日本通史18』岩波書店、一九九四年、三〇八頁以下。
(8) 蘆苅直巳『最近に於ける類似宗教運動に就て』社会問題資料研究会編『社会問題資料叢書 最近に於ける類似宗教運動に就て』東洋文化社、一九七四年(原著一九四二年)、三九〇頁。
(9) 杭迫軍二『白日の下に——大本事件の真相』日刊労働通信社、一九七一年、三〜四頁。
(10) 杭迫前掲注(9)『白日の下に』、三四九〜三五三頁。
(11) 杭迫前掲注(9)『白日の下に』、四七〜四八頁。
(12) 杭迫前掲注(9)『白日の下に』、一三〇〜一三一頁。
(13) 小田晋「精神医学の見地から見た中村古峡と『変

態心理』――その足跡と影響」小田晋・栗原彬・佐藤達哉・曾根博義・中村民男編『変態心理』と中村古峡――大正文化への新視角』不二出版、二〇〇一年、参照。
(14) 中村古峡『大本教の解剖――学理的厳正批判』精神医学会、一九二〇年、七頁。
(15) 中村前掲注(14)『大本教の解剖』、二四七頁。
(16) 中村前掲注(14)『大本教の解剖』、八頁。
(17) 中村前掲注(14)『大本教の解剖』、三九頁。
(18) 中村前掲注(14)『大本教の解剖』、五一～六一頁。
(19) 杭迫前掲注(9)『白日の下に』、八八頁。
(20) 杭迫前掲注(9)『白日の下に』、七五～七六頁。
(21) 芹沢一也『〈法〉から解放される権力――犯罪、狂気、貧困、そして大正デモクラシー』新曜社、二〇〇一年、参照。
(22) 寺田精一『犯罪心理学講話』心理学研究会、一九一八年、五一五頁。
(23) 杭迫前掲注(9)『白日の下に』、三六〇頁。
(24) 杭迫前掲注(9)『白日の下に』、一九一頁。
(25) 杭迫前掲注(9)『白日の下に』、三四九頁。
(26) 杭迫前掲注(9)『白日の下に』、三五二頁。
(27) 安丸良夫、ひろたまさき「「世直し」の論理の系譜――丸山教を中心に」安丸良夫『日本の近代化と民衆思想』平凡社、一九九九年(初出一九六六年)、二二五～二二六頁。
(28) 大本七十年史編纂会編『大本七十年史資料(原稿と討議の記録)序説』、一九六九年、一〇三頁。
(29) 佐木秋夫『新興宗教――それをめぐる現代の条件』青木書店、一九六〇年、九三～九四頁。

【付記】本研究はＪＳＰＳ科研費ＪＰ２６７７００２９、ＪＰ１５Ｊ０９３０１の助成を受けたものである。

論考

日本人起源論研究をしばってきたものごと

斎藤成也

日本人とはどのような人々なのか。その起源をさぐるには、ある程度までは人文社会科学が貢献できるが、古い時代になると自然人類学の研究が中心となる。そこで、日本人起源論におけるさまざまな葛藤を考察する本稿では、自然人類学分野、特に遺跡から出土した人骨の形態学的研究および遺伝的研究の歴史を中心に論じることにする。表1に、自然人類学的見地から日本人起源論にかかわった主たる研究者のリストを生年順に列挙した。

自然人類学では、人類集団の名称はその地理的分布を用いることが一般的である。そこで、国名でもある「日本」そのままを用いた「日本人」あるいは「倭人」のかわりに、最近では「日本列島人」と呼ぶことが多くなっている。斎藤（2015）はさらに踏みこんで、かつて島尾敏雄が提唱した「ヤポネシア」を用いて、日本列島人の別名として「ヤポネシア人」を用いた。しかしこれは最近の傾向なので、本論考では従来どおり「日本人」を用いる。

さて、日本人の起源と成立については、歴史的に三種類の仮説があると、これまで多くの著書で示されてきた。提唱された順にいうと、置換説、混血説、変形説である。置換説と混血説では、日本列島に大きく二段階の渡来があったとするが、変形説（小進化説ともよばれる）では一回だけと仮定している。

すなわち、置換説では、第一の移住者の子孫が先住民であり、系統の異なる第二の移住者の子孫が現在の日本人であるとする。第一の移住者としては、アイヌ人の祖先が考えられたり、絶滅した仮想的な

表1　主として自然人類学的見地から日本人起源論にかかわった研究者

名前	生没年	略歴
Philipp von Siebold	1796–1866	ドイツ→長崎出島
Edward S. Morse	1838–1925	米国→東大理学部
Erwin von Bälz	1849–1913	ドイツ→東大医学部
John Milne	1850–1913	英国→東大工学部
Heinrich von Siebold	1852–1908	ドイツ
小金井良精	1859–1944	東大医卒→東大医学部
坪井正五郎	1863–1913	東大理動物卒→東大理人類
白井光太郎	1863–1932	東大理植物卒→東大農
鳥居龍蔵	1870–1953	東大理人類→上智大
長谷部言人	1882–1969	東大医卒→京大医→東北大医→東大理人類
清野謙次	1885–1955	京大医卒→京大医
金関丈夫	1897–1983	京大医卒→台北帝大→九大
鈴木尚	1912–2004	東大医卒→東大理学部
池田次郎	1922–2012	東大理人類卒→広島県立医科大→新潟大医学部→京大理人類
埴原和郎	1927–2004	東大理人類卒→札幌医大→東大理人類→日文研
山口敏	1931–	東大理人類卒→札幌医大→国立科学博物館
尾本惠市	1933–	東大理人類卒→東大理人類→日文研→桃山学院大
百々幸雄	1944–	東北大医卒→東大大学院→札幌医大→東北大医
宝来聰	1946–2004	京大理人類卒→奈良県立医大→東大理人類→遺伝研→総研大
中橋孝博	1948–	九州大卒→九州大文
徳永勝士	1954–	東大理人類卒→東大理人類→日赤→東大医
篠田謙一	1955–	京大理人類卒→佐賀医大→国立科学博物館
石田肇	1956–	山形大医卒→札幌医大→琉球大医
埴原恒彦	1956–	山形大医卒→佐賀医大→北里大
斎藤成也	1957–	東大理人類卒→東大理人類→遺伝研

人々が考えられたりした。

混血説では、第一の移住者の子孫に、それ以降の移住者が混血して現在の日本人となったとする。第一の移住の時期は、縄文時代以前を、第二の移住は弥生時代以降を考えるのが一般的である。もっとも現実的であり、実際に現在支持されているのは、広い意味での混血説である。

一方変形説は、第一の移住者の子孫が、時間的に変化して現在の日本人となったとするが、アイヌ人は考察からはずされている。研究史の上ではもっとも最近に唱えられた説だが、現在では否定されている。

以下では、置換説、混血説、変形説の代表的提唱者を紹介する。ただし、同じ人物が考え方をかえることがあるので、あくまでもその人間が唱えた中心的な説と考えていただきたい。また混血説については、第二次世界大戦の前後にわけて論じた。

一　置換説

フィリップ・フォン・シーボルト Philipp von Siebold、いわゆる大シーボルトは、ドイツ人であったが、オランダ人として、江戸時代に長崎に長く滞在し、鳴滝塾で蘭学を多くの日本人に教えた。日本列島の先住民をアイヌ人だとした、アイヌ説を提唱した。

ハインリヒ・フォン・シーボルト Heinrich von Siebold、いわゆる小シーボルトは、大シーボルトの息子であり、父親の提唱したアイヌ説を継承した。

モース Edward S. Morse は、一八七七年に来日し、東京帝国大学のお雇い外国人教師として、理学部で動物学を教えた。大森貝塚を発掘し、その結果などから、日本列島の先住民はアイヌ人以前に居住していたとして、プレアイヌ説を提唱した。

ミルン John Milne は、モースとほぼ同時期に東京帝国大学のお雇い外国人教師として、工学部で地震学・鉱山学を教えたが、人類学にも興味があった。北海道や千島列島を調査し、その結果、本州以南については大シーボルトのアイヌ説を支持したが、北海道については、アイヌ人の前に、コロポックルなどの先住民がいたと考えた。

坪井正五郎は、日本人として初の人類学者であり、日本人類学会の創設者である。おなじく学会の創設メンバーである白井光太郎がコロポックル説を否定する見解を発表したのを批判したところから、坪井はコロポックル説を、結局死ぬまで支持することになる。この、いささか不思議な情熱については、後述するように、本書のタイトルである、「学問をしばるもの」のひとつの要素が関係しているように思われる。

小金井良精は、日本における骨人類学の創始者といえるだろう。骨の形態を当時知られていた技法で調べることにより、坪井のコロポックル説を批判した。すなわち、日本列島の先住民の直接の子孫がアイヌ人であり、しかもかれらは世界の他の人々とはおおきく異なっているとして、「人種の孤島」という表現が用いられた。その後、現在の日本人の祖先である人々が大陸から渡来し、北海道より南では完全に人間が置換したと考えたのである。二〇一六年にわれわれが発表した縄文人の核ゲノムDNA配列にもとづく解析結果は、ある意味で小金井説に近いものであった。

二　混血説（第二次大戦前）

ベルツ Erwin von Bälz は一八七六年に来日し、東京帝国大学で二〇年以上にわたって医学を教えた。山口（1999）によれば、日本人の成り立ちについてベルツは三段階の移住仮説を提唱した。第一段階の渡来民は現在のアイヌ人の祖先、第二段階の渡来民は、華北や朝鮮半島の人々、第三段階の渡来民は、マレー民族に似た南方系の人々である。現代の日本人は、これら三種類の渡来民の子孫の混血であるとした。順番はすこし違うが、この三段階渡来説に似たものを、斎藤（2015）が発表している。

またベルツはアイヌ人と沖縄人に共通性を見いだしている。これはのちに日本人の二重構造モデルに大きな影響を与えた。アイヌ人と沖縄人に遺伝的共通性があることは、われわれが二〇一二年に発表した論文で確定している。このように先見性のあったベルツではあるが、彼はアイヌ人をヨーロッパ人に近い系統だと考えており、この点は現在のＤＮＡデータとは相いれない。

鳥居龍蔵は、坪井正五郎の死後、一九二二（大正一一）年に東京帝国大学理学部人類学教室の主宰者（助教授）となったが、不幸な事件によりその二年後（一九二四年）には辞職している。民族学・考古学の分野での業績が中心なので、彼の日本人形成論は骨形態の研究者からはあまり注目されていない。実際に山口（1999）は鳥居の説には触れていない。考古学者の樋口隆康（1971）によれば、鳥居の説はいわば多重渡来説であるが、重要なのは、つぎの三集団である。

アイヌ人の祖先集団（縄文文化）

朝鮮半島や満洲、沿海州地域の集団（弥生文化）

東北アジアの同系統の集団（古墳文化）

なお、かっこ内はそれぞれの渡来人がになった文化である。これらのほかに、東南アジアの原始マレー系の集団、インドシナの苗族の系統、朝鮮半島にいた漢民族や高句麗、百済、新羅、任那の人々が次々に渡来し、これらいろいろの時期の渡来人が混血して現代日本人になったとするものである。

もっとも、寺田（1975）によれば、鳥居も若い時代には「固有日本人説」として知られる、置換説とみなされる考え方をもっていた。樋口（1971）は、「後の諸学者の新説には、すでに鳥居が喝破している点が少なくない」として、鳥居を高く評価している。筆者は、ヒトゲノムの全塩基配列という膨大なデータを用いれば、鳥居の考えたような渡来人のさまざまな成分を抽出できるのではないかと考えている。

清野謙次は京都帝国大学の医学部で教鞭をとりつ

つ、一九二〇年代を中心として、遺跡からの人骨発掘にとりくんだ。現在でも西日本の代表的な縄文時代人骨として知られる岡山県の津雲貝塚や、愛知県の吉胡《よしご》貝塚から多数の人骨を発掘した。これらの人骨のうち、集団のちがいが大きいと考えられる頭蓋骨の形態に着目して解析した。

山口(1999)は、清野らが頭蓋骨形態を比較して発表した津雲貝塚人(J)、アイヌ人(A)、現代畿内人(M)という三集団間の「平均型差」をつぎのように紹介している：JA＝八一・七、JM＝九五・六、AM＝六三・〇。大きく異なっていると考えられるアイヌ人と現代日本人の距離がもっとも小さいのだから、縄文人(当時は石器時代人と呼んだ)はアイヌ人とも現代日本人とも異なると結論した。

清野らはさらに古墳時代の人骨も収集解析し、彼らが縄文人と現代日本人の中間にくるとした。これらの結果から、清野謙次は骨のデータからはじめて混血説を唱えたことで著名である。

清野らよりもずっとあとになって、松村博文は歯の非計測的形質にもとづいた、これら三集団に相当するスミスの距離を以下のように算出した：JA＝〇・一一二、JM＝〇・三一二、AM＝〇・〇九八(Matsumura 2007)。頭蓋計測値と歯の非計測的特徴という異なる指標を使っているが、アイヌ人と現代日本人との距離がもっとも小さく、津雲貝塚出土の縄文人と現代人との距離がもっとも大きいという点では同一であるのが、興味深い。

三　変形説

鳥居龍蔵が辞職したあとを継いだ松村瞭が一九三六年に死去したあと、一九三八年に長谷部言人《ことんど》が東北大学医学部から東京帝国大学理学部にうつり、人類学科を設立した。長谷部(1951)は、明確に置換説と混血説を批判している。しかし、清野とちがって、彼の主張を支持する明確なデータをしめしてはいない。

鈴木尚《ひさし》(1960, 1963, 1971)は、長谷部言人の強い影響のもと、多くの人骨を比較解析した結果、変形説を支持した。ところが、日本人の形成を論じた部分はおろか、これら三冊において、まったくアイヌ人に触れていない。ようやく一九八三年に刊行した『骨から見た日本人のルーツ』ではじめて、日本人の起源をめぐる学史のところでアイヌ人がでてくるだけである。彼自身の日本人形成論には、アイヌ人は登場しない。また、この本では日本人起源論を論じながら、鳥居を一切無視している。鈴木には多くの弟子がいるので、アイヌを、そして鳥居を無視した理由を彼らから間接的に聞き出すことができるかもしれない。

鈴木は、縄文時代から現代にいたる日本人の骨形態の変化がきわめて大きいことを、計測的形質の解析からしめした。しかし、変化のなかには身長や鼻の高さ、あるいは頭示数《とうしすう》など、渡来人が少なかったと考えられる江戸時代以降のものがあり、これらは遺伝的な変化とはいえない。すなわち、彼が研究に用いた形質は、日本人の系統を論じにくいものなのである。ここに鈴木の業績について大きな矛盾があるといえよう。すなわち、混血なしの時間的な変化を発見したという人類学上の大きな業績が、それらの変化を示す形質がもはや人類の系統を論じるには不適切であることを明らかにしてしまったのである。特に、頭示数は伝統的に人類学においていわゆる「人種」を分類するのに用いられてきたが、この議論が意味のないものであることを鈴木は明確に示したのである。

筆者は人類学を学んでいた学部学生の時にこの事実を知り、骨を調べても系統は論じられないという認識を得て、当時勉強していた遺伝子の研究こそが系統を論じるのに用いられるべきだと考えたものである。

四　混血説（第二次大戦後）

東京大学理学部で人類学科を設立した長谷部言人、そのあとを継いで人類学教室を主宰した鈴木尚が変形説を発展させる一方で、西日本では混血説が大きく発展した。九州大学の金関丈夫《かなせきたけお》らは、一九五〇年代に九州北部や山口県でつぎつぎに弥生時代の人骨を発見し、これら弥生人の推定身長が縄文人よりずっと高いことや、頭蓋骨の形態が縄文人と明らかに異なっていることから、水田稲作を伝えた渡来人と土着の日本人との混血があったと主張した。

水田稲作農耕が最初に日本列島に伝えられたのは、朝鮮半島に近い九州北部なので、そこで縄文人と大きく異なり、朝鮮半島の人々と似た頭蓋を持つ弥生時代の人骨が発見されたことは、日本人の形成論に重要な影響を与えた。金関は一九六〇年に発表した「日本人の生成」という小論（金関 1976 に所収）で、「弥生文化とともに、恐らく一定量の人種要素の移入があったと思われる」と述べている。

その後、計測的形質と異なり、歴史時代の集団に変動が少ない非計測的形質の解析から、これら弥生時代初期の頭骨が現代本土日本人と近いことが明らかになり、混血説はゆるぎないものとなった。しかし、鈴木尚は最後まで変形説に固執した。

日本人類学会・日本民族学会連合大会第三四回大会が一九八〇年に長崎で開催された。筆者もこの大会に参加したが、池田次郎が世話人となって「骨からみた日本人の起源」と題したシンポジウムの最後のほうで、最前列にすわっていた鈴木尚が次のように発言したことをはっきりとおぼえている。「西日本では大陸からの混血があったかもしれないが、東日本では混血はなかった。すなわち、混血説も変形説もともに正しい」と。鈴木は日本の自然人類学者を輩出した東京大学理学部の人類学教室を主宰していたので、彼の影響はきわめて大きかったようだ。

池田次郎は、一九九八年に発表した『日本人のきた道』のなかで、一九六〇年代から一九七〇年代における日本人起源論の動きを、金関らの渡来説が弱まって鈴木の変形説（池田は小進化説とよぶ）が学会の主流をしめていたが、池田自身は「地域を限定して混血を認める金関説に早くからひかれていた私は、小進化説一辺倒の学会の大勢に疑問を感じ金関説を高く評価した」と述べている。池田のこの発言は、現在からみると滑稽とすら感じさせられる変形説が、当時いかに人類学の学界で支配的であったのかを、よくしめしている。

池田は鈴木よりも一〇歳年下であり、大先輩である鈴木の主唱していた説に正面切っては反対できなかったという面もあるだろう。

山口敏も、池田次郎と同じく、温厚でかつ多くの分野に眼を配るすぐれた研究者である。本論考で登場する、初の現存者だ。山口（1999）には、彼自身が一九六〇年代にてがけた北海道の続縄文時代の遺跡から発見された人骨が、縄文時代人とアイヌ人に類似していたという研究成果が記されている。これこそ、日本列島北部の人々についての現代の定説である、縄文時代人から続縄文時代人、アイヌ人への連続性を明確にしめしたものだ。しかし山口によれば「とくに縄文時代人については、日本人の祖先であってアイヌとは無縁のものだとする長谷部言人の晩年の説が当時まだ支配的であった」とあり、ここでも長谷部のあやまった考えが当時の学界を左右していたことがわかる。

また次の段落で登場する埴原和郎《はにはらかずろう》は、山口敏よりも四歳年長だが、山口がカナダに滞在しているときに開催されたアイヌに関するシンポジウムで、続縄文人にかんする自身の貴重な研究成果を埴原に話されてしまったと、筆者のおこなった山口へのインタビューで昔をふりかえっていた。埴原が主唱した二重構造モデルについては、山口（1999）の第二章「日本人の地域差」のなかの「日本列島人の重層性」というセクションで、さらりと触れているにすぎない。山口にとっては、日本人がおおまかにみて「二重構成」（彼自身の表現）となっていることは、ある意味では当然のことだったのだろう。山口は、非計測的形質を日本の形態人類学研究に導入した研究者としても、重要である。この分野については、山口の教えをうけた百々幸雄《どどゆきお》の最近の著作があるので、あとで述べることにする。

埴原和郎は、日本列島人の成立に関する二重構造モデルの主唱者として著名だが、このモデルは、英語論文としては一九九一年に発表され、日本語としては一九九五年に人文書院から出版した単行本が代表的なものだ。しかしその二年前に埴原が編集した『日本人と日本文化の形成』では、英語論文を下敷きとして、「日本人集団の形成――二重構造モデル――」と題した章をあらわしている。二〇〇五年に筆者が刊行した『DNAから見た日本人』の原稿を書いていた二〇〇四年、埴原の死去する数カ月前に、病気で入院されていることを知らずに彼とのインタビューを申し入れたが、断られてしまった。しかし、二重構造モデルが一九八〇年代に構築されたものだというコメントは、家族の方を通じて得ることができた。

さらにさかのぼってみよう。ここに、一九七六年の『歴史公論』一二月号に掲載された、埴原和郎、池田次郎、山口敏の鼎談がある。埴原はこのなかで、「縄文時代人でどうしても避けて通ることのできないものに、アイヌ系と沖縄系の人たちのことがありますね」という興味深い発言をしている。一九九五年に刊行した『日本人の成り立ち』では、一九七一年一一月に沖縄をはじめて訪れた時の強烈な印象を「自分は今朝札幌を出発したのに、どうしてここにも大勢のアイヌ系の人たちがいるのだろう?」と記している。そして、「なるほど、ベルツがアイヌ・琉球同系論を唱えたのも無理はない」という感想を持ったとしている。筆者も同様なことを感じている。また、札幌で以前お会いしたあるアイヌ系の方からも、出張で沖縄にいったときに、親戚がたくさんいるような感じがしたとお聞きしたことがある。いずれにせよ、埴原の二重構造モデルは、ベルツのアイヌ・沖縄同系説に大きな影響を受けている。

アイヌ人と沖縄人が同一のクラスター(群)に入るという系統樹がはじめて発表されたのは、尾本恵市が一九七八年に池田次郎編「日本人II」に寄稿した論文のなかの図ではなかろうか。このときは、八個の血清タンパク質の遺伝子頻度データに基づいたものだった。それから二〇年ほどして、尾本は筆者との共著論文で、今度は二〇種類ほどの遺伝子頻度のデータを用いて、やはりアイヌ人と沖縄人が同一のクラスターに入る系統樹を発表した。二〇一二年には、数万カ所の単一塩基多型（SNP）データを用いた系統樹で、アイヌ人と沖縄人のクラスターが同一であることが統計的にゆるぎないもの（専門用語でいうと、ブーツストラップ確率が一〇〇%）であると、尾本や筆者が共著者となった論文でしめした。このように、遺伝学の分野から尾本は二重構造モデルを支持している。ただし、埴原が縄文時代人の源郷を東南アジアにもとめるのに対して、尾本は北方集団を起源と想定している違いはある。

百々幸雄（2015）は、自身の四〇年にわたる人類学研究をふりかえっている。百々は、多数の人類集団について形態小変異を検査し、それらを解析した。量的形質である頭骨などの計測値と異なり、形態小変異はある形質の有無を問題とするので、離散的形質である。また、年齢差、性差がほとんどないという特徴をもち、結果として、遺伝的におおきな変化がなかったと考えられる、弥生時代以降の日本本土人はほとんど均一だった。百々とその共同研究者の研究により、縄文時代人とアイヌ人が近い関係にある一方、現代本土日本人が大陸の人々と近いことがあきらかになり、形態学的にみて混血説に決定的な根拠が与えられたといえよう。

一方、二重構造モデルについては、沖縄人の位置が少々やっかいである。他の多くの形態学研究者がDNAの研究をきちんと紹介しないのとは対照的に、百々は筆者らが二〇一二年に発表した論文の集団系統樹を示している。この系統樹はアイヌ人と沖縄人がクラスターをなしており、二重構造モデルを支持しているが、一方で百々が指摘するように、琉球人からみると本土日本人が遺伝的にもっとも近い存在である。このため、百々は最近まで二重構造説を否定していた。しかし二〇一五年に刊行された書では、ふたたびわれわれの二〇一二年論文の最後の図を掲載して、二重構造モデルを肯定するのも否定するのも、「不毛の議論」だと、みずからを納得させている。

筆者の見解では、沖縄人と本土日本人のあいだの関係については、二種類の置換説だと考えることができるかもしれない。埴原の二重構造モデルでは、歴史時代以降に本土日本人の混血が沖縄にあったことを無視している（あるいは当然のことだと考えたのか？）。一方で、沖縄人を本土日本人とほとんど同じだとした百々の主張は、縄文時代からの人々のDNAが今の沖縄人に大量に伝わった可能性を否定している。実際にはここでもやはり混血が起こっていたのである。

宝来聰（1997）は、ミトコンドリアDNAとY染色体の自身の実験的研究をもとにして、日本人の起源を追求した。基本的には混血説を支持したが、彼のしらべた二種類のDNAのデータには解像度に限界があり、それ以上に突っ込んだ解析はあまりできなかった。現代本土日本人において、縄文系と弥生系の割合が一：二という宝来の推定も、最近のわれわれの研究によって、縄文系の割合はもっとずっと少なかったと推定されなおしている。

中橋孝博は、骨形態の研究者であり、九州大学で金関丈夫、永井昌文の流れをくむ、混血説ないし渡来説の本流である。その矜持があるのか、中橋（2005）においては、二重構造モデルについて、あまり多くは語られていない。わずかに、「縄文人のルーツ問題」でちらっと触れたあとは、「日本列島人の重層性」というセクションのなかで、山口（1999）の引用文（一五九頁）のなかに登場するにすぎない。もっとも、山口（1999）の原文では、上述したように「二重構成」という言葉が使われているにもかかわらず、中橋（2005）ではあやまって「二重構造」と引用されている。

おそらく、中橋は山口と同じく、日本人の二重構造というとらえかたは、新規性がなく、それを埴原和郎の業績とされるのには批判的だったのではなかろうか。中橋（2015）でも、「現代日本人の地域差――二重構造モデル――」と題されたセクションで、筆者らのDNA研究への言及はあるが、埴原和郎は登場していない。無視することが最大の批判だとすれば、これはあきらかに中橋が埴原和郎の業績を無言のうちに批判していることになるだろう。

篠田謙一は、主として縄文時代人のミトコンドリアDNAのハプロタイプ頻度を現代人と比較することにより、日本人の起源を論じている。中橋と異なり、篠田（2015）では二重構造モデルを図を含めて大きくとりあげているが、「多くの研究者にとっては、多層性は認めるものの、二重構造説の提示するシナリオの多くは受け入れがたく、縄文人や弥生人の起源地については不明であるというのが現状の認識でしょう」（一一三頁）と、かなりてきびしい評価となっている。この部分につづく「二重構造説のもつ視点」では、二重構造説を批判したあと、池田次郎の言葉を引用している。

最後に、筆者自身の研究について、回顧したい。埴原和郎や尾本恵市の講義を聴いて自然人類学を学んだ人間なので、彼らの影響を強くうけたことは否定できない。しかし、鈴木尚が遺伝性が小さいと示した頭長と頭幅を埴原が使い続けたことは学生時代から疑問だったし、アイヌ人が東アジアの人類集団に近いという尾本の結果も、長年の混血があれば、そうなるのかもしれないと考えていた。しかし、アイヌ・沖縄同系説は、一貫して受け入れてきた。埴原が主唱した二重構造モデルも、ベルツのアイヌ・沖縄同系説の焼き直しにすぎないと考えている。

また、十分なデータがなければしっかりとした議論はできないことを、DNA研究について教えをうけた尾本や根井正利《ねいまさとし》から教わった。このため、単一遺伝子や単一ウイルスの結果から日本人の起源を論じる論調には、ずっと懐疑的だった。ここでいう単一遺伝子には、ミトコンドリアDNAやY染色体も含まれる。二〇世紀には、まだこれらのデータか、あるいはいわゆる古典マーカーと呼ばれた血液型などのデータを用いることしかできなかったが、二一世紀になって、ヒトゲノムのデータを基盤とした膨大な核DNAのデータを扱えるようになった。そこでようやく日本人の起源問題に本腰を入れだしたというところである。

二重構造モデルを第一近似ととらえて、もうひとつの渡来の層があったのではないかと考え、二〇一五年には「三段階渡来モデル」を提唱した。

五　日本人の起源研究をしばってきたもの

これまでの議論を総合すると、日本人の起源研究をしばってきた最大の要因は、「学派」ではなかろうか？　これには、東西の差もあるだろう。東日本の研究者は、どうしても関東地方以北の骨のデータを使うことが多く、西日本の研究者は中部地方以南の骨を使う傾向がある。これによって、単に師匠と弟子という流れだけでなく、提唱される議論に差がでてくるのは否定できないだろう。

また、自然人類学は生物学的に人間をしらべているが、日本人の起源のような、きわめて小さい集団差を論じる研究分野では、なかなか明確な結果がでてこない。このような場合には、師匠が提唱した説を弟子が批判しにくいという傾向が出てくるだろう。

もうひとつの構造的な問題として、人間自身を調べる研究特有の、倫理問題がある。植木（2008）は、幕末の英国人にはじまり、第二次世界大戦後にいたるまで、アイヌ人の墓があばかれたことを記述している。DNA研究においても、これは臨床研究の場から出発したものだが、現在では血液などの試料提供者に説明をしてインフォームドコンセントを得なければ、研究を進めることができないシステムになっている。

さらに微妙な問題として、政治権力およびそのとりまきとの関係がある。明治時代にコロポックル説を唱えた坪井正五郎について、筆者はかつて「私が昔から不思議に思うのは、坪井がなぜこの説に死ぬまで固執したのかということだ」（斎藤 2005）と書いたが、坪井の伝記をあらわした川村（2013）は、これに関連して、保守思想の側からの圧力を受けたことのある三宅米吉から坪井が、日本人起源論に深入りしないように注意を受けたという（一一七～一一九頁)。この忠告をうけて、坪井がコロポックル説に傾倒していった可能性があるという。

また、鳥居龍蔵が提唱した「固有日本人」という名称も、当時の社会情勢を反映している可能性があるだろう。大陸から渡来した人々を「固有」と形容するのは、論理矛盾である。坂野(2005, 2016)も、日本人起源論に関して、社会との関連を議論している。

日本人起源論は、現在でも政治権力そのものにしばられている。宮内庁は「陵墓」および「陵墓参考地」を立ち入り禁止としており、自由な考古学的発掘ができない。これこそ政治権力が学問をしばっている典型ではなかろうか。近い将来、これらのしばりが解き放たれることを期待して、本稿をおわる。

【参考文献】＊姓のアルファベット順

von Bälz E. 著、菅沼竜太郎訳(1979)『ベルツの日記』岩波文庫。

百々幸雄(2015)『アイヌと縄文人の骨学的研究——骨と語り合った40年』東北大学出版会。

Dodo Y., Ishida H., and Saitou N. (1992) Population history of Japan: a cranial nonmetric approach. In Akazawa T., Aoki K., and Kimura T. eds., *"The evolution and dispersal of modern humans in Asia"*, Hokusen-sha, Tokyo, pp. 479-492.

Hanihara K. (1991) Dual structure model for the population history of Japanese. *Japan Review* 2, pp. 1-33.

埴原和郎編(1993)『日本人と日本文化の形成』朝倉書店。

埴原和郎(1995)『日本人の成り立ち』人文書院。

埴原和郎(1997)『日本人の骨とルーツ』角川書店。

長谷部言人(1951)『日本人の祖先』岩波書店(一九八三年、築地書館より近藤四郎の解説をつけて再版)。

樋口隆康(1971)『日本人はどこから来たか』講談社現代新書。

日沼頼夫(1986)『新ウイルス物語——日本人の起源を探る』中公新書。

古畑種基（1962）『血液型の話』岩波新書。
宝来聰（1997）『DNA人類進化学』岩波科学ライブラリー。
池田次郎・埴原和郎・山口敏（1976）「鼎談　人類学からみた日本人の起源」『歴史公論』一二月号、八七～一〇二頁。
池田次郎編（1978）『人類講座6　日本人II』雄山閣出版。
池田次郎（1982）『日本人の起源』講談社現代新書。
池田次郎（1998）『日本人のきた道』朝日選書。
石田英實（2013）「池田次郎教授追悼文」*Anthropological Science* (Japanese Series) vol. 12, no. 2, pp. 85–87.
Japanese Archipelago Human Population Genetics Consortium (2012) The history of human populations in the Japanese Archipelago inferred from genomewide SNP data with a special reference to the Ainu and the Ryukyuan populations. *Journal of Human Genetics*, vol. 57, pp. 787–795.
Jinam T. A., Kanzawa-Kiriyama H., and Saitou N. (2015) Human genetic diversity in the Japanese Archipelago: dual structure and beyond. *Genes and Genetic Systems*, vol. 90, no. 3, pp. 147–152.
Jinam T. A., Kanzawa-Kiriyama H., Inoue I., Tokunaga K., Omoto K., and Saitou N. (2015) Unique characteristics of the Ainu population in northern Japan. *Journal of Human Genetics*, vol. 60, no. 10, pp. 565–571.
海部陽介（2016）『日本人はどこから来たのか』文藝春秋。
金関丈夫（1976）『日本民族の起源』法政大学出版局。
Kanzawa-Kiriyama H., Saso A., Suwa G., and Saitou N. (2013) Ancient mitochondrial DNA sequences of Jomon teeth samples from Sanganji, Tohoku district, japan. *Anthropological Science*, vol. 121, no. 2, pp. 89–103.
Kanzawa-Kiriyama H., Kryukov K., Jinam T. A., Hosomichi K., Saso A., Suwa G., Ueda S., Yoneda M., Tajima A., Shinoda K., Inoue I.,

and Saitou N. (2016) A partial nuclear genome of the Jomons who lived 3,000 years ago in Fukushima, Japan. *Journal of Human Genetics* (advance online publication).

片山一道（2015）『骨が語る日本人の歴史』ちくま新書。

川村信秀（2013）『坪井正五郎——日本で最初の人類学者』弘文堂。

近藤四郎ほか（1977）『日本人の起源と進化』社会保険新報社。

松本秀雄（1985）『日本民族の源流——血液型遺伝子が明かすバイカル湖起源説』大陸書房。

松本秀雄（1992）『日本人は何処から来たか——血液型遺伝子から解く』ＮＨＫブックス。

Matsumura H. (2007) Non-metric dental trait variation among local sites and regional groups of the Neolithic Jomon period, Japan. *Anthropological Science*, vol. 115, pp. 25–33.

中堀豊（2005）『Ｙ染色体からみた日本人』岩波科学ライブラリー。

中橋孝博（2005）『日本人の起源——古人骨からルーツを探る』講談社選書メチエ。

中橋孝博（2015）『倭人への道——人骨の謎を追って』吉川弘文館。

中園英助（1995）『鳥居龍蔵伝——アジアを走破した人類学者』岩波書店。

乳井洋一編（1972）『シンポジウムアイヌ——その起源と文化形成』北海道大学図書刊行会。

尾本恵市（1996）『分子人類学と日本人の起源』裳華房。

尾本恵市（2016）『ヒトと文明——狩猟採集民から現代を見る』ちくま新書。

Omoto K. and Saitou N. (1997) Genetic origins of the Japanese: A partial support for the "dual structure hypothesis". *American Journal of Physical Anthropology*, vol. 102, pp. 437–446.

Saitou N. (1995) A genetic affinity analysis of human populations. *Human Evolution*, vol. 10, pp. 17–33.

斎藤成也（2005）『ＤＮＡから見た日本人』ちくま新書。

斎藤成也（2015）『日本列島人の歴史』岩波ジュニア

新書。

斎藤成也（2016）「ゲノム配列とゲノム規模ＳＮＰデータが解明する現生人類の進化」『生物の科学 遺伝』第七〇巻、第六回、四六〇〜四六四頁。

斎藤成也監修（2016）『ＤＮＡでわかった日本人のルーツ——最先端科学が明らかにした縄文人』別冊宝島。

Saitou N. and Jinam T. A. (2016) Language diversity of the Japanese Archipelago and its relationship with human DNA diversity. *Man in India*, vol. 94, no. 4 (in press).

Saitou N., Kimura R., Fukase H., Yogi A., Murayama S., and Ishida H. (2011) Advanced CT images reveal nonmetric cranial variations in living humans. *Anthropological Science*, vol. 119, pp. 231-237.

坂野徹（2005）『帝国日本と人類学者——一八八四—一九五二年』勁草書房。

坂野徹・竹沢泰子編（2016）『人種神話を解体する——科学と社会の知』東京大学出版会。

篠田謙一（2007）『日本人になった祖先たち——ＤＮＡから解明するその多元的構造』ＮＨＫブックス。

篠田謙一（2015）『ＤＮＡで語る日本人起源論』岩波書店。

鈴木尚（1960）『骨——日本人の祖先はよみがえる』学生社。

鈴木尚（1963）『日本人の骨』岩波新書。

鈴木尚（1971）『化石サルから日本人まで』岩波新書。

鈴木尚（1983）『骨から見た日本人のルーツ』岩波新書。

鈴木尚（2009）『骨が語る日本史』学生社。

寺田一夫（1975）『日本の人類学』思索社（一九八一年、角川文庫より、香原志勢の解説をつけて再版）。

鳥居龍蔵（1953）『ある老学徒の手記』朝日新聞社（再版二〇一三年岩波文庫）。

植木哲也（2008）『学問の暴力——アイヌ墓地はなぜあばかれたか』春風社。

山口敏（1986）『日本人の顔と身体——自然人類学から探る現代人のルーツと成り立ち』ＰＨＰ研究所。

山口敏（1999）『日本人の生いたち——自然人類学の視点から』みすず書房。

吉岡郁夫・長谷部学訳著（1993）『ミルンの日本人種論——アイヌとコロポクグル』雄山閣出版。

第二部

戦後の光景

論文

エポックメイキングな歴史書——大塚久雄・越智武臣・川北稔の歴史学

玉木俊明

はじめに

エポックメイキングな歴史書はたしかに存在する。それは、実証的にすぐれているとか、構想がすぐれているとかいう理由だけで生まれるものではない。それ以外の、「何か」がある。

この「何か」とは、一言で説明できるようなものではない。学士院賞をとっているから、「何か」があるという単純なものではないことは間違いない。学士院賞を取ることと、エポックメイキングであることには、ほとんど関係性がないのである。

対象としている時代と地域のシェーマを決定するだけではなく、もっと広い地域の時代像や研究手法すら決定しかねないほどのインパクトをもつ書物には、ここでいう「何か」があるといえよう。読者は、自分が読んでいる書物に、その「何か」を発見する。そして、筆者の歴史観や叙述スタイルに影響される。「何か」は、時代とともに薄れていく。それは、著者の問題関心が、だんだん時代にそぐわなくなるからである。しかし、時代が変わり、問題関心が変わっても、そのような作品は古典として残ることになる。

本稿でとりあげる大塚久雄（一九〇七〜九六）の『近代欧州経済史序説』(1)、越智《おち》武臣（一九二三〜二〇〇六）

の『近代英国の起源』[2]、川北稔（一九四〇〜）の『工業化の歴史的前提』[3]は、まさにエポックメイキングな歴史書であり、分野や時代を超えて、大きな影響をもたらした記念碑的作品である。これらは、イギリス史のみならず西洋史、いや、歴史学全般の古典だといってよいであろう。

この三著は、それぞれ一九四四（昭和一九）年、一九六六（昭和四一）年、一九八三（昭和五八）年に上梓された。三冊とも、昭和の作品である。言い換えるなら、イギリス史においては、平成になってからは、エポックメイキングな書物は出ていないことになる。これはそのまま、西洋史研究の衰退を意味しよう。

本稿では、これらの書物の内容を紹介し、それらが生まれた時代的背景について述べ、それぞれの作品に対する私なりの評価をし、最後に、これらの書物を題材にしながら、西洋史研究についての提言をしてみたい。

一 『近代欧州経済史序説』

『近代欧州経済史序説』（より正確には、当初は『近代欧州経済史序説』上巻であった）が上梓されたのは、一九四四年のことであった。同書は、異様ともいえる迫力をおびた本である。それはおそらく、大塚が死を覚悟して書いたからであろう。一九四一年、怪我で左ひざを痛め、しかもそれが悪化し、一年あまりも身動きすらできなかった。しかしこの本を書くまでは死ねないという思いが、大塚にはあった[4]。同書が読者を捉えて離さなかった理由の一端は、おそらくそこに見出されよう。

大塚史学の影響は、むろん関東が中心であったが、日本中に及んだ。以前なら京大の領分だった関西の大学の人事が、東大にとられてしまったこともあるらしい。それは、大塚史学が、あまりに強い影響力をもったからである。

さらに大塚は、理論構築の名手であった。たとえば私の恩師の一人である望田幸男が、以下のようにいったことがある。「昔な、京大の人文研で大塚の理論を切り崩そうして、桑原武夫が大塚さんを呼んで、三〇人ほどで一人一人大塚さんに対して論戦を張ってやっつけようと思ったことがあったんや。ところがな、大塚さんは、一人一人、見事に論破していった。なんか、格が違うという気がしたな」。

その大塚の構想は、非常に雄大である。香料に代表される「東邦の物産」の対価として重要なものは、貴金属、なかでも銀であった。当初は南ドイツからの銀がもっとも重要であったが、新大陸貿易の発展で、スペイン領アメリカからの銀のほうが圧倒的に多くなることはよく知られる。そこで大きな役割を演じたのが、イギリス製の毛織物であった。スペイン領アメリカの銀の対価として輸出されたからというのである。

オランダも、イギリスと同様、毛織物工業を発展させた。しかし、オランダの繁栄が基本的に中継貿易中心によるものであったのに対し、イギリスの繁栄は毛織物の輸出に基盤があった。そのためにイギリスでは毛織物工業を中心に国民経済が発達したのだが、オランダにはそれは不可能であり、やがて衰退していくことになる。

国民経済の形成こそが、一国の経済の盛衰を握るのである。

大塚は、イギリス国内の農村工業の分析に移る。イギリス毛織物工業の国民的産業としての成長は、とくに「農村工業」の姿をとって進行した。その中核をなしたのは、独立自営農民であるヨーマンであったという。独立自営農民こそ、近代経済の担い手であると、大塚は考えた。

さらに大塚によれば、イギリスで国民経済の発達に寄与したのは、広範な「国民的」中産的生産者層と、そこから成長してくる近代職場主（マニュファクチャー主）の姿である。そして、主として職場主からなる「農村の織元」が典型的なマニュファクチャー経営者になり、前近代的な「問屋制前貸人」という性格を帯びた都市の織元を圧倒していった。これにより、国民的産業である毛織物工業がイギリスの農村に根付き、最終的に「農村の織元」の手によって、近代的資本主義へと発展したのである。

本来なら、国際的な毛織物競争に勝ったイギリスがヨーロッパ経済の覇者となったと論じるべきであったろう。ところが大塚は、商業競争ではなく国内の生産こそが重要だという立場をとった。これは、奇妙なねじれ現象といえよう。そして、イギリスこそが典型的な資本主義の発展国だとし、他国は、イギリスと比較してどの程度遅れているかという観点にもとづく、比較経済史を提唱した。そのため、大塚史学とは、比較経済史学と呼ばれるのである。

大塚が『近代欧州経済史序説』を著したのは第二次世界大戦中であったが、現実に大きな影響力をもったのは、終戦からおそらく一九六〇年頃にかけてであった。まだまだヨーロッパは遠く、ヨーロッパの歴史研究の動向がどのようなものか、なかなかわからなかった。留学するときには、もう二度と会えないかもしれないと思い、水杯を交わした時代のことであった。

したがって大塚史学全盛時には、ヨーロッパとは憧れの存在であり、歴史家は、現にあるヨーロッパではなく、あるべきヨーロッパを求めて論文を書いていたといってよい。そのようないわば想像上のヨーロッパが、敗戦後、さまざまな点で日本の後進性を感じていた人々にとって大きなアピールとなったのである。そう考えるなら現実のヨーロッパが明らかになってくると、大塚史学が影響力を失うことになったことも容易に理解できよう。どのような学説も、やがては新しい学説によって取って代わられる。それは、学問の宿命というべきものである。

大塚史学はシューレ（学派）になり、大塚を越えるような業績を出す研究者は現れなかった。さらに、その権威主義的態度は、大塚史学に属さない人にまで及んだ(5)。大塚の学説に対して、東京からの批判があまり出なかったのは、おそらく、あまりに大塚の影響が強かったことが大きな要因であったろう。

そのため、大塚への批判の中心となったのは、関西大学の矢口孝次郎（一九〇三〜七八）、和歌山大学の角山《つのやま》榮《さかえ》（一九二一〜二〇一四）、京都大学の越智武臣であった。彼らは、イギリス経済の担い手は、ヨーマンではなく、それより少し上の階層のジェントリーであると考えた。

この三人のうち、越智は、経済史のみならず、大塚がベースとしたマックス・ヴェーバーの思想史家としての問題点を指摘した『近代英国の起源』を一九六六年に上梓する。

それは、日本の歴史研究に大きなインパクトを与えることになった。

二 『近代英国の起源』

私が越智に最初に会ったのは一九八六年であり、最後に会ったのは、二〇〇四年であった。二〇年近くお付き合いさせていただいた印象からいうなら、越智は、大変なロマンチストであり、また、非常に繊細な人であった。物腰は、あくまで穏やかであった。しかしこと大塚史学について話をしたときは、かなりエキサイトし、血圧が高いことを知っている私は、心配になることもあった。

越智は、大塚とその一派から、かなりいわれのない批判を受けていたと考えていたのである。大塚が編集する書物から、名前は出されなかったが、明らかに越智を批判したとわかる文章を書かれたことが何度もあったと、越智は私にたびたび語った。

あるとき、菓子折りを持って越智に謝りに来た人がいた。大塚が編集した本で、越智に対する批判を書いた非礼への謝罪だったという。大塚にいわれて、仕方なく書いたのだと弁解し、平身低頭で謝ったというのだ。

大塚が越智に対しどういうことをしたのかは、本当のところは私にはわからない。しかし、大塚が、批判者に対してフェアとはいえない態度でその学説を潰しにかかったとは、越智だけではなく角山も何度か研究会でいったことがあった。

ところで越智は、客観的な叙述は得意ではなかった。それは、研究対象に対し、あまりに強くのめり込みすぎたからだと私は感じている。したがって『近代英国の起源』とは、単純にいえば、越智の目に映った近代英国(より正確にはイングランド)の姿である。

このような態度に対し、私は違和感を感じてきた。歴史学は、もっと客観的な学問だと思っているからである。しかしそれと同時に、『近代英国の起源』が、滅多に出ないほどの歴史書であることも事実なのだ。

越智の歴史学にもっとも大きな影響を与えたのは、リチャード・ヘンリ・トーニー(一八八〇〜一九六二)であった。それは、『近代英国の起源』にトーニーへの献辞が書かれていることからも明らかである。越智は、イギリスに留学中に、トーニーに会ったことがある。大きな手で握手されたことを、その温もりを、まだ覚えているといっていた。

一九五七〜五八年の留学によって、越智は、理念ではなく現実のイギリスを知ったと思った。そしてその実体験が、『近代英国の起源』の執筆に大きく役立つことになった。

『近代英国の起源』は、全体で三部からなり、政治・経済・文化を扱った部に分かれる。そしてそれぞれの部が、三章構成になる。本稿ではそのうち、大塚史学ともっとも関係が深い、毛織物とイギリス農業に関する越智の論を紹介してみたい。

毛織物輸出に関して、越智はフレデリク・ジャック・フィッシャー(一九〇八〜八八)の説を紹介する。(6)フィッシャーによれば、イギリス最大の輸出品は未完成の毛織物であり、そのほとんどはロンドンを通じて冒険商人組合の手によりアントウェルペンに送られ、そこで完成品となり、ヨーロッパ各地に輸出されていた。

ロンドンからの毛織物輸出は、一六世紀前半には伸びるが、後半には停滞する。それは、同世紀前半にイギリスの貨幣が悪鋳されたためポンド安になったが、世紀後半にはポンド高になり、輸出が困難になったためであった。

一六世紀半ばには、それを打破するため、イギリスは新市場をもとめ、北東航路を探検する。一五八〇年にはレヴァント会社を創設し、トルコへの輸出を目指す。さらにそれまでより薄手の「新毛織物」を地中海方面に輸出するようになる。このように、イギリスの貿易構造は大きく転換したのである。

さらに越智は、農業革命に関して、トーニーの『一六世紀の農業問題』*The Agrarian Problem* をもとに議論を展開する。トーニーは、Agrarian Problems という複数形ではなく、定冠詞の the、単数形の Problem を用いた。(7) それは、一六世紀の農業問題とは、慣習保有農、なかでも謄本保有農という特定の農民層の問題だからである。

謄本保有農はヨーマンであり、貴族、ジェントリー（平民の地主）の下に位置する階層である。大塚史学によれば、ヨーマンリーは独立自営農民＝中産的生産層であり、イギリスの近代化を担った。しかし越智は、ヨーマンはむしろ近代イギリス形成の過程に埋没していく階層であり、ジェントリーこそが近代イギリスの担い手だと考えた。

ここでも、越智の学説は、大塚のそれとは大きく違う。しかし越智も、大塚も、農村史を重要視する点では一致していた。大塚は生産史観の持ち主であり、どのようにして売るのかということはあまり考えなかった。それに対し越智は、経済史は苦手ではあったが、毛織物の販売ルートとしてのアントウェルペンの重要性に気がついた。ロンドンは、しょせんアントウェルペンの「衛星都市」でしかなかったということを理解していたのである。

さらに越智がヨーマンではなくジェントリーを近代イギリスの担い手であると考えたのは、トーニーの『農業問題』を自家薬籠中のものとしていたからである。越智の考えでは、大塚は、トーニーを誤解していた。

大塚は、イギリス人とじかに話したことはほとんどないであろう。大塚は、自分のイマジネーションにそくしてイギリス史を理解していった。イギリス人に訊けば簡単にわかるはずの内容を、自分の頭であれこれ考え、イギリス人には考えつかなかったような解釈をしたのではないかと、私は推測している。

越智は、近代イギリス文化の理想像を表すために、ジェントルマン・イデアール（ジェントルマンの理念）という語をつくった。越智によれば、一六世紀半ばに、騎士道倫理と人文主義から生まれたジェントルマン・イデアールこそ、ずっとのちの時代にいたるまで、イギリス人の精神的基盤となったのである。

越智の考えでは、大塚史学でたびたびいわれていたこととは異なり、清教主義はイギリス史にあまり大きな影響は与えなかった。

ここで越智は、清教主義の代表としてリチャード・バクスターを取りあげる。バクスターは、マックス・ヴェーバーの『プロテスタンティズムの倫理と資本主義の精神』によって、資本主義的、禁欲的な性格をもつ資本主義者の代表的人物だとされ、大塚もその説を受け継いでいた。

けれども越智は、それをきっぱりと退ける。バクスターは資本主義の精神の持ち主とは到底いえず、さらに清教徒は、伸びゆく資本主義が路傍に押しさった石だとして、ヴェーバー、さらには大塚の説を退けたのである。

越智は、愛媛県越智郡の出身であり、子供の頃には、ほとんどお金というものを使ったことがなかったという。モノとモノとが貨幣によって交換されるという世界の歴史は、どうも自分には描けないと、何度も私に語った。

越智は、あくまでもイングランドの農村社会を中心にした歴史書を出した。フィッシャーを紹介したとはいえ、トーニーの世界の域を出ない歴史学に終始したといってよかろう。

それはまた、越智史学の限界でもあった。越智は、のちに岩波書店から『大航海時代叢書』の編纂をしたこともあったが、イギリス一国史観の枠を出ることはできなかったのである。

三 『工業化の歴史的前提』

越智は、フィッシャーの重要性には気づいた。しかし、フィッシャーの論の本質はわからなかったようである。フィッシャーは開発経済学の影響を大きく受けており、イギリスはアントウェルペンによって低開発化されていたと考えた。そこからの離脱こそ、イギリスに経済成長をもたらしたと論じたのである。

越智の弟子である川北は、この点を理解していた。越智は、川北の『工業化の歴史的前提』を読んでいながら、最後までそのことには気づかなかったように思われる。越智は、こう私にいったことがある。「川北君はね、僕を越えて行きました。僕なんかよりずっと立派な研究者になりました。教師というのは、教え子に越えられるということが一番の幸せなんです」。

私にとって悲しいのは、越智が、川北史学とはどういうものか、おそらくわからないままに亡くなったことである（あるいは私の間違いかもしれないが）。越智は、私がもっとも恩義を感じている恩師である。だからこそ、越智が、もっとも優秀な教え子であった川北がどのような点で越智を越えていったのか、理解することなく亡くなったことが残念なのである。

フィッシャーは、単に毛織物がアントウェルペンに輸出されたということを論じたわけではなかった。この点は、越智の教え子である川北稔によって咀嚼され、さらに発展させられることになる。

川北史学の研究の出発点となったのは、おそらくはトーニーの献呈論集に出てくるフィッシャーの言葉である。「トーニーの世紀」と題される序章で、イギリスの経済成長について「テューダー朝からステュアート朝初期にかけて経済的発展を促進させた要因ではなく、それを阻害した要因を探るべきだ」とフィッシャーは主張した。(8)エリザベス時代は不況の時代であり、その原因を追求すべきだと考えたのである。

川北は、フィッシャーの言葉を実証しただけではなく、それ以上のことを実現した。この時代の危機の要因を人口増に帰した川北は、エリザベス時代から一八世紀末にいたるイギリスの経済成長のパターンを分析し、経済成長をしても人口増加がそれを飲み込んでしまうというマルサスの罠から脱出したのが、一七八〇年頃だと結論づけた。それは、全部で三部構成をとる『工業化の歴史的前提』の第Ⅰ部にあたる。

しかし残念ながら、その意義が日本の西洋史学界で理解されているとはとてもいえない。これまで誰も、第Ⅰ部の論証が正しいかどうかということを、とりあげてはいないからである。私の友人の一人は、「どうせ第Ⅰ部はわからないので、第Ⅱ部から読んだ」という趣旨のことをいったが、第Ⅰ部を読まないということは、『工業化の歴史的前提』の理解を放棄したといって過言ではない。(9)

イギリスにおいて、フィッシャーのこのテーゼを実証した歴史家はいなかった。その重要性は現在、忘れられつつある。現在のイギリス人は、フィッシャーの論文を注にあげても、開発経済学に影響を受けたということを理解しておらず、過去にこのような研究があったという意識しかない。しかし、まだ二〇代であった一九六〇年代の川北には、フィッシャーの提起の意味がわかったのである。『工業化の歴史的前提』の第Ⅰ部は、それをあますことなく示している。川北は、最初から、成熟した計量経済史家として学界にデビューした。(10)だが、残念ながら、その意義は、日本の西洋史学界ではいまだに理解されていない。それは、川北の学説理解への障害となっているように感じられる。私には、川北の歴史家としての人生の多くは、この第Ⅰ部の内容をより具体性をもったものにしていくことに捧げられているようにさえ思えるのだ。

第Ⅱ部では、工業化はなぜ生じたのかということが、需要面と輸入面を重視して分析されている。さまざまな商品はイギリスの帝国から入り、植民地などからの商品――とりわけ砂糖と茶――が輸入されることで、イギリス人の生活スタイルは大きく変化し、生活革命が起こった。イギリスは帝国化したからこそ工業化を成し遂げることができた。それは、よりよい生活を求めてたくさん働くというモチベーションをイギリス人がもったからであるというのが、第Ⅲ部の主要な主張であった。これは、資本主義とは禁欲の精神から生まれたというヴェーバー、さらには大塚のテーゼに真っ向から対立する主張である。

川北はイギリスに一九七二～七三年に留学した。そこで、イギリスが当時もなお、いかに植民地と結びついているのかということを改めて認識した。ここで、越智と同様、あるべきイギリスから現にあったイギリスの歴史を研究しようとしたが、越智よりも客観的な歴史研究をした。しかし越智と同様（いや、この点では大塚も同じだが）、日本人にとってのイギリスを強烈に意識した。

指導教授である越智のジェントルマンをイギリスの担い手とする歴史学を組み入れ、「ジェントルマンのイギリス帝国」という図式を描き出した。それは、大塚史学とはまったく対照的な姿のイギリス像であり、イギリスの自生的発展ではなく、植民地との関係を重んじた。

川北の『工業化の歴史的前提』は、いちいち言及してはないが、大塚史学への反論から成り立っている。そのため、大塚の歴史学を知らない読者からは誤解を受けやすいが、もし大塚の学説に丁寧に反論することになれば、同書は八〇〇頁あっても完結しない本になってしまうばかりか、全体の構成がわかりづらくなったであろう。しかしそれを書かなかったために、大塚と川北の主張がどのような点で違っているのか、のちの世代には理解しにくくなった。

川北は、大阪大学を二〇〇四年三月に定年退職した。その間、多くの弟子を育て、就職の世話をした。場合によって、他大学の院生やポスドクに対しても、推薦状を書いた。私自身、推薦状を書いてもらった一人である。

大阪大学は、近代イギリス史研究の中心的存在となった。それは、川北の大きな業績である。

川北は、何度か、京大からの就職の誘いを受けたが、すべて断ったという。京大は、新しい研究をするにはやりにくいところだというのが、その理由であった。しかし私には、そのような保守的な京大の歴史学を変え、阪大時代とは違ったタイプの弟子を養成する川北を見たかったという気持ちもあるのだ。

四　日本人のための西洋史研究

大塚久雄の歴史学は比較経済史といわれると同時に、「戦後史学」と呼ばれる歴史学の中核を形成した。越智はその歴史学に対抗し、新たなイギリス史解釈を提示し、川北は、新しいパラダイムを築いた。そして彼らには、日本人のための西洋史とは何かという強烈な問題意識があった。

「日本人のための」という修飾語句は、もしかしたら若い読者には、違和感があるかもしれない。自分たちは、もっとコスモポリタンな歴史学を研究しているのであり、どの国の人にも受け入れられる西洋史を書いているつもりであり、世界の読者から読まれるために、英語でも論文を書いていると主張するのかもしれない。

現在では留学は当たり前であり、ヨーロッパで博士号を取得する人は、まったく珍しくはない。だがそのような人々は、博士論文を書いた国の研究者になりきらなければ博士号をもらえず、ある面、日本人なら書かないような論文を書いたから博士号が取れた可能性は否定できない。そのために、日本人の琴線に触れる西洋史がなくなってきているのかもしれないのである。もし日本人としての視点を強く出したとしたら、外国で博士号を取得することと自体、難しいであろう。歴史家は、その点にもっと関心を向けるべきである。

現在もなお、欧米人は、自分たちの考え方が実はユーロセントリックであるとは、なかなか考えにないのがふつうである。

コスモポリタンな歴史学などありえない。国によって、さらには人によって歴史解釈の立場が変わるのだから、自分がコスモポリタンだということ自体、このような現実に無関心な人物、いわば、社会の実態がわかっていない人物ということになろう。

だからこそ、日本人のための西洋史が必要だということになる。断っておくが、グローバリゼーションが進んだ現在、現地の歴史家がまったく受け入れないような歴史を書いて良いというものではない。研究対象としている国の人ばかりか、日本人に受け入れられる西洋史を書く必要がある、と私は言いたいのである。

どのような研究も、時代と生まれ育った環境により制限を受ける。ここであげた三人の著者もむろん、その例外ではありえない。

彼らの叙述からは、日本人のための西洋史研究という強烈な意識が感じられる。若い世代の研究者にとっては、それはかなり違和感のあるものかもしれない。そういう意味では、越智も川北も、大塚史学（戦後史学）を大きく意識する研究者であったといえよう。

大塚の『近代欧州経済史序説』、越智の『近代英国の起源』、川北の『工業化の歴史的前提』は、どれも、日本の西洋史研究の古典である。三冊のなかでもっとも影響力があったのが大塚の書物であった。越智の作品は、近代のイングランドをどのように見るのかという視座を提供した。川北の「ジェントルマンのイギリス帝国」というシェーマは、現在もなお、イギリス史研究の中心的位置を占めている。

現在のイギリス史研究者は、川北のシェーマとは異なるシェーマを出し、より魅力的な歴史像を日本人に提示し、さらにできれば英語でも発表することが必要であろう。本稿でとりあげた三人の研究者と現在の若手研究者の大きな違いは、日本だけではなく、世界の歴史学界を意識しなければならないことであろう。それが、先学を越えていくということでもある。

その際、日本の西洋史が欧米化することが進歩ではないと認識することが重要であろう。近年、欧米から帰国し、欧米での新しい議論をもとに議論を展開することは、以前よりも当たり前になった。しかし欧米では、研究資金を確保するために、新しいアプローチを採用したと主張する研究が圧倒的に増えているのも事実である。実は、それらは必ずしも、新しいテーゼではない。欧米の研究者が、古典的な研究をきちんと読んでおらず、そのために新しいアプローチだと主張することは珍しくはないのだ。また、新しいアプローチであっても、面白いと感じられるものの方が少ない。そもそも、新しいアプローチなど、なかなか出るものではないのである。

欧米の輸入ではない新しいアプローチで日本のみならず海外での学界でも評価されてようやく、三人の業績を越えた研究が生まれたといえよう。そのとき初めて、戦後史学が終わるのであろう。

しかしそれができたとしても、この三人の先駆者がいたからこそ可能になったのだということを、決して忘れるべきではない。

われわれは、先学の肩の上に乗って研究をする。そして、研究者というものは、できるだけ多くの人々が肩に乗れるような研究を目指すべきである。

この三人の肩には、大変多くの歴史家が乗っている。それが、彼らの偉大さの証拠といえよう。

【注】

（1）大塚久雄『近代欧州経済史序説』上巻、時潮社、一九四四年。

（2）越智武臣『近代英国の起源』ミネルヴァ書房、一九六六年。

（3）川北稔『工業化の歴史的前提——帝国とジェントルマン』岩波書店、一九八三年。

(4) 大塚の生涯については、楠井敏朗『大塚久雄論』日本経済評論社、二〇〇八年。

(5) この点については、角山榮『生活史への道――フィールドワークで見る世界』中央公論新社、二〇〇一年、一二～二三頁を参照。

(6) フィッシャーは、生前、書物は刊行しなかったが、死後、論文集が上梓された。Frederick Jack Fisher (ed. by P. J. Corfield and N. B. Harte), *London and the English Economy, 1500-1700*, London, 1990.

(7) Richard Henry Tawney, *The Agrarian Problem in the Sixteenth Century*, London, 1912.

(8) Frederick Jack Fisher 'Tawney's Century' in Id. (ed.), *Essays in the economic and social history of Tudor and Stuart England : in honour of R. H. Tawney*, Cambridge, 1961.

(9) おそらく第I部を無視して同書を読み進めた読者は、少なくないであろう。同書の出版時には、川北は社会史研究の旗手であり、多くの若手研究者が、この頃、社会史研究をこころざした。彼らは、川北の主張を根底から理解をしようとはしなかったのである。

(10) 川北は、のちに二〇世紀の発展途上国の低開発と、一六世紀イングランドの低開発は根本的に違うものだと考えた。一六世紀には、イングランドの「低開発の開発」を推進できるほど強力な国家はまだいなかった。おそらくウォーラーステインとの出会いにより、明確にそれに気づいたのである。

論文

〈国文学史〉の振幅と二つの戦後
――西洋・「世界文学」・風巻景次郎をめぐって

荒木　浩

はじめに

本稿では、国文学の展開に、二つの大戦後の世界観が影響を与えた事象を紹介し、その時代に夾まれた国文学者・風巻景次郎の研究姿勢に見られる特質の一端――「風土」論が和辻哲郎『風土』と興味深くすれ違うところなど――に着目する。そしてそこに通底する、日本古典文学研究の陥穽を把捉したいと考える。

すでに多く論じられている、国文学と戦前の時局との関わりに関する議論に重なるところも多いはずだが、本稿は、そうした論調とは別の視点で始発した。なお当初は、風巻の風土論と文学史研究の関連とズレとを考察して国文学の時代区分論へと環流し、丸谷才一『日本文学史早わかり』が、風巻の文学史へ言及するやり方の恣意性などにも論を及ぼしてみたいと構想していた。しかし議論が煩瑣になることをおそれ、本論文では割愛した。仕切り直して、今後の課題としておきたい。

一　「生々しい」『蜻蛉日記』とその評価

『蜻蛉日記』は、天延二（九七四）年以降、『源氏物語』出現以前の成立であるが、和文で書かれた女流仮名日記の嚆矢として有名である。ただし、かなり読みにくい作品だ、どのくらいの人が原文で読みこなしていることだろう。

読みにくさの一つの理由は、少し専門的な話になるが、本文伝来の貧しさである。江戸時代初期以前に溯る古写本がなく――この点については『竹取物語』も似たり寄ったりだが――、その本文の実態も、錯綜はなはだしいと評される状況なのである。伝本研究が進み、個別の本文整定の積み重ねが本格的に読解に資するようになるのは、佐伯梅友・伊牟田経久編『かげろふ日記総索引』（風間書房、一九六三年）、柿本奨『蜻蛉日記全注釈（上下）』（角川書店、一九六六年）などが公刊された、昭和三〇年代後半以降のことであった(1)。

しかしより本質的な要因は、その独自の叙法にある。『蜻蛉日記』は序文で「世の中におほかる古物語《ふるものがたり》のはしなどを見《み》れば、世《よ》におほかるそらごとだにあり、人にもあらぬ身《み》の上《うへ》まで日記《にき》して、めづらしきさまにもありなん」と語る（引用は『蜻蛉日記全注釈』）。「古物語」と呼ぶフィクション（そらごと）と同じような和文で書かれた「身の上」の回想記たる『蜻蛉日記』は、徹底的に vernacular（日本固有的）で personal（個的）なスタイルと内実を持つ。その独特の方法論は、渡辺実『平安朝文章史』（東京大学出版会、一九八一年）が指摘するように、人物呼称に象徴的に現れている。

平安和文の通例では、「くらもちの皇子」や「大納言大伴のみゆき」（『竹取物語』）、「在中将のみむすこ在次君」、「伊勢の御息所」（『大和物語』）などと実名や官職名で呼称したり、「竹取の翁」や「かぐや姫」というニックネームを付けたり（『竹取物語』）、「男」「女」と恋愛する主人公たちを呼んだり（『伊勢物語』）する。しかしそれとは大きく異なる命名の原則が『蜻蛉日記』にはあった。渡辺実によれば、作者・道綱母は、「作者の精神生活に重いポストを占めていない人物は、客観的と言うに近いきまり切った指し方ですませ」るが、「作者の精神にとって常にその一挙一動が気になる人物に対して」は、「自分を中心として人物を見て、自分とのかかわりにおいて人物に意味を見出す態度」をとる。夫兼家のライバルとなる女性たちについては、それが徹底している。渡辺によれば、次のごとき異例である。

時姫↓本つ人、年ごろのところ、子どもあまたありと聞く所、かよひ所、人にくしと思ふ人、かのところ

町の小路↓この時の所、かのめでたき所、めざましと思ひし所

近江↓聞く所、にくしと思ふ所、憎所、例のところ、かの忌の所

これは、「道綱母の精神生活に深くかかわる人々は、作中に独立した人物としては登場せず、道綱母の心に結ばれた映像として登場する、ということである」。つまり重要な人物ほど、きわめて個人的な呼び方で押し通されるということだ。この方法は「逆に、対象としては異なる人物が、特に区別し難い言葉によって指される、という結果をも生む」。

かのところ（＝時姫）　何のところ（＝近江）　例のところ（＝道綱ノ懸想人）

ちひさき人（＝道綱）　ちひさき人（＝作者ガ養女ニ迎エタ少女）

渡辺は、こうした「まことに非客観的な表現」がなされる理由を「言葉が直接に示すのは、道綱母の心に結ばれた映像であって、対象ではないためである。したがって、もし当時の道綱母の状況を理解するのに失敗すれば、指されてもいない人物を、指された人物と誤解する危険が常に存する」と解く。つまり、よほど彼女の日記世界に耽溺するか、精読を積み重ねていないと、『蜻蛉日記』は、大事な人物関係さえ、これはいったい誰のことか

と、たやすく見失ってしまう作品なのである。渡辺は、こうした叙法を『蜻蛉日記』作者・道綱母の根幹的方法として「当事者的表現」と称び、次のように説明した。

過ぎ去った日々を回想しつつ執筆したであろう上巻などでも、それを執筆する道綱母は、当時の出来事の渦中にいた当事者の位置で書くのである。作中人物を書く作者としての自分と、書かれる作中人物としての自分とが分離せず、と言うよりも、二つの自分があり得ることなど、思いもよらずに書くのであろう。

なかなか凄まじい精神世界であるが、こうした幼い表現が『蜻蛉日記』全篇を通じて本質的に混在する。錯綜した本文が生まれた所以である。こうして長い間この作品は、外形的にも（＝本文の錯綜）、内容的にも（＝表現法の独善）、きわめて曖昧なテクスト性のなかで読まれてきた。『蜻蛉日記』の歴史的評価も、作品の精読とは違って、ある種の印象批評の蓄積として存在することを余儀なくされる。分析の基盤が整った現代においても、この叙法は、拙さとしてのみ片付けることの出来ない蠱惑的な特徴を内在していた。『蜻蛉日記』では、時に驚くほど近代的な内面性が吐露され、「生々しい心の告白」として表象されることがあると渡辺はいう。

自分の喜怒哀楽の線にふれた出来事を、自分と同化したものでなければ解し得ぬような当事者の筆で書くこと、言わば自分をむき出しにして書くことが、あまりにも生々しいと思うのである。書かれた出来事が事実のありのままなのでなく、文章の書き方が、心のありのままであり過ぎるのである。しかもそれは、誰という特定の相手のない表現行為であったろう。言わばそれは、内発的な欲求にかき立てられた表現行為であったろう。語りたいことがあり余り、言葉がそれを制禦する力となり得ず、自己をむき出しにした書き方となった、それを、生々しい告白と言うのである。

こうして『蜻蛉日記』は「心のありのままでありすぎる」〈わたし〉を表出する、世界的にも古く、またユニークな「日記文学」として存立する。多少の読みにくさもまた、この作品の神秘的「独自性」に彩りをそえるものとして、魅力の一つに数えることもできようか。

二　戦後の「世界文学」としての『蜻蛉日記』

そうした特質を過大評価して、『蜻蛉日記』の優越を「世界」に向けて言挙げした時代があった。この作品を含む「国文学」には、明治の近代化から第一次世界大戦後の時代観のなかで、「国民文学」から「世界文学」へと過剰に持ち上げられようとした歴史がある。

吉野瑞恵「平安「女流」文学の分化――『蜻蛉日記』の評価をめぐって」(2)によれば、「日記文学」という語を初めて用いた英文学者土居光知(3)は、その用語のもとに「「国民文学」と「世界的文学」を連結する経路として「日記文学」を考えていた」という。土居の『文学序説』(岩波書店、一九二二年)所収「日本文学の展開」は、「世界的文学とは世界の政治上及び言語上の統一を条件とするものでなく、国民文学の最も円満な多様な発達の上に予想される超国民文学である。(中略)世界的文学とは要するにあらゆる時代、国家の偏見、固陋な趣味から完全に自由にされた人間の表現である」と説く。こうして「「国民文学」としての日本文学が「世界的文学」につながる可能性が模索される中で、新たに発見された文学ジャンル」が「日記文学」だったのである。

吉野によれば、「この土居の文学史観に強い影響を与えたのは垣内松三であった」。「「日記文学」という語は用いなかったものの、「日記文学」という概念を作ったのは垣内松三だったと見てよいだろう。この日記文学の文学性を保証するのが「自照」性であった。この「自照」という語は(中略)大正四年(一九一五)にアメリカで刊行されたR・G・モールトンの著書、*The Modern Study of Literature* の影響のもとに垣内が使うようになった用語である」。垣内とモールトンそしてモールトンの訳書(蘆田正喜による)をめぐる用語と理解の問題は簡単ではないようだが、ともあれそれは「池田亀鑑に継承され、その後長期にわたって用いられることになる」。二人には「池田がのちの『宮廷女流日記文学』の原型となる「宮廷女流日記考」を卒業論文として提出し」た大正一五（一九二六）年に「垣内松三の主宰による」『国文教育』という雑誌に「「自照文学の歴史的考察」を発表した」という所縁もあった。そしてのちには、逆に「池田の論を受けて、垣内はさらに「自照文学」の概念を拡張」する。垣内は、「Self-relection の文学」である「自照文学」について、「国文学者流が日記紀行、随筆として」扱った範囲や態度に留まらず、「日本文学の立場に於て世界文学と連絡する最も興味ある方面は、思ふにこの系列の文学に於て見出されるのではあるまいかと思ふのである」（『国語教育の批判と内省』付録「国文学の体系」不老閣書房、一九二七年）とまで述べていく。

「一国民が、其国語によりて、その特有の思想、感情、想像を書きあらはしたる者」としての「国文学」（三上参次・高津鍬三郎『日本文学史』一八九〇年）の典型だったはずの「女流日記文学」がどうして「世界文学」へと羽ばたくのか。そこには第一次世界大戦の勝利という自足と世界「平和の時代」への待望感があった。「国民文学」が「世界的文学」となるために必要なのは、国境を越えて理解されるべき「人間性の表現」ということなのである。つまり土居は、人間の個性の純粋な表現こそが文学を一国の枠から解き放って、普遍的な「世界的文学」になる路を開くものと考えているのである。「日記文学」は、「国民文学」としての日本文学が「世界的文学」につながる可能性が模索される中で、新たに発見された文学ジャンルだったといえるだろう。前節で見たように、平安時代の日記が「国民文学」として見出された背景には、明治二十年代から三十年代にかけての国家的要請が存在していたわけだが、これらの「日記文学」の中に「世界的文学」の可能性が見出されたのにも、やはり当時の時代的な要請が関わっていた。後になって土居じしん、彼の論考が第一次大戦後、束の間の平和にひたる時代の雰囲気の中から生まれたものであることを明らかにしている。

（中略）「国民文学と世界的文学」については、「第一次世界大戦が終り、国際的平和の時代が待望せられ、日本文学もまた世界文学に聯結せられるべきことが期待された」時代の雰囲気の中で書いたと述べているのである。（吉野前掲論文）

そして吉野は「「国民文学」の枠に閉じこめられていた平安時代の仮名日記は、「国文」で書かれていることにこそ最大の価値があり、「作者の精神」や「個性」は問題にはされなかった。しかし、第一次大戦後に「世界的文学」の可能性が過去の作品にまで溯って探られる中で、新たな評価基準が導入され、「日記文学」は「個性の直接な表現」とされるようになり西洋文学と肩を並べるジャンルとして過剰なまでの期待を掛けられたのである」とまとめている。

三　もう一つの戦後——日本文学史の古代不在論と中世不在論

同じ「戦後」に、あたかもコインの表裏のような文学史研究上の出来事があった。ただしこちらは第二次世界大戦敗戦後、占領期の一九五〇年秋のことで、表裏の具合も文字通りの正反対である。『國文學解釋と鑑賞』という雑誌に掲載された「特集・文學史の諸問題」（昭和二五年一一月号）諸篇が展開する、刮目すべき論争である。

同誌巻頭には、国文学者ではなく、ドイツ文学者の高橋義孝による論文「文学史における時代区分の意義とメルクマール」を掲げ、「文学史における時代区分の問題は決して自明な問題ではなく、その際の文学史が実際にいかなる性質の文学史であるかによつて全く別様に考へられねばならない。われわれは（たとひ実際の文学史家の反省に上つてゐなくとも、すくなくとも論理的には）文学史を（1）博物誌《ポリコヒストリー》的文学史、（2）形而上学的文学史、

（3）いはゆる科学的文学史の三種類に分けることができよう」と説き始める。そして高橋は、マックス・ウェーバーを援用しながら、「（3）の立場こそ「時代区分」を使用に堪へる学問的器具としうる唯一の立場であらう」と提言する。続いて吉田精一による掲載諸論のまとめ（「日本文学史の時代区分」）があり、以下、「「文学史の時代区分」シンポジウム」と冠を付して、各論が提示される。とりわけ注目すべきは、第一論文の岡崎義恵「文芸史の時代区分」と第二論文の斎藤清衛「国文学史時代区分についての私見」である。ともに瞠目すべき新説を載せ、文学史の構図を揺り動かそうとしている。

岡崎義恵は、日本文学史における古代不在・中世始発という新見を主張する。[4]

古代・中世・近代といふやうな分割法は、時代的距離から立てたものと見れば、常識的・便宜的なもので、理論的根拠はなく、理論を持たない史学としては当然のことであるが、文芸にとつては無意味である。しかし西洋史におけるこの三分法はルネッサンス人の史観にもとづき、近代が古代（ギリシャ）の復活であるとする思想を含んでゐるので、単なる便宜的区分ではない。これを日本に適用することが行はれてゐるけれども、日本は時間的にいふと、西洋の中世になつて文化的活動を始めた国であるから、近代ヨーロッパ諸国、特にイギリスあたりに比較すべき国で、ギリシャ時代に適応する時代区分などを持つて来るのは、時代錯誤である。イギリス・フランス・ドイツなどの文芸史には古代・中世・近代の区分は見出されない。大体中世からはじまるのである。日本も世界史的観点からすれば、中世から出発したものとして、古代といふものを除外してもよいのである。記紀は古代の残影であり、萬葉あたりが中世の出発点になるのである。（中略）西洋史は西洋人の考へたものであり、特に今日の西洋史はルネッサンス以後のヨーロッパ的理想を反映してゐる。世界史が西洋史のみから成立するものでない以上、東洋や日本の立場が世界史の成立にも参与しなければならないであらう。それにはこれまで東洋的・日本的動力がどのやうに世界において顕現してゐるかといふことも考へなければならない。史学としての日本文芸史は今や世界史の問題と密接に関聯する。新しい世界史の構想を持たずして、日本文芸史だけのことを考へても、余り注目すべき業績は出ないだらう。（岡崎義恵「文芸史の時代区分」）

世界史的視点からごく自然に導かれるこの史観[5]は、結句、「萬葉あたりが中世の出発点になる」という、衝撃的な認定を導くことになる[6]。

一方、斎藤清衛は、逆に、日本文学の中世不在を論じている。

先ず、日本民族が遺した今日までの全文学を綜覧するところ、それは時代的に古代と近代、乃至上期と下期というようにほぼ二大別される様に思う。その前半時代の末期は、後半期の曙時代につらなるわけであるが、これを室町時代の末にあてておく。従つて、古代文学時代を神代の国初から概ね文明文亀までとし、近代文学時代をその以降現代に到るまでの全部を包含せしめる。

この前後両時代の差異は、作品の量の増加、文学理念の展開等からみても隔段に見られるが、由来、鎌倉時代以降を近古の初頭に出す方法などが通行しているのは、公家政体と武家政体の対立を過重した江戸時代学者の史観を反映するものである。しかし、外交・社会・経済の諸歴史は、明かに室町時代において初めて上下の間に分離線をひいていること云うまでもない。従つて上下、古今の文学別を、少数派高踏文学と多数派平民文学とに分けて見るも差支ない。これまで、鎌倉時代文学を、古代の公家文学に対し武家文学の名で呼ぶ習もあるが、これは作者の階級層を素材の中に混同視した誤謬に因るもので、鎌倉室町時代の文人層は、大半公家の血をうけたものと看られる。即ち、古今↓新古今、竹取・伊勢↓住吉・山路の露、土佐日記↓十六夜日記という様、平安鎌倉の両時代に亘り、様式上特に変化の無いものはもとよりとして、鎌倉時代においで別途の形象を明確に遺している連歌、宴曲詞、戦記物語、法話物の類もその淵叢を平安時代に求めることができる。つまり、鎌倉時代文学は文体においてのみ新鮮さを持つているだけで、思想的には前代の継承乃至些細な転換の程度にすぎないことがわかる。（中略）

次にこの古代に対する近代文学の時代的性格であるが、ほゞ欧米文学におけるルネェサンス以後の近世の形体に類するものである。政治上では足利幕政の頽廃、戦国時代の出現、皇室勢力の失墜などが挙げられるが、社会的には庶民の実力が表面化し、その結果として資本主義経済の擡頭、五山僧による教養面の民衆化などが顕著となつた。いわゆる桃山文化はその過渡の体制を象徴化するもので、江戸において新幕府を開いた徳川将軍の文化政策は、文字教育の国民普及化に与かるところ大きかつた。（下略）（斎藤清衛「国文学史時代区分についての私見」）

まったく論点を異にするこの二論だが、いずれにせよ、今日普通に「中世文学」と区切る時代は存在しないことになる。だがこの論争は、今やすっかり忘れられており、この種の議論も、少なくとも中世文学研究において、まずなされることはない。たとえば、四半世紀ほど前、「中世文学の範囲」というテーマで「中世文学会」（日本中世文学研究の代表的学会）のシンポジウムが行われたことがあった。起案者の福田秀一は「「中世文学」というのは「中世」と「文学」との複合語であるから、その「範囲」と言うとき、この二語のどちらについて言うのか、つまり「中世の範囲」か「文学の範囲」か、二つの場合があり得よう。もっと分りやすく言い換えれば、「日本文学史における中世の範囲」の意味か、「日本中世における文学の範囲」の意味か、ということである。もちろんこの二つは、考えを進めて行けば多少関連するが、今回のテーマ設定の意図は後者」と述べ、シンポジウムのパネリストだった島津忠夫も「福田氏から依頼のあった時、「中世」という時代の上限・下限を問題にするのではなく、たとえば、漢文体の日記が「中世文学」に入るか入らないかといったことを論じたいということであった」と語っている（「シンポジウム」報告「中世文学の範囲」『中世文学』三五、一九九〇年）。「中世」という時代の「上限・下限」の議論はあり得ても、岡崎や斎藤のような革命的議論はすでに問題となっていない[7]。

それは、一九五〇年の占領下という時代相のなかで、自明だった自国というアイデンティティが揺り動かされ、否応なしに〈欧米〉の価値観と直面するという、戦後における日本社会の現実がもたらした外的な圧迫が、いっとき創造的に作用したゆえである。岡崎も斎藤も、その後この議論を生産的に推し進めることはなかった。岡崎は先の引用で（中略）とした部分に「しかし日本を世界から切離し、西洋史と同じ発展を自身の中に経て来たものとすれば、日本だけの古代を考へてもよいであらう。或は世界的発展の特殊化として、かなりの時間的なずれを認めることにより、日本の文化にも古代・中世・近代の区劃を置くといふ考へ方もあり得る。これは今後の解決を待つ問題である」とも語っていた。その後の岡崎の著作では、むしろこの常識的な時代区分に則っている。戦前以来「中世文学」の代表的研究者であった斎藤清衛もまた、「中古中世文学は上代文学と近世文学とを繋ぐ「中つ世」の精神を表明する文学である」と冒頭に謳って「三十年前」の昭和一〇年に刊行した旧著『中世日本文学』を、昭和四一年、同四四年と繰り返し復刊している[8]。

四　風巻景次郎の「風土」論と和辻哲郎――信州＝ドイツと地中海の九州

ろくに読みこなせない和文の『蜻蛉日記』をことさらに持ち出して「世界文学」と言挙げしたかと思えば、西洋と対比して、日本文学は『萬葉集』という「中世」に始発する、と議論する。この二つの「戦後」文学史のはざまに、国文学者・風巻景次郎（一九〇二〜六〇）は始動した。風巻は兵庫県生まれ。その文学観と密接に関連するので履歴を一覧しておけば、一歳の時、京都に養子に出て風巻姓となる。六歳のころ、父の転勤で金沢へ転居するが、翌年大阪に戻る。一二歳の年に名古屋へ転居、愛知一中、八高を経て、大正一五（一九二六）年東京帝大卒。日本大学予科講師などの後、昭和二（一九二七）年大阪女専教授。昭和七年に結婚し、長野女専に転任。昭和一〇年病気により同校を辞し、東京へ戻って日本体育会体操学校教授、同一三年東京音楽学校教授。一九年一月、清水高等商船学校教授を歴任後、同一九年、初の外地で北京輔仁大学に赴任（八月一日付）。戦後二一年四月に帰国。大阪、東京、軽井沢を往来しつつ、法政大学の非常勤講師ほかを行い、昭和二二年北海道大学へ。同二五年、九州大学から招請があり、転任を決意するが留任運動により断念。昭和三三年、関西大学へ転任。二年後に没する。[9]

風巻は、長野の女専を辞して東京に在住していた昭和一五（一九四〇）年前後、「風土」というタイトルを付した文章を二篇残している。「日本の風土」（『国語と国文学』昭和一四年四月、原題「国文学の素材と風土」、『文学の発生』子文書房、一九四〇年に改題所収）と「風土の北と南」（『長野女子専門学校同窓会誌』十周年記念号、昭和一五年一月、原題「信州の風土」、『文学の発生』に改題所収）である。[10] そのタイトルと「風土は内省批判の立場からは哲学の問題としても取りあげることができるが」（「日本の風土」）という言及などから、ここには、和辻哲郎『風土 人間学的考察』（岩波書店、一九三五年）の影響が明らかだと思うが、この両篇には、和辻の名も『風土』の書名も引かれていない。[11] そのかわりに、『風土』が世界的な視点で風土分析を行うのに対して、「日本の風土」では、近畿、九州（別府）、東京、大阪、北陸道の自然（雪）、信州（空気の透明さ）などに言及し、特に日本の古典的風土観が近畿のみによって成り立っていたこと、それを打ち崩す自己体験として、信州での居住体験と「空気の透明さ」への驚きがあったことを語る。

一方で風巻は、「まだ海外を知らぬので、私には日本の自然を相対的に批判しうる比較物がない」と嘆じ、「島国でありながら、われわれは海洋の文学というものをほとんどもっていない」と論じる。壮大な海洋の紀行文的側面と、ヨーロッパ旅行記の要素を含み込む『風土』へ、隠微なコンプレックスをも感じさせる表現である。

そして風巻は「海外を知らぬ」ことを逆手に、国内にヨーロッパ的自然を探し始める。その発端が「ドイツ」のような信州であった。風巻は「風土の北と南」において、「信州には日本に珍しい冷酷さを感じさせる自然がある」という。そして「いまから十数年前に、生まれてはじめて信州を旅行したが、そのときの第一印象は自然が生きていて、人間を支配しているという感じであった。信州の土地全体が、なにか神霊の宿りであるといった感じであった。信州に住んで見ると、あの礫の多い土壌自体がやはり非人間的に感じられるのであった。まことにそこは神自体であったともいえるであろう」と述べる。この発見を、風巻は、西洋／東洋という二分論で単純化したり、あるいはおそらく和辻『風土』が「三つの類型」などと世界を大枠で分断して文化を論じるような風潮についての批判として、「風土の北と南」論を次の如く転じていく。

人はよく西洋の文化は人間的で、東洋の文化は自然的だともいうけれども、それは一概に言えることではない。概していって、それが真理だとしても、精しく言えば様々な程度の差を認めなければならない。ことにこれまで形成された日本文化を自然的だと言う限り、それは近畿西国の文化であって、関東の文化ですらないのであった。まして、もし古代中世の文化中心が信州であったとするならば、日本文化の面貌は、いま私たちの見るものとは、ずいぶんちがった様子をしていたのではないかと思うのである。

こうして風巻は、信州に都があったら、という、空想的な仮定をたてて日本古典文化を考察する。「ちがいの一番いちじるしい点は、近畿文化の性格が情緒的だったという点である。それは哲学する文化ではなくて、抒情するに恵まれた文化であった。（中略）もし信州が古代中世の文化中心であったとしたならば、私は空想する、日本文化はもっと知性的になっていたであろうと」。そして風巻は、横光利一『半球日記』を引き、横光が注目したポーランドの風景と、ショパンなどその国の創造性と芸術性に言及して、それは「平原の冷酷さ」であるという。それに対して信州は、「山地の冷酷さ」であり、「おそらくむしろドイツに近い感じのものであったかも知れぬのである」という。ドイツとしての信州。ドイツはまさに『風土』を書いた、和辻の留学先であった。しかし風巻の空想はそこで終わりではない。彼は、イタリアや南仏という、地中海文化への憧憬を素直に書き記し、今度はそれを九州に重ねて次のように論じていく。

ヴァレリイの『地中海の感興』を読んでいると、地中海文化が情緒的にばかり流れしめないで、ギリシャ・ローマや文芸復興期やの数理的に整理された文化の一面が生まれ出る必然性を持っていたことが分かる気がする。同じ意味で、私は、九州が古代中世の文化中心たる地位を確保できたのであったら、やはり日本文化の調子はよほどちがってきていただろうと思うのである。船が別府湾に進み入るときの、ときめきに似た心持はいまも忘れることができないものである。ナポリあたりのうわさに聞く鮮麗さはないかも知れぬけれど、南仏ニースあたりの鮮明さはきっとこれに似ているのであろうと思う。そこでは自然の形象は実にあざやかで明るい。それでいて、一種独自の空気によって包まれているのである。この空気に包まれた感じが、信州の真空の中でものを見るような感じとちがっているのである。もし日本文化が九州で育ったのだったら、現在の日本文化がしばしばいわれるよりも、もっとフランス文化と似かよった性格を持ったかも知れない。

周知のように和辻『風土』は、「三つの類型」の一つとして「牧場」を掲げ、「それによってヨーロッパの特徴を言い現わそうとする」。そして「ヨーロッパの風土が南と北とに分かたれ」、「南は文化史的に言ってまず初めにヨーロッパであった」。「南ヨーロッパは地中海の国土である」と論じ、南ヨーロッパの地中海とその風土を取りあげ、彼自身の紀行文的体験叙述と直観的分析によって展開していく。風巻のは、その貧しいコピーそのものだが、やはりここにも和辻の名はない。「船が別府湾に進み入るときの、ときめきに似た心持」というのは、ほとんど和辻『風土』――たとえば「自分たちがモンスーン地方から沙漠地方を経て地中海に入り、古《いにしえ》のクレータの南方海上を過ぎて初めてイタリア南端の陸地を瞥見し得るに至った朝」感じた和辻の「驚」きなど――への屈折したオマージュにしか読めないほどで、論は一気に、ドイツ＝信州から、別府＝南仏、そしてイタリアへと転じていく。

北ヨーロッパでは、つねにイタリーは憧憬の的であった。春が南からくるからである。ハイネは『伊太利紀行』でいっている。「伊太利の夏こそ夏である。これに比べればドイツの夏は緑色の冬にすぎない。」この言葉には切ない南方への憧憬がある。それが同時に古典文化への憧憬と結びついている。

少し横道にそれるが、ここで風巻のハイネ愛読が知られることも重要だ。風巻はのちに石母田正の「古代貴族の英雄時代」を高く評価し、「この示唆に富んだ論文で取り扱われた文学史上の古代初期の問題は、文学史家のだれもが第一歩においてとり組まねばならないものでありながら、しかもわが国ではまだ十分にそれと取り組んだ文学史家がなかった」と前書きして、「日本における英雄時代はどのように在り、そのあとはどのようになっていったか」と始まる壮大な物語文学発生論「氏族伝承の分解――古代物語発生史の覚え書――」（初出一九五〇年、『日本文学史の研究』下所収）を書く。この論の後半に、氏族伝承として支えられていた神話や伝説が、氏族が崩壊することで浮遊して、物語となっていくという図式が提示される。これがハイネ『諸神流竄記（流刑の神々）』、そしてハイネの影響を受けて形成された「幽冥談」以下の柳田國男の民間伝承論と連続することは明白である。風巻は、「風土の北と南」でも柳田の『海南小記』と『雪国の春』を「名著」と讃え、「満洲・シベリヤからつづく北国の自然と、南洋からつづく南国の自然とが、日本列島の上でかちあっていること」の示唆と述べている。風巻が早くよりハイネに関心を抱いていたことは、その物語発生論の展開に示唆的である。[12]

しかし風巻は、こうした素直な憧憬と古典文化礼賛との連続が、日本ではうまく機能しなかったことを次のように嘆いている。

明治大正のころの西洋文化への耽溺には日本文化を否定し破壊することこそ正しい進歩だとするような立場

があった。こうした立場から見られた日本古典の発祥の地は、それだけで古くさかったのである。「日本古典の発祥の地」として風巻は、奈良、京都、摂津をあげ、その「古くさ」さを列挙する。それに対して、「私どもは、日本古典の伝統を追わぬ自然をもとめて、武蔵野を愛し、信州を愛した」。つまり日本・古典文化のアンチテーゼとしての「自然」の発見があって、信州への愛がようやく定着する。「日本における関東ないし信州の自然の新しい発見の歴史には西洋という要因がぜひに必要であったのである」と風巻は論じていく（以上「風土の北と南」より）。

しかし風巻の「発見」もまた、いささか苦しい内向と屈折のなかにある。西洋に照らし出される日本文化とその古典性は、いつもこうして不自然に「発見」されていく。そのさまは、これまでに見てきた二つの戦後の様相と、やはり等しいバイアスのベクトルに乗るようだ。

五　風巻の戦後——おわりにかえて

風巻は、太平洋戦争前夜の昭和一五（一九四〇）年に公刊された『中世の文学伝統』を戦後改版して再刊するにあたり、その「改版の序」（昭和二二年）にそのころの時局を回想してこう書いた。

私は昭和十四年の年末に原稿を書きあげて、翌年一月二十日づけの序をしたためた。そして本書の初版は二月二十日の日附で刊行されている。それは日本的なるものの強調から日本主義にすすみ、林内閣の祭政一致の宣言から国民精神総動員へと急激に傾きつつあった一時期である。その線に沿って思想や研究やの統制は、そきおい立つ力で強められていった。学界の一部は幾分自ら進んで自由を狭め、真理の探究を投げ打って、そうした精神統制に挺身追随したように見えたが、中でも国文学界は挙げて時潮に狂奔するもののような疑い

さえ蒙《こうむ》った。本書もそうした時期において書かれたものであった。(岩波文庫版)

風巻の「風土」論もまた、ほぼ同じ時期に書かれている。先の信州＝ドイツ論、そしてイタリアと古典性への憧憬が、「日本的なるものの強調から日本主義にすす」むなかで、日独伊防共協定(昭和一二年)から日独伊三国同盟(昭和一五年)へといたる世界観とどう聯関するかはわからない。ただし『中世の文学伝統』には、「風土」論への言及がまったくない。そのことは留意しておきたい。

ところで、先の年譜に示したように風巻は、昭和二五(一九五〇)年に九州大学からの招聘を得たが叶わなかった。「僕が文学によつて生きてゐる人間でありながら、この四年間、文学に対して責任をとらず、ただ法文学部建設の為の、これは全く教授が背負ふべきでない仕事に、心持ちの大部分を掛けて、時間を無駄にし、調査と思索の時間をすててしまつてゐた。(中略)北大は脱出しよう。しなければならぬ事ばかりだ」(「日記Ⅲ」昭和二五年二月一三日)という強い決意を抱いたのにもかかわらず、である。その年の秋、『國文學解釋と鑑賞』「特集・文學史の諸問題」が刊行される。風巻は当時、あの論争をどう読んだだろう。いや、日本文学史上の議論ではない。関説される西洋やルネサンス史観に関するあたりを、である。

面白い因縁がある。巻頭を飾った高橋義孝は、風巻とは北大赴任の同期であった。高橋は、最初から北大になじめず、あてがわれた宿舎についても「全くひどいですね。こんなところにとても住めませんね」など放言していた(風巻春子「札幌の十年」『風巻景次郎研究　人と学問』桜楓社、一九七二年)。高橋は浪人覚悟で翌年さっさと北大を辞める。ところが二年後の一九五〇年には、なんと九州大学に赴任した。特集号の「執筆者紹介」にも高橋は「九州大学助教授」と明記される。

対照的に風巻は、赴任の年の一〇月末、研究室の窓から「夕方」、「町の方」の「灰色の靄《もや》がかかつてゐる」のを眺め、輝きまたすぐ翳る「エルムの黄葉」から「印象派時代の巴里の絵を思い出し」ていた(「日記Ⅱ」昭和二二年一〇月二八日)。「四十度圏の幻想」という文章を読むと、風巻は、札幌の地に「ヨーロッパ的」な「異国」性を見出そうとしていた。「わたくしはリルケなどを思い起こし」、「この自然の良さ」を「まさにパリやウィーンや、すこし北に傾いてはロンドンやベルリンやの文化を産み出した、あの国土の自然に似た姿があるはずである」、「ショパンの音のあやなす幻想」は、この地と同じ「冬に鎖された」「非情の世界」のみで生まれ得た、などと書く。ただしそれは、「しょせん夢に過ぎないヨーロッパの幻想」、「ヨーロッパ文化への切ないあこがれ」であった。風巻は札幌の厳寒に堪えつつ、このあこがれに「支えられている」と正直に告白する(『北海道大学新聞』二二年一一月一一日掲載)。

かつて長野の「自然」に抱いたヨーロッパ幻想が、ここでは素直に、札幌へと投影されている。そして「日記」に、「吹雪ははげしく、且気温もさがつてゐるので、ストーヴを強くして、〝永井荷風〟をよむ。(中略)窓外の吹雪はあるひは強くなり、或はたとだえ、紺碧の空を研ぎ出し、また銀粉をとばす。午後の日射しに、裸かのエルムがながながと陰を雪面に引いてゐるのは、えも云へぬ。眺めというでもない。ただまう光と影とのつくり出す一種の階調。郷愁といつた味である。この頃、研究室の窓になす事もなく街の窓をながめてすごす時間が多い。(中略)僕は一人気やすく、今しばらくは若き日の郷愁に逃れることを得よう」と書く。九大赴任話の二年前、昭和二三年二月四日のことであった(「日記Ⅱ」)。

彼が断念した九大にあの高橋義孝が行き、まさにその年、高橋が啓《ひら》くヨーロッパ的な歴史観の「文学史の諸問題」が眼前に届く。「北ヨーロッパでは、つねにイタリーは憧憬の的であった」。「若き日の郷愁」の果てに、占領期のこのころ、風巻がまだ九州に「フランス文化」をうかがい、地中海の「南仏ニースあたりの鮮明さ」を重ねて、イタリア・古典文化への憧れを希求する「世界文学」観を潜ませていたとしたら……。あの「脱出」の叫びには、とても重く痛切な響きが残る。

【注】

（1）伊牟田経久「蜻蛉日記の本文整定について」（『鹿児島大学教育学部紀要　人文社会科学編』二六、一九七五年三月）など参照。

（2）以下の吉野論の引用は、土居・垣内の論の言及・引用などを含めて、吉野瑞恵「平安「女流」文学の分化――『蜻蛉日記』の評価をめぐって」（『日本文学』四九―一、二〇〇〇年一月）による。同稿は、吉野『王朝文学の生成――『源氏物語』の発想・「日記文学」の形態』笠間書院、二〇一一年）に興味深い微差の補正を経て再収される。再収版の本文は注(7)所掲の拙稿「散文の生まれる場所」に引用した。対照されたい。「日記文学」と「自照」の研究史については、吉野論および同論が言及する諸論に直接就かれたい。

（3）この指摘は、鈴木登美「ジャンル・ジェンダー・文学史記述――「女流日記文学」の構築を中心に」（ハルオ・シラネ、鈴木登美編『創造された古典――カノン形成・国民国家・日本文学』新曜社、一九九九年）による。

（4）この議論を含む、中世文学の時代区分論の研究史の概観は、島津忠夫『中世文学史論』「中世文学史研究史」（和泉選書、一九七九年）の整理に教えられるところが多い。

（5）東洋史学の学派的対立なども含めて、井上章一『日本に古代はあったのか』（角川選書、二〇〇八年）ほかがこの時代区分の問題を取りあげる。アメリカでも近時トークィル・ダシーが、「英国、ドイツ、スペインなどといったヨーロッパ諸国の歴史研究は中世を始点としており、「古代」という時代区分は用いられていないと述べ、日本と韓国において用いられている「古代」という時代区分の必要性も疑問視した」と報告されている（早稲田大学【SGU国際日本学拠点】コロンビア大学国際ワークショップ（二〇一六年三月一一日）「日本文学史の再考――時代区分、ジャンル、メディア」第二セッション、李成市「東アジアにおける時代区分としての古代――日本文学史の「中古」によせて」に関するコメント、https://www.waseda.jp/flas/cms/news/2016/09/09/2529/（最終閲覧日：二〇一七年六月三〇日））。なお時代区分論をめぐる論争については、関連書が多い。近年もジャック・ル＝ゴフ『時代区分は本当に必要か？――連続性と不連続性を再考する』（菅沼潤訳、藤原書店、二〇一六年）などの出版がある。

（6）岡崎は先の引用に続けて「なほこのことについては小著「日本文芸と世界文芸」にいくらか書いて置いたこともあり、今後もこの問題を追及して行きたく思つてゐる」と書くように、一九五〇年三月の序を持つ同名のアテネ新書第一部により本格的に議論されている（補記を付す「新修版」は一九七一年、宝文館刊）。

（7）なお第二節と第三節のここまでに関しては、拙稿「散文の生まれる場所――〈中世〉という時代と自照性」（『中世文学』六二号、二〇一七年六月）に別のコンテクストで略述した。併せ参照されたい。

（8）引用は有朋堂版（一九六六年）。期を接して筑摩叢書版（一九六九年）が出版された。初出は戦前の日本文学大系版（第三部第二、文学社、一九三五年）。

（9）『風巻景次郎全集』（桜楓社）第十巻所収「年譜」（風巻春子編）による。

（10）以下引用される風巻の文章は、特にことわらない限り『風巻景次郎全集』による。

（11）和辻哲郎『日本精神史研究』（岩波書店、一九二六年）で和辻が提示した『源氏物語』の成立論は大きな影響力を持ち、風巻の『源氏』論にももちろん言及がある。また同書所収「萬葉集の歌と古今集との相違について」という論文は『古今集』の知性と文化を再評価する重要なものだが、この和歌観（『新古今』の物語性を指摘する面も含めて）の影響も、風巻の『中世の文学伝統』に色濃く刻印されている。和辻は、東大の同僚であった池田亀鑑の『源氏物語』の文献学を高く評価し、岩波書店に出版を慫慂したこと（池田『古典の批判的処置に関する研究』一九四一年）がよく知られている。なお根来司『和辻哲郎　国語国文学への示唆』（有精堂出版、一九九〇年）など参照。

（12）風巻は柳田國男の影響を強く受けており（「物語文学の発生」一九五八年には「柳田國男先生」との言及もある）、昭和一五年七月には柳田との座談に参加している（『日本評論』一九四〇年七月号「民俗座談　柳田國男氏を囲みて」）。衣笠正晃「一九四〇年代前半の風巻景次郎――その文学史論をめぐって」（『言語と文化』四、二〇〇七年一月）参照。

論文

民科とスターリン言語学

安田敏朗

はじめに

一九五二年一二月に、民主主義科学者協会[1]（民科）言語科学部会監修のもとで理論社から『言語問題と民族問題』（季刊理論　別冊学習版・第Ⅱ集）が刊行された。その「編集のことば」にはこうある。

一九五〇年六月、わたくしたちは、二つの世界的な文献をうけとった。ひとつは、トルーマンによる「朝鮮出兵声明」であり、他は、スターリンによる「言語学におけるマルクス主義について」であった。前者は、バク弾と殺リクを送り《ママ》ものとし、民族の血を流させた。後者は、世界の文化に大きな影響をあたえ、そのことによって、各民族のエネルギイを昂揚せしめた。[2]

たしかに、前者については「バク弾と殺リク」がくりかえされた朝鮮戦争にまつわる文書であるが、後者はそれに対置できるほど「世界の文化に大きな影響をあたえ」たものなのだろうか。当時の日本人はしるよしもなかったにせよ、金日成に開戦を認めたのは、スターリン自身であった。しかもこの冊子は、スターリン「言語学におけるマルクス主義について」発表二年を記念した事業の一環として刊行されたもので、「民族解放の闘いに力をつくす日本の科学者にとって、深いはげましとなり、指針となった」というのである。[3]朝鮮戦争は、このとき休戦協議ははじまっていたものの、膠着状態であった。いったいこのスターリン論文のなにが、「民族解放の闘い」のはげましとなり、指針となったのだろうか。

一　スターリン「言語学におけるマルクス主義について」

(1) その内容

一九五〇年六月二〇日、『プラウダ』一七一号に「言語学におけるマルクス主義について」が掲載され、一八五号(七月四日)に「言語学の若干の問題について」、二一四号(八月二日)に「同志サンジェーエフへ」「同志デ・ベールキンと同志エス・フーレルへ」「同志ア・ホロポフへ」が掲載された。ただちに一七一号と一八五号の翻訳が『前衛』五一号(一九五〇年八月)に掲載され、一九五〇年に民科大阪支部が一七一号の翻訳のみを活字組で出版している(刊行月は不明だが、『前衛』の翻訳とは異なるので、八月前後かもしれない)。『プラウダ』掲載のものすべてを翻訳したものは、『イ・スターリン『言語学におけるマルクス主義について』および右論文への質問に対する回答』として言語問題研究会が謄写版で刊行している(おそらく一九五〇年。民科大阪支部の翻訳と相似する)。

現在は『スターリン戦後著作集』(大月書店、一九五四年)でよむことができるが、訳しなおしたものをふくむ田中克彦『「スターリン言語学」精読』(岩波現代文庫、二〇〇〇年)の方が、解説および背景、そして日本への影響なども論じているので、便利である。

スターリン論文の内容は、それまでソビエト言語学と称される独自の言語学を牽引してきたニコライ・ヤコヴレヴィチ・マル(一八六五〜一九三四)の言語論を否定するというもので、「青年同志諸君のグループ」の問いに答える問答体で展開されている。

以下、『言語問題と民族問題』におさめられた理論編集部によるスターリン論文の解説を要約してみると、まず、マルの言語論とは、簡単にいえば、言語は上部構造（社会の政治・法律・宗教・芸術・哲学上の見解およびそれらにおうじる政治・法律上そのほかの制度のこと）に属し、土台（社会発展の一定の段階における社会の経済体制のこと）がかわれば上部構造に属する言語も変化する、というものである。

これに対しスターリンは、十月革命によって「土台」がかわったにもかかわらずロシア語は使用されつづけているではないか、と言語と上部構造とは関係がないものとする。言語とは、社会が存在するあいだ活動する社会現象のひとつであるとし、言語は社会とともに発生発展し、死滅するという。また、言語がなりたつには基本的語彙と文法が必要である、とも明記する。

そして、言語は階級的ではなく国民的なものであり、社会のすべての階級に同じように奉仕する。階級的あるいは地域的な「方言」は独自の文法大系と基本的語彙をもっておらず、さらに社会全体には通用しないため、ひとつの言語であるとはいえないとする。言語、とりわけその文法構造と基本的語彙はいくつもの時代にわたって形づくられてきており、「言語は氏族的言語から種族的言語へ、種族的言語から民族体（ナロードノスチ）の言語へ、民族体の言語から民族〔ナーツィア〕の言語へ発展してきた。そのどの段階においても、言語は社会における人間交通の手段として共通かつ単一であり、社会の成員にたいして平等に仕える。この共通な言語とならんで地域的方言・なまりがあったが、それは種族または民族体の共通言語に従属するものである。資本主義があらわれるとともに、封建的な分立がなくなり、民族的な市場ができ、それとともに民族体は民族に発展し、民族体の言語は民族語に発展した。歴史の示すように、民族語は階級的ではなく、民族の成員にとって共通で、民族にとって単一な全国民言語である」ということになる（〔　〕内は引用者補。以下同）。

そうしたうえで、マルの言語論を金科玉条のごとく敬っている「弟子」たちを批判していく。そして、「世界的規模で社会主義が勝利をしめしたあかつき」には、「民族は自由に発展する」。そして「諸民族の長いあいだの経済的文化的協力の結果、はじめにまずもっともゆたかにされた地域的方言語ができ、そのあとで地域的言語が融合して一つの共通な国際語になる」と世界が社会主義化すればいずれひとつの国際語に統合されていくという見通しを示す(4)。

こうしてまとめてみると、氏族・種族・民族体・民族、それぞれの段階における言語のありようがあるという点が特徴的ではあるのだが、基本的語彙と文法組織には大きな変更はない、というのであるから、これも特別なことではない。ただ、社会主義で世界が統一されたあとに一つの国際語に融合していくという主張は、マルの議論とどうちがうのか判然としない。スターリン自身は、マルの議論は社会主義が勝利するまでの議論である、と区別しているようであるが（「同志ア・ホロポフへ」）、あまり説得的ではない。全社会の社会主義化までのソビエトにおけるロシア語の優位を示すことに主眼がおかれていたと解釈すれば、ソビエトの民族政策に照らしてわからないでもない。

(2) 時枝誠記の反応

日本では、一九五〇年六月のスターリン論文発表から、この翻訳あるいは関連論考が次々と出されることとなった。詳細は田中克彦『「スターリン言語学」精読』の書評論文に付された小林潔による「書誌」を参照願いたい(5)。スターリン論文に反応したのがほとんど民科関係者であったなかで、それよりも早く反応した国語学者・時枝誠記《もとき》（一九〇〇〜六七）は異質であった。『中央公論』に掲載されたのだが、編集部の意図としてはマルクス主義とは距離がある時枝にスターリン論文を批判してもらいたかったのであろうし、時枝もその意図を感じとっているのだが、結果的には「彼〔スターリン〕が政治的立場から言語に課した多くの重要な意義について、好意を寄せることが出来るように思へた」として、「結論から云ふならば、私は原著者のやうに安易には、民族の言語が単一であるとは云ふことが出来ないと思つてゐる。しかし一方では原著者と共に、民族の言語が単一であり、更に世界の言語が単一であることを希望する」との感想を寄せることとなった(6)。

スターリンが言語は上部構造ではないとしたことをふまえ、さらにまた言語は「これを文化でないとして、人間の文化的所産の外に置くことも出来ない」とすれば、問題はどこにあるのか、と時枝はスターリン論文への疑義を以下のように提起する。

「〔問題は〕人間の文化の構造を、ブルジョア文化と、プロレタリア文化との二つに割切つて考へることである。もしこの枠を撤去するならば、言語はこれを素直に人間文化の一つとして認めることが出来るであらう」、と言語を思想交換の用具としてのみみるスターリンへ疑義を呈し、言語を「人間文化」のなかにとりかえそうとする。そしてもう一点が、「言語を人間の思想交換の用具とする言語有機体説をふり棄てることである。その時言語は、他のあらゆる文化と同様に、人間の主体的活動として認められて来る。しかしその主体は、常に必ずしも階級的主体と限定すべきではない。言語の主体は、民族の一員であり、階級の一員であり、生産を営むものであり、感情や理性の主体であり、道徳の実践者であり、言語はそれぞれの主体を反映することに於いて成立するものである」という自身の主張——言語過程説＝言語とは主体が関与する伝達過程である——をまじえて「言語有機体説」を批判する(7)。

時枝は「主体的活動」に重点を置いて「言語過程説」を提唱していた。それはフェルディナン・ド・ソシュールの言語観を「言語構成説」として批判したうえになりたっていた(8)。

一九五〇年九月にあった民科東京支部主催のシンポジウム「言語・民族・歴史——スターリンの言語論を中心

にして」は、時枝論文が発表される直前に開催された。報告者の三浦つとむ（一九一一〜八七）は時枝の言語過程説を擁護したうえでスターリンを批判し[9]（言語は社会的ではなく意識内の表現である）、大久保忠利（一九〇九〜九〇）はソシュール側に立って時枝を批判する（言語は社会的である）というように、時枝の論考が発表されるまえに、時枝を軸にスターリン論文の評価がなされていたのは興味ぶかい[10]。ともあれ「ブルジョア言語学」とされた時枝は、ある程度はスターリン論文に批判的だということは、あきらかだったということであろう。ちなみに、時枝は民科言語科学部会の研究会にときおり出席していたという[11]。

（3）マルの受容

マルの日本語での紹介は皆無というわけではなかった。たとえばマルが一九三四年に亡くなると、茂木威一が「故マール教授とその言語学的業績」を『民族学研究』に発表している。そこでは、マルの論文題目を列挙しながら、グルジアにうまれたマルがペテルブルグ大学の東洋語科にすすみグルジア語、アルメニア語を専攻し、当初はアルメニアでの考古学研究に従事したことなどを紹介、その後アルメニア古語の研究を進めるなかで、独自に「ヤフェート諸語」を設定（これは「セム」「ハム」の弟の「ヤフェテ」に由来する）、「ヤフェート言語学説」によって「一般言語学的諸問題の解決に乗り出すやうに」なったことを指摘、一九三〇年に「ソビエト連邦学士院副院長」になったことを記している。

茂木はロシア語を東京商科大学で教えており、マルの論文にもある程度目を通していたと推測できるが、この「ヤフェート言語学説」については「なほ未完成であつて、議論の余地をも多分に残してはゐるが、併し兎に角、それは新学説八天壌に於ける重要なる一契機をなすものであることに於ては、誰しも異存はないであらう[12]」と述べるのみであった[13]。

ようやく一九五〇年になって「ヤフェート言語学説」がいかに荒唐無稽なものであったかを示したのが、言語学者・村山七郎（一九〇八～九五）の「ソヴィエト言語学とスターリンの批判」（『思想』一九五〇年一一月）であった。村山はその後も何度かマルおよびソビエト言語学界について文章を書いている[14]。スターリンによる批判があったからマルの批判ができたのだろうが、これは、一九四二年から一九四五年までベルリン大学でアルタイ比較言語学を学んだ村山が、そのとき教わったニコラス・ポッペ（一八九七～一九九一、前レニングラード大教授、一九四九年からワシントン大学教授）の一九五〇年六月一二日付の手紙の引用からはじまる。

村山はソ連とアメリカの記述言語学の相違について問い合わせたのだが、ポッペは記述言語学には相違はないものの、比較・歴史言語学での差異には大きいものがあり、それは「ヤフェット理論とマルの方法のみが許されて来たからだ」ということが記されている。村山は「ソ連ではマルの理論のみが許されて来た。しかもそれが空想的な要素を多く含んでいることは以前にポッペ教授やドイツの言語学者から私は屢々聞いていた」としたうえで、これが批判されなかったのは「マルは共産党に加入しており、マルの理論はマルクス主義的な言辞で飾られており、マルクス主義言語理論を代表すると一般に考えられたので、マルを批判することは即ちソ連国家の教義マルクス主義に反対することを意味するかの如く見えたからである」と指摘する。それでもソ連では「マルは元素週《ママ》期律の発見者メンデレーフ、条件反射理論のパヴロフらと並んで世界に誇り得る学者として取扱われて来た」という[15]。

マルはあらゆる言語のなかに「ヤフェット的要素」があるとし、「世界の言語は発生上の系統によって異るのでなく、単一の過程における段階、即ち発生の時期によって異る」ことを提唱、発生の時期にしたがって四期の言語群に分類、徐々に移行していくとした。また、「言語aが言語bと交叉するとその結果新しい言語cが生ずる」という主張を紹介し、それは「比較言語学の考え方とは反対である」と批判、さらに村山は、マルがあらゆる言語の単語を分析していくと、SAL、BER、YON、ROSHの四要素に分解できるという「四言語要素分析」を紹介し（もとは十二要素だったそうだ）、「マルは言語理論をマルクス主義と結びつけようと努力した。この努力から、言語を上部構造であるとか凡《あら》ゆる言語が階級的であるとかいう主張が生れた」とも指摘する(16)。

ポッペは村山に、マルの四言語要素説が一九三〇年代はじめに登場したときソビエト言語学界が唖然《あぜん》としたと語ったそうだが(17)、ソビエト言語学界は、マルクス主義と結びついたマルの言語論を結局は容認していった。さらに村山によれば、スターリン論文掲載後、七月四日の『プラウダ』に反響が載せられ、「ソ連言語学界の昨日までの代表メシチャニーノフは自分の考えが全く誤っていたことを認め、スターリンの指示に従って「自分の研究活動を根本的に改めること」を誓い、「我々の偉大な指導者、学問の巨匠〔スターリン〕の賢明な言葉をしっかり心にきざみ、ゆるぎなく従おう」と述べた」という。学問が権力に追従していることをゆるぎなく示しているのだが、村山は以下のようにしめくくる。

私はメシチャニーノフを始めソヴィエト言語学者に心から望みたい、「偉大な指導者の賢明な言葉をしっかり心にきざむ」だけでなく、それよりも大切なこと、即ち言語事実の忠実な研究に従事しそれに矛盾しない理論を築くことを……。それと同時に理論家としてのマルでなくアルメニア語学者、コーカサス語学者としてのマルの真の偉大な功績を忘れないことを(18)。

（4）例外的影響——唯物論的言語理論と大島義夫（高木弘）

マルの言語論が一九三〇年代の日本にまったく影響をあたえなかった、というわけではなかった。マル自身はエスペラントについてこれといった言及をしていないようだが、マルの言語論とエスペラントとを結合させたひとつの例が、一九三一年にレニングラード国立歴史言語研究所とソビエトエスペランティスト同盟言語委員会から共同出版された、E・F・スピリドヴィッチ『言語学と国際語』であった。マルの議論が紹介されてもいるのであるが、社会の発展段階と言語のありようを以下のように示す。

……次のように言語の歴史のピラミッドお図式的に示すことができる

1）自然経済時代――口言葉（俚語《りご》と方言）の時代
2）交換時代（資本主義がその最高段階）――民族的文語
3）共産主義えの過渡期――民族的文語＋国際補助語
4）共産主義時代――普遍語[19]

マルによれば「土台」がかわれば上部構造に属する言語もかわるわけなので、スピリドヴィッチはこの「国際補助語」そして「普遍語」にエスペラントを置こうと主張したのであった。

この本の訳者のひとりである高木弘（本名・大島義夫、一九〇五〜九二）は、この議論につよい影響をうけ、一九三六年に三笠書房から唯物論全書の一冊として『言語学』を刊行し、マルの理論の紹介とともに上記のような発展段階的言語観を開陳している。また、同年にはブイコフスキー「ヤフェティード言語理論」、アバエフ「イデオロギーと技術としての言語」、アバエフ「音韻変化の法則」を訳出して、『唯物論言語学』という書物を準備していたものの諸事情で刊行できなかったが、敗戦後に版型が残っていたことがわかり、一九四六年に象徴社から『ソヴェート言語学』とタイトルを変更して刊行した。民科のメンバーでもあった。

マルの主張をこの『ソヴェート言語学』で知ったものもいた。たとえば、一九五〇年二月一一日におこなわれた「（座談会）日本語の系統について」で、国語学者・金田一春彦（一九一三〜二〇〇四）はこの本を読んだことを述べ、言語学者・服部四郎（一九〇八〜九五）は「マールの説がいけないところは印欧祖語を否定する点だとしつつも、「言語の統一的な発達」については肯定的であった。[20]スターリン論文発表の直前であった。

二　『言語問題と民族問題』

(1) 石母田正論文について

これでようやく冒頭の一九五二年の『言語問題と民族問題』の問題にいたる。ここまでみてきたように、スターリンが批判したマルの理論は日本ではほとんどしられていなかった。したがってスターリンのこの議論も、言語学の問題としてとりあげる必然性はあまりなかった。田中克彦のいうように、日本には「マルクス主義と言語学が問題となる素地そのものがなかった」から、といってしまえばそれまでのことかもしれない。(21)

まずは巻頭におかれた歴史学者・石母田正《いしもだ》(一九一二〜八六)の「言葉の問題についての感想――木下順二氏に」をみる。

スターリン論文が問答形式で展開したのを真似るように、劇作家・木下順二(一九一四〜二〇〇六)に語りかける形でなされる。スターリンはその論文の冒頭で「私は言語学者ではないから、同志諸君をもちろん完全に満足させることはできない」けれども「言語学におけるマルクス主義については、他の社会科学におけるそれと同じように、私は直接の関係をもっている」ので答えることにしたと宣言している。(22)これに対応するように、石母田は「言語についての意見をもとめられてこまっています。言葉の問題についてほとんど考えたことがないからです」と冒頭に記す。しかし「学問の対社会的な機能が意識されているところにだけ」、「文章や言語についての反省」が生じるはずであるから「その二三の断片的なことについて申上げたいとおもいます」とつづけていく。(23)

この論文は、前半部では詩を書くのは口語か文語か、という議論を展開し、後半部では、木下順二の主張をひきうける形をとりつつ、スターリンの言語論をなぞった議論を、それと明示することなく展開していく。すでに石母田は先にふれた一九五〇年九月の民科主催のシンポジウムでおこなった報告「歴史学における民族の問題」（のちに『歴史と民族の発見』東京大学出版会、一九五二年におさめる）のなかでスターリン論文について論じており、わざわざ隠す必要もないのであるが[24]。

ともあれ、石母田は木下が『近代文学』一九五二年八月号に寄稿した「戯曲の言葉について」をまずとりあげる。そこで木下は「日本語は戯曲の言葉として弱い言葉であるということ、しかしまた日本語は戯曲の言葉としていろいろな可能性を持つているということ」を述べようとする[25]。『マクベス』のセリフの日本語訳における「雄弁の要素の欠如」がいわれるのであるが、翻訳である以上、日本の標準語の問題と関わってくる。木下は、標準語とは異なる「方言」を以下のようにとらえる。「地域的、職別的、階級的方言においては、日本語にも本来ずいぶんいろいろと豊かな音や烈しい――但し必ずしも論理的ではない――が存在していた[26]」と。標準語は「大変つまらない言葉」、「死んだ言葉」、「単に東京に首府が置かれたという政治的理由から東京方言に修正を加えたもの」で「それを全国におしつけようとした」ものであり、その一方で、「方言」は「生きている言葉」、「生活語」、「本来豊かな烈しい日本語」であると対置する。

したがって、木下の課題は、標準語のような「近代市民社会的な社会の成生の中で生れる日本語」と、従来あったような「論理的ではないが豊かで烈しい「生きた言葉」」とを、どう「戯曲の言葉」として統一的に再創造して行くか」というところにあった。そのためには「劇作家や演出家や俳優たちの、演劇以前の生活自体がどういうものであるか」が問われていると結んでいく[27]。木下が「方言」の多様性を捨象して論じているところに問題はあるとは思うが、石母田自身は「全体としては私も賛成であります[28]」としている。

次に石母田がもちだすのは、木下が『朝日新聞』の一九五二年八月六日に寄稿した「方言の問題」という一文である。木下はここで「統一的な力強い美しい日本語ができ上るのはいつのことか」とし、そうした日本語をつくるために戯曲を書くのだ、と先の「戯曲の言葉について」と同様の主張をしているのだが、石母田がケチをつけるのは、木下が「ヨーロッパのいくつかの国では、市民社会ができ上って来る過程の中で、全国のいろんな方言がまじりあい、そして自然に取捨され選択され統一され、それをまた大抵すぐれた詩人が整理して、やがて「一番いい言葉」としての標準語ができ上っている」、それに対して日本ではそうしたまじりあう過程がなかった、と論じた部分である。(29) つまりは、ヨーロッパでは市民社会が形成されていくなかで取捨選択と詩人の彫琢がなされて標準語ができた、という木下の認識を「ヨーロッパの近代を美化し、規範化して、祖国の近代を貧困なものに見たがる知識人一般的な傾向が生みだした「伝説」の一つ」なのではないか、と批判する。ヨーロッパでも事情は同じだということをいいたかったのだろうが、その際にマルクスの「フランクフルトにおけるポーランド論争」(一八四八年、『ライン新聞』掲載)という論文を引用しつつ、「フランスの絶対主義による国語の形成も、日本の明治以後の絶対主義による国語の形成も、本質的な点では相違はないのではないか」ということを述べる。(30)

ところがその後は、標準語を擁護する議論を展開する。木下は標準語が「方言」のうえに覆いかぶさり、「生きた言葉」が抑圧されていくことの不条理を訴えていたのであるが、石母田は、「たとえば東京方言が東北地方の方言を駆逐してゆく過程は、中央政府の抑圧や搾取と同じく、使いなれた郷土の言葉を愛している東北人にはおそろしいことであったと思います」としながらも、以下のようにいいきる。

どこでも通用する日本語というものは、全国どこでも通用する貨幣と同じように資本主義社会には必須の条件の一つです。同時に孤立割拠していた封建的日本を一つの国民に形成するために必要な条件であります。……この標準語の母体になっている共通語は、近代日本の歴史的所産であるとともに、近代的資本主義的な日本をつくりあげるための条件でもあり、それが果した歴史的進歩的役割ははかり知れないものがあったとおもいます。(31)

この議論は、スターリンの「言語学におけるマルクス主義について」のなかでも展開されている。つまり、「氏族の言葉より種族の言葉へ、種族の言葉より民族（ナロードノスチ）の言葉へ、民族（ナロードノスチ）の言葉より民族（ナーツイヤ）の言葉へ」という、ことばの「発展段階において、社会の人々の意思をつうじる手段としての言語は、社会的状態にかかわりなく、社会の成員に同じように奉仕する、社会にとって共通で、ただ一つのものであった」という議論をふまえていることはあきらかであろう。「地方の方言」も存在したが、「種族やナロードノスチ（民族）の単一かつ共通の言語がそれに優越し、それを従属させた」と論じ、さらに、「資本主義があらわれ、封建的な分散性がなくなり、民族市場が形成されるとともに、民族は民族（ナーツイヤ）に発展し、民族（ナロードノスチ）の言語は、民族（ナーツイヤ）の言語になった」という部分のひきうつしといってもよい[32]。石母田のいう「共通語」は「種族やナロードノスチ（民族）の単一かつ共通の言語」とよめなくもない。スターリンは以下のようにもまとめている。

方言や隠語があることは、全国民的言語の存在を否定するものではなく、それを確証するものであり、方言や隠語は全国民的言語の分枝であって、全国民的言語に従属するものである[33]。

「方言」は、全国民的言語、ナーツィアの言語に奉仕し従属すべきものである、というスターリンの議論を石母田がふまえていることは明確だろう。標準語は「死んだ言葉」であるとする木下に、標準語の意味をスターリンの議論をふまえて示したものであった。

さらにこの石母田論文をなぞるように展開したのが、民科言語科学部会の奥田靖雄（一九一九〜二〇〇二）であった。一九五四年の文章で、「石母田さんの論文は、標準語のナリタチを科学的にときあかそうとしたことで、記念すべきモノです」と高く評価し、標準語と共通語をわけ、「共通語は、土台になるヒトツの方言を、あらゆる方言に共通な要素でかためることによって、つくりだされたモノ」であり「民族のヒロガリのうえで、いきている国民的なコトバ」であり、「東京語を共通語としてあつかうのは、……共通的な要素によってみたされているということで、方言よりもはるかにすぐれているから」なのだとしている。(34)

奥田は、共通語から標準語がつくりだされるべきであるが、現実は標準語が漢字語まみれであるから木下のいうような「死んだ言葉」なのだとしており、漢字語の問題をみない点で石母田を批判する。共通語というものの存在を強調し、方言の上位に置くのは、スターリン・石母田経由の議論ともいえるのだが、村上呂里《ろり》は、国語学者・上田万年《かずとし》（一八六七〜一九三七）「国語のため」（一八九五年）の主張の民科言語科学部会での評価を論じるなかで、民科は上田と「近代国家形成の礎となる言語教育確立の立場において一致し、……「国語愛」を「民族統一」への要求ととらえ、その言語ナショナリズムをも含めて評価していた」と論じている。(35)

（2）大島義夫論文について

石母田はソビエト言語学とは関係がなかったわけであるから、スターリンがマルの言語論を否定してもとりたてて実害はなく、スターリンの議論にのることができた。しかしながら、先述したようにわずかながら存在したマルの言語論を唯物論的言語論という形で奉じていた人々は、スターリンのこの論文をどう受けとめたのだろうか。

先にみた大島義夫（高木弘）も『言語問題と民族問題』に寄稿している。そこでは、スターリン論文の核心的な部分にふれることはなく、スターリンのそのほかの文章からの引用を駆使して、以下のように述べる。

スターリンの示した図式によれば、世界的な規模で社会主義社会が形ずくられるや、民族語の自由な発展がおこなわれるとともに、国際的な交流がつよまり、まずいくつかの民族グループにたいする地域的に共通ないくつかの経済的中心地が形ずくられ、そこに地域的な共通語が社会主義の発展にともなって一つの国際共通語に発展し、民族語と国際語とが平行して発展していくのである。……歴史的なカテゴリとしての民族わなくなり、民族語わその姿を社会的な言語生活からなくして、ただ一つの世界共通語が人間の言語となるであろう。[36]

ここでいう「図式」は、スターリンが「同志ア・ホロポフへの回答」(『プラウダ』二一四号、一九五〇年八月二日)のなかで示したものである。ここでスターリンは、民族の言語についてあつかった「言語学におけるマルクス主義について」は「世界的規模における社会主義の勝利までの時期」のことであり、話が別であると「回答」している。[37]

そのうえで大島は、「唯一つの世界共通語」がエスペラントになる、と論じていく。一九五〇年のスターリン論文は、大島にとっては自分の言語観を変更する必要がないものだったのである。

(3) タカクラ・テル論文について

大島義夫同様にソビエト言語学を奉じていた人物で忘れてならないのは、『言語問題と民族問題』に寄稿してはいないが、作家のタカクラ・テル(一八九一~一九八六)である。

評論家・蔵原惟人《くらはらこれひと》(一九〇二~九一)は『文学』の特集号(一九五一年二月)に「今日における言語の問題」を寄稿、そのなかでスターリンのマル批判をふまえ、マルの議論を援用しているタカクラ・テル『ニッポン語』(北原出版、一九四四年。再刊、世界画報社、一九四七年)を批判している。蔵原もスターリンにならい、「日本の作家は「ブルジョア語」でも「インテリ語」でも、「労働者語」でも「農民語」でもなく、全人民的な日本の民族語で書き、それを護り、それを育てなければならない」と、「全人民的な日本の民族語」の創造を主張し、「労働大衆の生産点のことば」に軸を置けというタカクラを批判していく。[38] 田中克彦は蔵原論文にふれて、これはスターリン論文に「日本の「国語問題」への保守的な態度への励ましを見出した敏捷さの例として興味ぶかいものである。日本共産党の幹部であった蔵原の言語的保守主義はまた、党の言語的保守主義でもあった」と評している。[39]

この蔵原の批判にタカクラは即座に季刊『理論』一六号（一九五一年五月）で反論をした。タカクラは、ことばは複雑から単純へと「進化」していくとしており、その流れを阻害する漢字の使用や歴史的かなづかいを批判していた。タカクラは、漢字は封建制とむすびつき、それによって階級的に日本語は縦に分裂し、また方言によって横に分裂したと述べるのだが、大島義夫のように世界単一共通語としてのエスペラントというような主張をしているわけではない。こうした縦と横の分裂をまとめるのは「生産者大衆のことば」でなければならないとし、「「ことば」と「文字」を完全に大衆の手に取りかえすことなくして、大衆の解放はありえない」[40]としていた。そうした立場からする蔵原への反論であるが、スターリンのマル批判には同調したうえで、自著『ニッポン語』の内容を紹介し、「さまたげとなっているもの」を蔵原はどうやってとりのぞこうとしているのかと反問している。[41]

おわりに

みもふたもない話だが、スターリン論文は当時の日本の言語学には何の影響もあたえなかった。戦前にマルの言語論の影響をうけていた少数の人間も、その主張をかえることはなかった。またそれとは関係のない人間にとっても、よるべきスターリンの言説が増えただけであった。どういう立場にあっても、スターリンの言辞から都合のよい部分をとりあげて自説の補強をするか、同じ内容をくりかえすだけだったのである。その意味で、

「民族解放の闘い」のはげましとなり、指針となったというのは過大な評価であるとしかいいようがない。

田中克彦は、スターリン論文を以下のように位置づける。

言語を上部構造からはずし、それを文化とは別の「機械」か「道具」のようなものであると言明したときに、言語学におけるマルクス主義は敗北した。スターリン論文は、言語は文化ではないという、まさにこのことを言うために書かれたとさえ言ってもいいくらいである。……

〔スターリン論文は〕言語を上部構造（文化）からはずすことによって、一つのイデオロギーに終えんを告げた歴史的記念碑であった[42]。

これが妥当な評価だとしても、当時の民科にあつまった人びとはこのようなよみとり方をしなかった。かれらの議論からうかびあがるのは、「一つのイデオロギー」の終焉ではなく、「スターリンというイデオロギー」に縛られている言論状況であり、学問の状況である。そしてまたスターリン批判がなされるようになると、この論文もふれられないようになる。

言語論に関していえば、こうした磁場から自由であったのは、ここでは民科とは関係のない時枝誠記だけだった。ちなみに、時枝の『日本文法（口語篇）』の刊行は一九五〇年九月であり、スターリン論文への反応を書いているころは、原稿ができあがっていたであろう。そう思って「はしがき」を読んでみると、こうある。

今日の日本文法学は、……もつと基本的な問題にぶつかつてゐるのである。それは、言語そのものをどのやうに考へるかの問題である。本書は、そのやうな根本問題を出発点としてゐるので、……煩はしいまでに、理論のために頁を割いてゐるが、日本文法を日本語の性格に即して観察されようとする人たちにとつて、或は言語と人間精神、言語と人間文化の秘奥を探らうとする人たちにとつては、何ほどかの手がかりを示すことが出来ると信ずるのである[43]。

これを書いている時枝の頭のなかに、言語と文化をきりはなそうとしたスターリンの言語論が、あるいはよぎっていたのかもしれない。

【注】

（1）民主主義科学者協会は一九四六年一一月に設立。自然科学部会、歴史部会、物理部会、地学団体研究会などで構成されていた。詳細は、柘植秀臣『民科と私――戦後一科学者の歩み』（勁草書房、一九八〇年）などを参照。民科言語科学部会の活動の全貌はあきらかになっていないようであるが、雑誌『コトバの科学』（未見）を刊行。一九五一年ごろは、毎週月曜に東京の御茶ノ水にあった民科の会議室で研究会をおこなっていたという（鈴木重幸からの聞書きにもとづいた、花園悟「民主主義科学者協会言語科学部会――昭和二十年代の奥田靖雄」『国文学　解釈と鑑賞』七六巻一号、二〇一一年一月、一七二頁による）。柘植前掲書に付されている歴代役員名簿で、言語科学部会と明記されている人物は、亀井孝（一九五〇年度幹事）、大島義夫（一九五一年度幹事）、松坂忠則・鶴見俊輔・クロタキチカラ・小林英夫・大久保忠則（一九五一年度言語科学部会評議員）、大久保忠利（一九五三年度評議員）、奥田靖雄（一九五五年度幹事）である。

（2）「編集のことば」『言語問題と民族問題』理論社、一九五二年、二頁。

（3）同前、一四八頁。

（4）理論編集部「スターリン「言語学におけるマルクス主義について」・解説」『言語問題と民族問題』理論社、一九五二年、五八〜六一頁。

（5）小林潔「書評　田中克彦『「スターリン言語学」精読』」、Cercle linguistique de Waseda (ed.), *Travaux du Cercre linguistique de Waseda* vol. 4, 2000.

（6）時枝誠記「スターリン「言語学におけるマルクス主義」に関して」『中央公論』六五巻一〇号、一九五〇年一〇月、九七・九八頁。

（7）同前、一〇四頁。
（8）時枝誠記『国語学原論――言語過程説の成立とその展開』（岩波書店、一九四一年）など。
（9）たとえば三浦つとむ『日本語はどういう言語か』（季節社、一九七一年。のちに講談社学術文庫、一九七九年など）にその傾向がつよい。
（10）寺沢恒信「スターリンの言語論をめぐって」『文学』一九巻二号、一九五一年二月、五七頁。
（11）花園悟「民主主義科学者協会言語科学部会――昭和二十年代の奥田靖雄」『国文学　解釈と鑑賞』七六巻一号、二〇一一年一月、一七二頁。
（12）茂木威一「故マール教授とその言語学的業績」『民族学研究』一巻二号、一九三五年四月、一四七頁。
（13）ほかにも英語学者・中島文雄「言語起源に関する新説」（『思想』七四号、一九二七年一二月）ではドイツ語の雑誌に掲載されたマルの説の紹介を抄訳、金田常三郎「ソウェート連邦の新言語学説」（『ロシヤ語』一九三三年一一月）では、ロシア語資料などからマルの議論を紹介、歴史学者・早川二郎「言語史のつくり変へのために――ヤペテ言語学の走り書的紹介」（『歴史科学』三巻二号、一九三四年二月）もある。以上は高木弘「ソヴェート言語学文献」（ブイコフスキー著・高木弘編訳『ソヴェート言語学』象徴社、一九四六年附録）を参考。ほかにも、外波宏「言語学界の革命」『社会評論』六号、一九三四年（未見）、グーコフスキー「歴史科学とは何ぞや」『歴史科学』一号、一九三二年五月（二頁ほどの短い紹介）をあげている。
（14）村山七郎「ソヴィエト言語学の方向転換」『言語研究』一七・一八号、一九五一年三月、「マルのヤフエット理論とスターリンの批判後のソ連言語学界」『民族学研究』一六巻二号、一九五一年一一月、「スターリン後のソ連言語学の変容」『ソ連・東欧学会年報』一号、一九七二年。
（15）村山七郎「ソヴィエト言語学とスターリンの批判」『思想』三一七号、一九五〇年一一月、五七〜五八頁。
（16）同前、六一頁。
（17）同前、六五頁。

(18) 同前、六五〜六六頁。もちろん、マルの理論にしたがわなかった言語学者たちが粛正されていったことも忘れてはならない。

(19) E・スピリドヴィッチ著、高木弘・井上英一訳『言語学と国際語』日本エスペラント学会、一九三二年、一三九〜一四〇頁(一九七六年復刻、こちらでは訳者は本名の大島義夫・山崎不二夫)。もちろん、エスペランティストがみなこの考えに賛同していたわけではない。

(20) 「(座談会)日本語の系統について」『国語学』V、一九五一年二月、一二頁。

(21) 田中克彦「石母田正と「スターリン言語学」」『歴史評論』七九三号、二〇一六年五月、二五頁。

(22) イ・スターリン「言語学におけるマルクス主義について」『前衛』五一号、一九五〇年八月、七〇頁。ただし、一九四九年から一九五〇年にかけてスターリンは集中的に言語学を勉強していたようである(田中前掲注21論文、二九〜三〇頁)。

(23) 石母田正「言葉の問題についての感想——木下順二氏に」、民主主義科学者協会言語科学部会監修『言語問題と民族問題』理論社、一九五二年、三頁。

(24) 田中克彦は「スターリン論文を正面に置いて論ずることから逃げている」とし、それを石母田の「困惑」ととらえ、それでもひきうけたのは「自らの役割を意識した強い義務感から出たものであろう」と推測している(田中前掲注21論文、二一頁)。田中のこの文章では、石母田がスターリン論文の用語の理解に慎重であったことを、訳語に疑義を示していたことなどから論じている。

(25) 木下順二「戯曲の言葉について」『近代文学』七巻八号、一九五二年八月、七五頁。

(26) 同前、七七頁。

(27) 同前、七七頁。

(28) 石母田前掲注(23)論文、一三頁。

(29) 木下順二「方言の問題——戯曲を書く立場から」『朝日新聞』一九五二年八月六日夕刊、二面。

(30) 石母田前掲注(23)論文、一六頁。
(31) 同前、一九頁。
(32) イ・スターリン前掲注(22)論文、七三・七四頁。『前衛』編集部がつけた注によれば、「ナーツィアとは、民族が封建的な分散状態から脱却して、近代的な統一国家を形成した以後の、統一された民族を指していう」と説明されている(同前、八九頁)。
(33) 同前、七九頁。
(34) 奥田靖雄「民族解放と日本語——漢語の問題をめぐって」、武藤辰男編『美しい国語　正しい国字』河出新書、一九五四年(引用は一九五五年の新装版から。六〇・五三頁)。石母田からの影響については、村上呂里「戦後民間教育運動における言語ナショナリズム——奥田靖雄(一九五七)を中心に」『国語教育史研究』三号(二〇〇四年)を参照。
(35) 村上前掲注(34)論文、四三頁。
(36) 大島義夫「社会主義社会における言語の問題」、民主主義科学者協会言語科学部会監修『言語問題と民族問題』理論社、一九五二年、五一頁。
(37) イ・スターリン「同志たちへの答」、除村吉太郎編『スターリン　作家への手紙　附録言語学におけるマルクス主義について』ハト書房、一九五二年、一五三頁。
(38) 蔵原惟人「今日における言語の問題」『文学』一九巻二号、一九五一年二月、五〇頁。
(39) 田中克彦『「スターリン言語学」精読』岩波現代文庫、二〇〇〇年、二五六頁。
(40) タカクラ・テル「ことばと文字(3)」『アカハタ』七六号、一九四六年一一月三日、二面。
(41) タカクラ・テル「言語もんだいの本質——言語学とニッポン語のもんだいについてクラハラ・コレンドくんに答える」『理論』一六号、一九五一年五月、二一頁。
(42) 田中前掲注(39)書、二八七・二九〇頁。
(43) 時枝誠記『日本文法(口語篇)』岩波書店、一九五〇年、「はしがき」、七頁。

論考

中世史学史の点と線——石母田史学の挑戦

関　幸彦

はじめに

以下での話は大上段からの構えになるが、武士と天皇の史学史上での位置づけにかかわるものだ。武士・武家が構成する政治権力を示す用語に「至強」なる概念が用いられた。この語は将軍（幕府）の代替の概念として江戸時代末期に多用された。対して京都の天皇には権威体として「至尊」の語が用いられた。明治初期の文明史論家・福沢諭吉はわが国の政体の特質を中国や朝鮮と対比して、「至強」と「至尊」の分裂として説いた。丸山眞男は政治思想史の立場でこの福沢の論理をさらに深めた。

小稿ではこの武家（至強）と天皇（至尊）相互が中世国家のなかでいかに解釈されてきたのかについて、昨今の「東国国家論」「権門体制論」、あるいは「中世王権論」等々も視野に、史学史的スケッチを試みたいと思う。小稿の関心のはるかなる先には歴史家・石母田《いしもだ》正《ただし》の史学史的位置づけもふくまれている。その石母田史学の武士・武家観についても、議論の対象に組み入れようとした。論文というよりは評論的ノートのつもりでお読みいただきたい。

一　中世史学史を回顧する

わが国の前近代までの歴史を考えるさいには、天皇と武家との関係は大きい。このテーマは史学史を回顧するさいにさけられない課題でもある。この点に関しては昨今の中世史学史のテーマに引きつけて議論することも可能だ。しばしば指摘されている中世王権論云々もこれに関係する。戦後の中世史学の文脈からいえば、中世王権論は、国家論からの広がりのなかで登場してきたものだ。

(1) 武家と天皇

中世史学史を国家論を軸に整理するさいに、提起される二つの視点がある。「東国国家論」がこれであり、「権門体制論」がそれである。ここではその国家論的視点のなかに投影されている武家なり、天皇なりの位置づけを、はるか以前の近世・近代の史論書から導き整理することからはじめたい。結論を先取りすれば、「東国国家論」の場合、武家政権の至強性から導かれる観点が底流にあると思われる。その武家史観の源流は新井白石の『読史余論《とくしよろん》』(「九変五変」史観)にさかのぼることができるようだ。以下この点について、少し補足しておこう。

「国家論」に引きつけるならば、天皇と武家の歴史解釈は、さきにふれた至強・至尊論とも響き合う中身を有している。その限りでは「国家論」自体は古くて新しい問題ともいえる。

あらためて指摘するまでもないことだが、「東国国家論」に貫流するのは、東国が有した統治権(東国沙汰権)の総体を、京都王朝とのカウンター的勢力と解し提案されたものだった。至強的権力の入口にあたる鎌倉幕府には、東国自立路線の原形質が宿されているとの考え方だ。いわば武権の簒奪性に力点がおかれたものだった。武家の首長たる鎌倉殿は至強でありながら、至尊的要素も併有するとの解釈である。

たとえば『吾妻鏡』において頼朝を「二品」と称することの意味を考えてもこの点は了解されるはずだろう。清和源氏の血脈云々は当然だとしても、そこには武家がその体内に宿す「至尊」的側面と連動する世界もあった。その点では源家将軍から親王将軍への道筋は、至強主義からスタートした鎌倉幕府が武家をより彫摩《ちょうま》するなかで、京都王朝の「本家」

たる至尊の分流（貴種の分配）を鎌倉に移植するための措置ともいえる。

（2）西欧封建制との比較

頼朝の位置を京都の王朝から相対的に自立した存在と指摘したのは、史学史的流れでいえば、明治・大正期に活躍した法制史家の中田薫（一八七七〜一九六七）によるところが大きい。中田は西欧封建制との比較から、頼朝を「第二の天皇」ともいい得る存在と評価した。この中田の考え方は、点線ながら「東国国家論」にも通ずるものがある。中田が活躍した明治末期は武家・武士が再発見された時代だった。西欧の発見（日本史のなかにヨーロッパ的要素を見出すこと）を標榜したわが国の歴史学界は、武士および武家を歴史のなかのエースとして再登板させた。

王朝権力の分岐点をなした鎌倉時代への関心には、そうした学史的背景があった。当然ながら西欧封建制との関係において、守護・地頭制や荘園制についても議論がさかんになされた。とりわけ守護・地頭論に関しては、法制史分野において掘り下げが進んだ。それはひとえに鎌倉時代の守護・地頭のシステムが地方分権のあり方の源流をなしたという考え方によった。

荘園制もまた同様の関心から出発した。たとえば朝河貫一「日本の封建制度 Feudal Institution に就て」（『歴史地理』三五―四、一九二〇年）が示すように、西欧のマナーとの彼我の共通・相違の局面を考えながら、封建制との関連を指摘する。前述の中田も「王朝時代の庄園に関する研究」（『国家学会雑誌』二一―二・三、一九〇七年）のなかで、右のテーマに接近しようとした。

「東国」を歴史の舞台に浮上させた「鎌倉時代」への関心は、西欧ゲルマン社会との対比からも注目された。ローマ帝国の解体がゲルマン的な粗野な武力を媒介に新生フランク王国の成立につながるとの図式である。要はそうした図式をわが国の中世に当てはめる試みだった。「至尊」としてのローマ教皇、

「至強」としてカール大帝という流れからの発想である。つまりはこれを天皇（院）と武家（将軍）に対応させるとの解釈だった。

ちなみに、西欧法制史分野では、公法権と私法権という概念が指摘されているが、西欧の封建制とは公法権が私法権に浸食・凌駕される過程で成立するとの解釈がある。中世封建制との類似性を志向するわが国の立場からすれば、私法権に裏打ちされた武家が「至尊」たる天皇（院）を圧倒する過程は、そのまま鎌倉幕府が京都王朝を凌駕する流れに符号させる考え方だった。

当時（明治末・大正期）のわが国の国際社会での立ち位置は、西欧との同居性をどこに求めるかが大きなテーマだった。史学史レベルでの鎌倉幕府への関心の背景をなしたものには、こうした事情もあった。「東国国家論」に宿された史学史的「回路」について、大雑把にいえばこのようになろうか。

（3）文明史論から史的唯物論へ

「東国国家論」（東国王権論）の始源を探るために、史学史の古層をさらにボーリングすれば、おそらく明治初年の文明史論にも行きつくはずだ。福沢諭吉『文明論之概略』、田口卯吉『日本開化小史』、竹越与三郎『二千五百年史』等々がそれだ。とりわけ竹越の史論は興味深い。頼朝の鎌倉政権を「北人」の権力と称し、在来の京都の王朝権力を「南人」と解釈し、武家による王朝打倒の流れをヨーロッパとゲルマンに対比させた筆致で描いている。論証の方法は別にしても、武家と天皇という二つの権力が一二世紀の内乱期に大きな転換をむかえたとの解釈は興味深い。

武家や天皇についての権力の推移への着目は、文明史論のなかで深化していった。福沢諭吉『文明論之概略』のなかで、隣国の中国との彼我の相違を脱亜入欧観からの関係で問う観点は、まさにそこに眼目があった。

福沢的文明論の基盤は、当然ながら西欧へのまなざしに裏打ちされていた。田口なり福沢なりの在野史学に共鳴盤を有した言説は、「市民的歴史学」と呼称されているものへの源泉とされる（この点、永原慶二『歴史学叙説』東京大学出版会、一九七八年）。その「市民的歴史学」という呼称の背景には、明治期の歴史学の嫡流ともいえる帝国大学を中心とする官学アカデミズムとの対比があった。文明史論を母体とする市民的歴史学云々は「日本」をも他者との関係で解する立場である。

そのことをおさえた上で、一九三〇年代以降に登場する史的唯物論（マルクス主義歴史学）、とりわけ石母田正の歴史学についてふれることとしたい。飛び石的思考を承知でいえば、石母田史学の源流には、右の市民的歴史学を継承した面があり、その武士観にも、それが反映されていたと考えられる。以下ではこの点に接近したい。歴史学の役割は、物事を相対化し得る視座をその胎内に保持しつづけることなのだが、このことはいうは易しだが、なかなか難しい。

史的唯物論に立つ石母田の歴史学は、その本質と通底するものがあった。革命史観を前提とした「世界史の基本法則」への共鳴は、わが国の戦後の歴史学界を席巻した。今日風の表現を借用すれば、グローバルスタンダードへの視座である。とりわけ戦後の一九五〇～六〇年代の史学史の主潮は、戦前における極度の皇国史観への解毒作用として、唯物史観が大きな役割をはたすことになる。

二　『中世的世界の形成』とグローバルスタンダード主義

戦中に執筆された石母田正『中世的世界の形成』（伊藤書店、一九四六年）について、いまさら紹介の必要もあるまい。戦後歴史学のバイブルとも称されたほど影響を与えたものだが、以下での趣旨はこの石母田の思考の方向性と、東国国家論の関係性を考えることにある。

石母田によれば、中世的世界への時代的転換は、人民＝農民の成長に規定されたものだったという。そしてその主要な階級的推進主体を武士（在地領主）に見出そうした。一般に「領主制論」と称される石母田のこの考え方は、武士を農民サイドの被支配者側に設定し、支配者たる貴族（公家）への対抗勢力と解した。両勢力の対抗のなかで、中世の誕生を見極めようとしたのであった。その点では、石母田理論は、「至強」論への傾きが強いといえる。

『中世的世界の形成』は伊賀国黒田荘を舞台に展開される荘園領主（東大寺）との抗争主体を領主（武士）に設定、その対抗関係から古代から中世への転換を考えようとするものだ。公家＝貴族的世界を圧倒するプロセスを武士・武家に象徴化させたものだった。武士という新しいエネルギーにより中世は誕生し、その流れに封建的支配の移行をみるとの立場である。

この場合の武士とは草深い農村から出発した在地（地域）領主であり、かれらの成長が武士団の登場をうながすことになる。鎌倉政権はその在地領主の結集によりもたらされたものだとする。「至強」云々について、石母田自身の発言があるわけではない。けれども武士・武家にたいする感情移入には、武士や武士団へのシンパシーが認められるようだ。

ここにあっては、武家の順調なる発展が至強主義への傾斜をもたらし、「至尊」をも包摂・打倒するにいたるとの展望が宿されている。マルクス主義が世界史あるいは西欧史的尺度を前提とする以上、封建制のわが国の唯一の担い手たる武士にこそ、その主役を与えていた。

『中世的世界の形成』を私流に説明すればこのようになろうか。そしてより重要なことは、この石母田にあっても「中世」と〈西欧封建制の発見〉は同居していることだった。つまりは西欧尺度での封建制は、日本にも共通し得るとの見通しだった。石母田の武士（領主）への注目もこの点にかかわっている。マルクス主義の歴史学は、かつての比較法制史的観点や文明史論的視座とは異なる位相のなかで、人民（民衆）の代弁者たる武士の存在から中世への変革を解釈しようとしたのである。

武士はグローバルスタンダードへの切り札だったことになる。その場合グローバルスタンダードとは、あくまで西欧世界を基準とした歴史であった。前近代にあって、中国にその光源を見出していた状況とは明らかに異なるものがあった。

三　実証主義史学への果たし状

『中世的世界の形成』あるいは『古代末期政治史序説』さらに『歴史と民族の発見』(未来社、一九五六年)等々の著作以後、石母田は実証主義歴史学の牙城ともいうべき守護・地頭論争にも参入する(この点、拙著『研究史　地頭』吉川弘文館、一九八三年)。理論先行型の唯物史観の立場にあっても、緻密な史料批判による実証的制度史学の試みを実行することで、みずからにそれを課すことで上梓されたのが「鎌倉幕府一国地頭職の成立」(石母田正・佐藤進一編『中世の法と国家』東京大学出版会、一九六〇年)だった。この論文を著すにあたり依拠したのが、すでに紹介した中田薫の所論だった。この点は石母田史学の位置を考えるさい重要となろう。

中田薫はかつて牧健二と激烈な守護・地頭論争を展開した研究者として知られる。大正・昭和戦前期を画したこの論争で留意したいのは、比較法制史的視点からの中田の思考は西欧に向けられていたことである。西欧と日本の彼我の共通性へのまなざしが濃厚だった。既述したように中田の場合、頼朝をもって「第二の天皇」と解することで、日本の中世を西欧に準拠させる文明的思考を指摘できる。そこでは西欧との対比においての特殊性より普遍性が重視されていた。

中田の地頭論に依拠した石母田の立場もこれに近い。石母田の領主制論から発信された武士論には、やはり「外」向きの普遍的・文明的思考が顕著なのである。そうした点を考え合わせれば、実証の弱点を補強するための架橋の役割をみずからに課そうとしたともいい得る。そのためにアカデミズムの牙城たる守護・地頭への挑戦を、実証的方法論のなかで具体化することが必要とされたのではなかったか。その当否は不明ながら、学説的には佐藤進一の主唱にかかる「東国国家論」へのスタンスと、さほど遠いわけではなかった。

以上「東国国家論」の源流をさかのぼれば、そこにいくつかのクイを打ちつつも、その遥かなる対岸に点滅するのは、近世江戸期の武家史観の源流たる新井白石『読史余論』へとつながる「九変五変史観」である。前近代がわが国が背負った武士と天皇の始末のつけ方からすれば、前者からは「至強」による国家観が投影される。武家の政権を有した特殊的来歴を日本中世に見出したとしても、それはアジアとの対比における特殊であった。

西欧基準（仕用）へと転換するには、普遍性が求められる。武士や武家の発見はその歴史的装置となった。民衆・人民史観に立脚する唯物史観にあっては、武士はその民衆・人民の代替物の役割を有する存在として認識された。少なくとも石母田史学ではそうであった。そうした点をふまえるならば、東国を武士の原郷とみなし、その武士（領主）の力を結集の基盤とした鎌倉幕府は、天皇以下公家（貴族）の勢力を打倒する歴史的使命を帯びていたとの考え方となる。

『中世的世界の形成』で表明した石母田による頼朝への過剰なまでの期待的言説は、これを示すものだった。

そこには明らかに現代的関心にもとづく政治的願望（皇国史観との対立）がはたらいていた。政治運動論から導き出されたその筆致は情熱的であったが、武家政権、とりわけ頼朝への期待と絶望も語られていた。マルクス主義を標榜した石母田は中世への変革主体に武士を選択することで、わが国の歴史の来し方と行く末を語ろうとした。

四　グローバルスタンダードへの特効薬
——武士の再発見

石母田にとって、武士はグローバルスタンダード参入の特効薬だった。中国や朝鮮と異なる歴史展開を規定するわが国の武士への期待値は高かった。ないものねだりの感はあったにしても、石母田の鎌倉殿頼朝への過剰なる期待はそれを示していた。そこには頼朝が、自己の歴史的役割を自覚できなかったことへの無念も示唆されていた。「至尊」を頂く公家（貴族）に比し、石母田は武家こそに階級変革の主体を見出そうとしたのである。

天皇制は「あるもの」ではなく、「なるもの」である以上、それを歴史的存在として明確にし、「至尊」を保持したわが国の歴史を、「世界史の基本法則」に組み入れる作業こそが必要とされた。

石母田の場合「至尊」と「至強」の分裂という福沢以来の考え方は、当然の理解ではなかった。「至尊」の功罪云々からすれば、石母田の場合、これに挑戦するエースとして「至強」（武士）を浮上させねばならなかった。石母田もまたその意味では「至尊」（天皇）を排した愛国者だった。

武士は近代史学上二度ほど発見されたことになる。一度目は一九〇〇年代前後に高揚する西欧封建制への参入の切り札として、二度目は戦後の一九五〇年代前後のマルクス主義歴史学のなかでであった。すなわち、革命の母体たる人民（農民・民衆）の代替的存在として、それと同時に外向けにおける「世界史の基本法則」参入のための思想的装置として、である。別言すれば前者は「西欧」の発見のために、後者は「人民」の発見のためということができる。「下から」（人民主義）と「外へ」（国際主義）の交点に武士が位置づけられたことになる。ゲルマニストの中田薫の影響のなかで、武家政権は、京都王朝が頂く「至尊」打倒を射程圏内に入れる力量を有する存在と認識されていた。その点では東国の自立論の思考に親和性をもっていたと判断される。「至尊」との決別を志向する石母田は、天皇への対抗勢力として「至強」を見出そうとした。頼朝への熱い視線はその論理的要請の結果だった。

五　普遍と特殊のからまり

叙上の諸点をふまえながら、以下では史学史上のもう一つの主脈、「権門体制論」へと話をすすめよう。

比較法制史家・中田薫の学説を唯物史観の立場から部分的（特に守護地頭論）に継承した石母田も、また次元は異なるが普遍性のなかで日本の歴史過程を提案した。「至尊」を持ち得ない東国国家の存在は、マルクス主義という世界的標準時のチャンネルには好都合だった。そのことが鎌倉への、あるいは頼朝への過度な期待値を導き出させた。「かくあるべき」「かくありたい」との国家を構想しようとする期待値が石母田説の底流にあった。

一九七〇年代以降に本格化する京都学派を中心とした石母田史学への批判は、石母田があえて普遍への価値とした「至強」の見直しとして登場した。要は武士論に関しての読み直しである。そのおりに持ち出されたのが、石母田がかつて論難した牧健二であり、清水三男だった（学説レベルの詳細については拙著『武士団研究の歩みⅡ』〈史学史論〉、新人物往来社、一九八八年を参照）。

大枠の見取図を示すならば、牧・清水のともどもが京都を学問的土俵にしていたという共通項はある。そして、牧の場合は中田薫との守護・地頭論争で知られた中世史家だった。その著『日本封建制度成立史』（弘文堂、一九三五年）は、その代表的著作として知られる。鎌倉時代の封建制について西欧や中国との比較史的視点から詳細に論じたものだった。その特色は「日本的」「特殊的」要素を濃厚に有したわが国の封建制についての指摘だった。

当然ながらその根底において中田の立場とは相容れないものがあった。守護・地頭論争での両者の対立の根底には学説レベルを越えて、歴史観の相違があった。「多産な論争」と形容された両学説の対立背景には、語られざる本質的相違があった。それは最終的に「天皇と武士」の問題に帰着する問題だった。特殊性で中世の日本を語ろうとすれば、天皇による武権への委任という整理となる。牧の封建制論の特質はその日本的特殊性に着目した「委任封建制論」として集約される。いわば鎌倉の東国政権に簒奪性をみるか、委任性を見るかで、前者は「至強」論と結びつくし、後者は「至尊」論へと結びつく。

六　委任論の原点

「大政委任論」に関しては、江戸期の武家も保持していた通念でもあった。たとえば『泰平亀鑑《きかん》』所収の天明八年の「松平定信書状」などに見る「大政委任論」が幕末にいたり「大政奉還」の流れにつながった。いわば官職（官制）大権の委任の論理は「至尊」の再生主義の立場からは、極めて好都合な論理でもあった。「日本的」と形容される牧の「委任封建制論」は、ある意味で「至尊」との折り合いのなかでの所産といえる。そこには「外向き」ではない「内向き」の文化的志向があった。

「外」にしろ「内」にしろ共通するのは、「日本の発見」なのだが、底流にある発見されるべき日本は、外への視線（文明思考）から導き出されるか、内への視線（文化思考）の導きかという相違だった。

概していえば「至強」の原郷たる東国的地域性の故か、あるいは京都のように「至尊」を持たなかったためか、「至強」志向派は、その光源体を外に見出す傾向があった。その点では、文明思考（西欧同居型）との親和性が認められるようだ。当然「至尊」の場合はそれと逆で、「文化思考」と連動する傾向がある。もちろん、これは学問的検証から得られた結論ではないが、大きく的を外しているともいえまい。

この余談的なことは別にしても、中田と対極にある牧健二の思考が石母田的な立場と異なることはいうまでもない。同じく京都出身の清水三男の場合も、石母田は批判の対象とした。清水は不幸にも戦争の犠牲となったが、その言説には揺るぎない信念が宿されていた。学史的には清水は唯物史観の洗礼を受けた研究者だった。石母田とほぼ同じ世代に属した清水は、日本の歴史に古代以来、伏流しつづける「古くて常に新しい存在」への着目があった。『日本中世村落』（日本評論社、一九四二年）なり『上代の土地関係』（伊藤書店、一九四三年）に語られているのは、時代とともに自己変容をつづける歴史的存在への注目だった。

たとえば古代律令国家の地方行政の拠点たる国衙（国府）一つを事例にしても、これを決して古代的な残存物とみなすのではなく、中世的なものへ移行する対応力へ注目したのだった。それを煎じ詰めれば、「至尊」という残存物も、同じく時代とともに適応・変容する存在として位置づけることが可能となる。

京都学派ともよぶべき牧健二・清水三男の立場は、戦後のしばらくは石母田史学の圧倒的支持もあって、いささか冷遇されていた。けれども「アジア的生産様式論」云々とともに、東アジアにおける政治的変動（一九四九年の中華人民共和国の成立などの政治権力の変化）の影響で、封建制のアジア的特質にも注意がむけられた。その限りでは西欧的封建制のみを「青い鳥」とした立場と別に、アジア（中国）あるいは「日本」そのものに独自の中世の社会・国家システムがあるはずとの解釈が一般化してきた。

「至尊」的要素の特殊事情は、アジア的専制国家の影響を強く受けたわが国の場合、古代が中世を強く規定したとの解釈にある。当然ながら「至尊」のみでもなく、あるいは「至強」のみでもなく、両者が相互に補完しながら、国家として秩序を構成する。かかる理解がマルクス主義歴史学の世界でも支持されるにいたった。

七 「権門体制論」の登場

一九七〇年代以降、中世史の学脈を構成するのが

「権門体制論」であった。黒田俊雄（「中世の国家と天皇」、岩波講座『日本歴史』、一九六三年）の提唱にかかるこの考え方は「至強」論で処理できなかった天皇（至尊）を、わが国の中世の権力構造の特質に対応させ解釈したものだった。とりわけ黒田説は寺社権門という宗教勢力の中世的展開にも意を払ったもので、荘園制という中世社会を貫く土地支配システムの上に、公家・武家・寺社家がそれぞれの職能的支配に対応しつつ、政治権力を分掌するという解釈だった。

この学説は、部分的には牧健二や清水三男の再評価にもつながった。「権門体制論」に従えば「至尊」と「至強」の両勢力が二者択一ではなく、両者が相互に補完し合う形で寺社勢力もふくめた体制論として機能しうる。

この柔軟な思考を規定したものは「至尊」の役割と位置にあった。天皇制もまた院政をふくめ中世的形態で自己変容、脱皮をしながら存続する。公・武相互の規定性への着目である。旧勢力の中世的世界への変容を看取したものだろう。見方をかえれば、「公武合体論」あるいは、「大政委任論」に通底する。このような短縮的理解で「権門体制論」を整理することには問題があるにせよ、特殊性という局面での「至尊」のおさめ方において、首肯できる面もあるはずだ。

ちなみに中世以降の権力形態について、それを「統合」の論理で整理すれば「権門体制」論で説明できるし、他方「分裂」それ自体を是認すれば「至強」中心の権力（東国国家論）となる。

そこで改めて「国家」とは何か、というテーマが問題となる。かつて石井進『日本中世国家史の研究』（岩波書店、一九七〇年）により、近代以前に国家は存在したか否かという問いが発せられた。従前の「国家論」の枠組みでは、この素朴にして強靭なる発問自体がなかった。「国家」ありきの前提から出発した「国家論」はここに軌道修正をせまられる。

近年「王権論」として定着している議論には、広くいえば従前の「国家論」で汲み上げられない論点もふくまれており、「東国国家論」に新たな論点が加味された。それは地域王権の統合というプロセスで、中世国家は誕生するとの理解であった。その考え方によれば、鎌倉を磁場とした中世の地域権力は武家の首長を「王」とすることで、形成される権力体との解釈となる。その意味で「王権」は必ずしも一つである必要はない。「至尊」を頂く京都の王朝は伝統的王権であっても唯一絶対のものではない。「中世王権論」を私流に翻訳すればそんな理解となろうか。

以上は「王権論」にまつわる諸種の議論を捨象したなかでのエキスである。この考え方は「東国国家論」とは異なる視角で提案された議論だった。「至尊」を含む常識的「中世国家」のクビキから解放される方向として、「至強」論とのすり合わせのなかで登場したものともいえそうだ。そこにあっては鎌倉殿はかつて中田薫が指摘したごとく「第二の天皇」とおぼしき「東国の王」なのであり、京都王朝とは異なる原理のなかで御家人（東国武士団）を統合する存在と解されることになる。

八　「王権」論の射程

ちなみに「王権」なる用語は、近世江戸期の史論書『日本外史』にも用いられている。「外史氏曰く、王権の武門に移るは、平氏に始まり、源氏に成る。而るにこの基たるは藤原氏なり」と。支配権力の所在を「王権」と呼称している。それにしたがえば「至強」たる「武家」に、「王権」の称を付与することは異としないことになる。

それはともかく、昨今の歴史学界の現況にあって「王権」の語が用いられるのは、やはり「天皇制」の語感を相対化するためのものだろう。ただしこの用語が、歴史学界で市民権を得ているかといえば、必ずしもそうではない。いずれにしても「至尊」・「至強」論からの点線のごとくつながる近年の史学史の流れは、「王権論」の登場によりさらなる新局面を迎えたことになる。

以上、論証ぬきの雑駁な議論を承知のうえで、学史的な流れを追いながら、天皇と武士の二つの政治勢力がわが国の歴史に与えた影響・規定性をさぐってきた。この二つの政治勢力は中世のみならず日本の歴史を規定しつづけてきた。「至尊」なり「至強」といった用語を使用するのも中世および近世、さらには近代までもトータルに考えようとしたためである。

歴史学の「王道」などといえば、いささかおこがましいが、権力論の解明は大きなテーマのはずだ。前近代における権力の脊梁が天皇であり、武士であろうことに、異論はないはずだ。ここでの焦点はあくまでこの両者のみに限定することで、過去の歴史の解釈のされ方をさぐった。

論考

戦後日本古代史学への雑考

若井敏明

歴史家といえども一人では生きていけないから、この世のさまざまなしがらみのなかで生きている。それが研究にも意識、無意識に反映されている。世にいう学閥などもいわばそのようなものであろう。

ただ、その実態はそう簡単ではない。たとえば東と西の学界が取りあげられることがある。中世史の網野善彦などがよく話題とするが、私の経験からいえばいわゆる西も一枚岩ではない。京都には日本史研究会という学会があり、一方大阪を中心として大阪歴史学会という団体がある。

後者は名称から見て大阪の地域史を扱う団体のように見えるが、れっきとした全国的学会であるという自負をもっている。大阪の京都への張合いといっていい。もちろん学会のメンバーには両方に属している人も多いが、大会での研究発表などでは、近年は知らないが京都の大学出身者はおもに日本史研究会、大阪地域の大学出身者は大阪歴史学会というような傾向があったように感じる。

そのような見立てをしたとき、やや面白い事例が正倉院文書の研究である。正倉院文書については、奈良時代の戸籍や計帳などの公文書に焦点をあてた研究は戦前からあり、戦後いっそう盛んになったが、もともとこの文書群は造東大寺司写経所の帳簿であって、公文書つまり公文《くもん》がいったん廃棄され、それが反故として再利用されたので偶然残ったのである。

その点に着目し、本来の写経所の帳簿として正倉院文書を見直し、そこから写経事業や写経所の機構やその変遷をたどろうという研究が、一部の先覚者はともかくとして組織的におこなわれるようになったのは、東京大学における皆川完一とそのゼミ生によるものであった。それにいち早く応えて関西でのこの研究の中心となったのは大阪市立大学の栄原《さかえはら》永遠男《とわお》とそのもとに集まった大阪地域の大学を中心とする研究者であって、彼らは春と秋、のちには奈良で正倉院展が開かれる秋に研究会を開催することとなった。

現在私はこの集まりからも遠のいているので、不確かな記憶をたどっているが、当時正倉院文書の研究を積極的におこなっていたのは東京と大阪周辺の研究者がおおく、京都の研究者は皆無とはいわないが、あまりいなかった。これは京都を挟んで東京と大阪が連携しているかたちだと、評論家めいたことを私は酒の席でしゃべったことがある。

このように東西といってもそのなかにまたさまざまな学問上の流れがあって、けっして出身大学でくくれるものでないのだが、では各人がまったく自由に研究しているかといえば本人の自覚とは別に、いろいろな事情がはたらいていることもみとめねばならない。とすればそれは人と人との関係、子弟、友人、研究会あるいは思想・信条など大学以外のものも考えるべきなのである。

たとえば、日本古代史の有名な研究テーマである邪馬台国問題など、よく東大の九州説、京大の大和説などといわれるが、そのじつ、あまり知られてはいないかも知れないが東大国史出身の末松保和《やすかず》や桃裕行、竹内理三《りぞう》らは大和説だし、東大ではないが東京文理大学のちの東京教育大学の肥後和男や和歌森太郎も大和説である。いっぽう京大法学部の牧健二や京大の言語出身の安本美典《びてん》は九州説を主張している。たしかに坂本太郎、井上光貞というトップラインをつなげば東大は九州説といえなくもないが、けっしてみんながみんなそうなのではない。

では東洋史の世界ではどうだろう。東大の白鳥庫吉、榎一雄というラインはたしかに九州説にくみしたが、京大の東洋史が、たとえば唐宋変革期をどう位置づけるかといった研究にそそいだ情熱を邪馬台国大和説にもそそいだとはどうもいえない。だいたい、京大では内藤湖南が応仁の乱以前の日本史なんぞ現在の日本を理解するには意味がないといっているのだから、たいして重要な問題でもなかったのだろう。

そして現在では、邪馬台国問題は考古学にリードされて、なにやら大和説が有利だというムードが支配しかかっている。かつては東大の斎藤忠や同志社の森浩一のように九州説に同情的な研究者もいたが今は影をひそめ、今では考古学者は大和説が多数を占めていることはいなめない。その点でいえば、考古学界というのがひとつの共通認識をもっているようにもみえる。そしてそれが文献学者をも引っ張っていて、今では東京で大和説を主張している研究者も珍しくはない。

むしろ京大出身の門脇禎二が大和説から九州説に転向し、同じく京大出身の原秀三郎も九州説を主張しているのが、文献学者の独自の見解として注目される。京大系に隠れ九州説の研究者がいるとも聞く。とくに門脇や原はともに『日本書紀』などの日本側の文献に一定の理解を示しているのがひとつの特徴である。とはいっても津田左右吉流の造作説に立たない記紀の利用は戦後の古代史がこばんできたもので、その再評価の気運があらわれているとはまだいえない状況である。

もっとも記紀の利用は戦前では素朴に信用するという意味で一般的だった。それが戦後は田中卓《たかし》らによって実証的にずいぶん研究が深化してきた面もあるのに、学界全体ではいっこうに議論がすすまないようにみえるのは、政治的な問題がからんで、研究者を躊躇させるものがあるようにみえてしかたがない。

そのようななかで記紀による研究を推進してきた田中卓は、東大出身とはいえ、もとは国家主義的な歴史観で知られる平泉澄《きよし》のもとで学んだ人物で、戦後故郷の大阪に帰って職を得てから本格的に古代史を学んだという。じじつ彼は、坂本太郎の還暦や古希を記念した論集には寄稿していない。このような論集への寄稿は発起人が人選するのが普通なので、田中は坂本門下の人たちからは正当な東大古代史の流れの外にあるとみなされていたのであろう。ただし坂本の論集には、戦中の東大で平泉澄の下で助手をつとめていた古代史家の村尾次郎の寄稿もないから、これはたぶんに、彼らが平泉門下だからという面もあったかもしれない。

その田中卓をめぐって、学界の体質がうかがわれる事件が関西においてもかつてあった。

一九四九年に大阪歴史談話会という組織が発展して発足した大阪歴史学会は、一九五三年に部会を設置することとなり、その年の八月に古代史と近世史、翌年一月に近代史の部会が発足した。翌年六月、その体制下でおこなわれた最初の大会で、古代史部会は「壬申の乱」をテーマとして田中と直木孝次郎が報告し、その後、横田健一を議長として討論がおこなわれた。ところが、その報告のうち田中のものが機関誌『ヒストリア』に掲載されなかったのである。

この事情については、田中自身が経緯を記している。それによれば、編集委員会から、歴史的仮名遣いではなく現代仮名遣いを使用することと、天皇への敬語使用をやめることという条件がつけられ、後者を譲れない田中は原稿を取り下げたという。

論文の内容ではなく、たんなる体裁をあげつらうのはいかがかと思われるし、田中の思想・信条からして、条件をのまないことはわかっていたはずである。とすれば、この条件は、田中の論文を掲載しないために出されたものだと想像されてもしかたがない。しかし、もしそうなら、最初から田中を報告者にしなければいいのであって、報告の雑誌掲載の段階で難色をしめすのは不可解といえばいえる。そのようにみれば、田中の報告とその掲載は大阪歴史学会では当初問題にしていなかった可能性もあるようにみえる。たんなる憶測だが、大会のあとになって田中報告の掲載が問題視されるような事態になったのかも知れない。

この一件については、学会の外部からなんらかの力がはたらいたという話を、ある人からうかがったこともある。十分な証拠がないのでこれ以上は述べないが、あるいはそのようなことがあったのかもしれない。いずれにせよ、先の坂本論集ともかかわるが、右翼的と感じられる研究者の論文を載せることがはばかられるような事情ないし雰囲気があったらしいことはたしかだろう。当時の関係者にぜひ真相を証言していただきたく思う。

さてその事件もあって、田中は大阪歴史学会から距離をおき、また別の事件から古代史部会＝続日本紀研究会からも遠ざかるが、その田中がひさしぶりに大阪歴史学会の行事に参加したのが二〇〇一年の大会で私が近代史部会で「皇国史観と郷土史研究」という報告をした時であった。この報告に先立って部会の例会でおこなった準備報告で、田中が関連報告をおこなってくれたのである。後で聞いたところでは、部会で田中に報告を依頼したことに不満の意を表した人もいたというが詳しくは知らない。

このとき、田中は大会当日も参加すると明言、私は自分の報告もさることながら、もはやレジェンドといってもいい田中卓が四十数年ぶりに大阪歴史学会に登場するという歴史的な現場に立ち会えるということに興奮していた。ところが、田中は大会当日を前にして脳梗塞に倒れ、大会に顔を出すことはなかった。幸いなことにその後、田中は体調を回復したが、今でも私はそのことを残念に思っている。

つぎに同じく大阪歴史学会で私が経験した出来事も、ある意味本書のテーマに通じるかもしれないので、あえて記しておきたい。

古代史家の長山泰孝は、大阪大学で私が教えを受けた人物だが、大学を退職するころから戦後の歴史学を批判的に回顧する論文を書きはじめた。当初はマルクス主義歴史学の有効性などが論じられたが、やがて戦後歴史学のもつ政治性を批判するような論調になった。当時、大阪歴史学会で『ヒストリア』の編集委員の末席にいた私は、長山から論文を送られ掲載への仲介を依頼された。私はもちろん一存では決められないので、編集委員長に送付し、論文は委員会にかけられた。当初は掲載の方向で議論がすすんだが、やがてこのような論文を掲載するのは前例がなく、掲載後反論がよせられて収拾がつかなくなるのでは、という懸念が委員から表明され、結局掲載を見合わせるという方向に議論が変化してしまった。

若輩の私は少し反論をしてはみたが、強く主張することができず、結局「恩師」の希望に沿えない結果を招くこととなってしまったのである。そのことを電話でつたえると、長山はさもありなんというような応対だったが、もし掲載すれば学会だったか機関誌だったかは明確には覚えていないが、ともかくそれらが従来とは変わったものになっただろうにと、残念そうであった。『日本史研究』ではとても無理だろうが、『ヒストリア』なら掲載してくれると思っていたようにも思う。

その後、長山は二次就職先の帝塚山大学の紀要にその論文を発表したが、研究者の目にふれる機会は『ヒストリア』のほうが圧倒的に多かっただろう。

当時を思い返すに、百家争鳴は学問のいわば望むところで、それを懸念したというのは、戦後歴史学を学界の内部から批判的に回顧するには、まだ及び腰のところがあったのだろう。あえてパンドラの箱をあけるのに躊躇したのである。委員たち一人ひとりの思惑はどうであれ、これもまた学会という組織をあえて面倒なことに巻き込みたくないという、一種の組織防衛の態度だったように思われてならない。

さて私は、編集委員の一員でありながら、いわば政治的決着を許してしまったことを悔やみ続けて、ある日、長山に会ったときに、学会誌だけではなく、思い切って『文芸春秋』や『諸君』のようなオピニオン誌に発表されたらどうですかと、進言したことがある。長山は笑って答えなかったが、懲りない私は、出版界との太いつながりを持つ今谷明に長山の論文の話をし、そのコピーを手渡して、出版社への仲介をお願いしてしまった。その後、今谷から編集者が関心を示しているという知らせをもらったが、結局長山の戦後歴史学批判が一般オピニオン誌に載ることはなかった。

　どのようなやりとりがあったかはまったくわからないが、生前『歴史読本』への執筆すら断っていたという長山であるから、学界の話題は学界内にとどめておくべきだと判断したのかも知れない。もしそうだとすれば、それは学問にたいする誠実な態度ではあるが、おのずと学界と一般社会との間に垣根をつくっていることにもなるようにみえる。私にはそこに一抹の不満がのこった。

　このようなやりとりを公開するのは、関係者にとっては迷惑なことかもしれない。学問の世界の出来事を一般社会の好奇の目にさらすことはよくないかもしれない。だが、一般社会から隔離された場所に置くこともいいことではあるまい。おそらく本書のねらいもそこにあると私は思い、その点からしてもまた秘しておくべきことではないと信じるがゆえに、まさかとは思うが非難をも覚悟してあえて書き留めたのである。記憶違いもあるとは思うが、訂正すべき点をご指摘いただければ幸いである。なお文中敬称を略し、敬語も用いなかったこともお許しいただきたい。

論考

学問への内外の規制
――日本史学の場合

今谷　明

一

日本史（国史学）は、明治以降のいわゆる近代的歴史学が緒に就いて以来、種々の規制を蒙ってきた。その規制には、外部からの政治的規制もあれば、学者自身による自主的規制もある。かかる規制のありかたは、必ずしも歴史学に限らないが、日本史学の場合は、外部からの主として政治的規制が甚だしかったといえる。それは、日本史が、明治の国家制度ことに近代憲法と天皇制の成立に密接不可分の関係にあったからであろう。

それでは、日本に先行して近代史学が発祥したヨーロッパの場合は如何であったか。ここでは比較的初期の事例として、一八世紀の英国、ことに『ローマ帝国衰亡史』[1]を著したE・ギボン（一七三七〜九四）を取りあげて、彼の史学が被った規制について見ておきたい。

ギボンの同書（以下『ローマ史』と略）は、日本語版で全一〇巻（ちくま学芸文庫）に及ぶ大部、広翰な著作であるが、原書（英語版）の初巻（和訳版の一巻と二巻中途に及ぶ）発行早々、大きな反響のなかで、ある〝方面〟の巨大な圧力にさらされた。ギボンと同時代のスコットランド人の哲学者ヒュームは、ギボンに宛てた『ローマ史』への讃辞の手紙で、次のように述べている。

私は貴著の最後の二章の主題を貴下がどうやって切り抜けられるかと多少弥次馬のような気持

ちで案じていた（中略）元来この主題は貴下への嫌疑の何らかの根拠を与えることなしには取扱いが最初から不可能である（下略）(2)

ここでヒュームが問題としているのは、ギボン著初巻の一五・一六章を指し、三〜四世紀におけるローマ帝国のキリスト教興隆の叙述を意味しているのだが、ギボンの叙述はキリスト教聖職者の間に激しい反発を招き、ヒューム自身も右の書翰中でその圧力を予想し、「世間の非難」「この種の怒号」と記してギボンの苦衷を察している。

事実ギボンは、『ローマ史』初巻の圧倒的な好評の下で、一五・一六章に対し行なわれた学者・聖職者の攻撃論難に対し、『ローマ帝国衰亡史の第一五、一六章の若干の記述についての著者の弁明』なる書物を三年後に公刊している。またギボン自身、誤解を恐れ、右二章を全面的に書き直した。ただし当時の彼の身分は典型的な英国郷紳で、下院議員としての政治家でもあって、右の論難を蒙っても失脚などはしなかった。

このように、近代西欧といえども史学への圧迫は必ずしも小さくなく、それは宗教界の主流から捲き起こったといえそうである。

二

ローマ史の研究は右のように英国のギボンを嚆矢とし、ギボンにおいて不十分であった史料批判を徹底したドイツのニーブールに引き継がれ、やがてニーブールの門下から、欧州諸民族史研究のランケを生み出した。ランケは普通、近代史学の祖といわれることが多いが、このランケの弟子L・リース(3)（一八六一〜一九二八）が明治二〇（一八八七）年来日していわゆる御雇い外人として帝大教授となり多くの門下生を育てた。リースはユダヤ系でドイツ国内の就職が難しく、来日したという。

彼は東京帝大に一六年間教員として留まり、三浦周行《ひろゆき》・原勝郎・幸田成友《しげとも》・内田銀蔵・喜田貞吉《さだきち》・黒板勝美・辻善之助ら多くの優れた国史学者を門下に輩出させた。リースの学風はランケを忠実に継承し、主観を排し史料に基づく公平な史観を旨とした。このリースの学風は、彼の来日以前から活動していた修史局（現東大史料編纂所の前身）の久米邦武・重《しげ》野安繹《やすつぐ》らにも影響を与え、事実リースみずから重野らと協力して明治二二年「史学会」開設を推進している。

重野安繹(4)（一八二七〜一九一〇）は幕末に薩英戦争の講和談判員として横浜で英国と交渉した経験があり、久米邦武(5)（一八三九〜一九三一）は明治初年の岩倉遣米欧使節団に加わり、『米欧回覧実記』の著者としても知られている。この両者は『大日本編年史』の編集を進め、ことに南北朝期の史料検討に当たり、神話や伝説を極力排斥したため、学界では「修史館の考証史学」と称されたが、世間からは〝抹殺博士《まつさつはかせ》〟の異名を奉られた。児島高徳《たかのり》の非実在を含んだ久米の「太平記は史学に益なし」（『史学会雑誌』二一一七・一八・二〇・二一・二二、一八九〇年）なる論考はその代表である。

引き続いて久米は、明治二四（一八九一）年に「神道は祭天の古俗」（『史学会雑誌』二一二三〜二五）を発表した。古代以来の神道と政治の結びつきを史学の立場から批判した論文で、官学系の専門誌に掲載されたから一般には伝わらず、神道界の反響も当座はなかった。

しかし翌年一月、啓蒙史家の田口卯吉（鼎軒）が『史海』八号にこの久米論文を転載し、「神道熱心家は決して緘黙《かんもく》すべき場合にあらず」と挑発したので、一部の神道家・国体論者を甚しく刺激した。翌二月、倉持治休ほか三人の神道家は久米を訪問して右論文を難詰し、久米は神祇方面の誤解を恐れて論文の取消しに応じた。さらに倉持らは宮内省・内務省に訴え出て、修史局の久米が兼職している帝大教授を休職とさせ、掲載二誌も発禁処分となった。以上の経過を「久米邦武筆禍」とか「神道祭天古俗事件」等と称している(6)。

久米の辞職は、明治日本に未だ学術発表の自由がなかったのが基本的理由だが、重野・久米らの〝抹殺史学〃に対する政界上層部の反発も背景にあった。久米は辞職・沈黙したが、田口は「神道者諸氏に告ぐ」なる記事を各新聞に掲載して、古代研究の自由を主張し頑迷な神道家と論争した。この事件をローマ史のギボンの件と比較すると、宗教界からの反発という点で共通するが、久米事件の如く聖職者が政界にまで働きかけて著者を失脚させたという点が明治日本の際立った特色である。なお久米は、事件の三年後、友人の大隈重信の引きで早大講師に、ついで教授となり、学界活動は続けることができた。

三

久米筆禍の二〇年後に起こったのが南北朝正閏問題(7)である。明治四三(一九一〇)年に発行された国定教科書『尋常小学日本歴史』の教師用参考書が、南北両朝併立の立場をとっていたことが帝国議会で問題とされたのが表面化の背景。その参考書を執筆した学者が、リースの弟子喜田貞吉(一八七一〜一九三九)で、彼の地位は当時文部省図書審査官であった。

南北のどちらの皇統が正統かは、北畠親房の『神皇正統記』以来、多くの議論があったが、現実に室町期以後の皇統は北朝(持明院統)であり、江戸時代の朝廷で編纂された『続史愚抄』は、後村上天皇以降を偽主《ぎしゅ》として北朝正系の立場をとっている。しかし、近世中期以降、水戸学の勃興もあって南朝正系論が有力化した。中国では司馬光が魏と蜀漢の正閏判定は困難としたが、朱子は蜀漢を正統とした。朱子学を受容した近世日本にこの動きが影響を受け、南朝正統論はいっそう有力となった。

さて明治末期の南北朝問題は、「天皇を政治圏外に置き奉る」方針の下に両朝併立説を採った学者喜田貞吉(8)に対する弾圧とされることが多いが、政治的には明治二四(一八九一)年勅により南朝正統が定められていて、明治末の喜田への弾圧は、あくまで教育制度の問題として提起されたものであった。

この背景には官学的権威を負う喜田に対し、師範学校系の教育家峰間鹿水《みねまろくすい》が喜田の教本を攻撃し、明治四四（一九一一）年正月に読売新聞が社説上で小松原英太郎文相を批判し、これより本格的に教育問題から政治問題に転化したのである。折から大逆事件と絡めて野党国民党の犬養毅が政府を攻撃し、元老山県有朋以下必死の収拾策によって教科書編纂官だった喜田の休職と、教科書上南北朝を吉野朝と書き改めることで落着した。

ただし内相の原敬らは、学説としては学者の見解に任すべきを述べ、事実、大正一一（一九二二）年に刊行された田中義成（東京帝大教授）著では題名が『南北朝時代史』(9)となっており、序文で田中自身「学問上の自由」を謳っており、両朝併立説が全面的に弾圧されたとまではいえない。

ただ、田中の著書が刊行され得たのは、刊行時すでに田中が故人であった故かも知れず、中世史研究者においては皇統の機微に触れる研究・叙述は慎重にならざるを得ず、この点で自主規制がかかった可能性は大きい。なお喜田は、筆禍事件の二年前すでに京都帝大の講師に就任しており、この方は辞任を免れ、平城京や法隆寺の研究で学界に活躍し、研究を廃することはなかった。

四

日本史に関する研究で、昭和初期に経済史家の幾人かが筆禍に遭った「日本資本主義論争」(10)があるが、これは近代史学に対する治安維持法等の適用であり、本稿では割愛する。そこで戦中に大きな話題となった筆禍が〝津田左右吉《そうきち》事件〟である。

津田(11)（一八七三～一九六一）は東京専門学校（のちの早大）政治科の出身で日本史については独学。各地の中学教員を歴任したのち、三五歳のとき満鉄満鮮地理歴史調査室員となり、白鳥庫吉《くらきち》に師事、同僚の池内宏らとの交友の過程で思想史研究の方法論を身につけた。ここで津田が主眼としたのは記紀神話に対する文献学的批判であり、ついで中国古代思想の研究に及んだ。前者はことに記紀の一部天皇の伝承の虚構を暴露する内容を含むから、当局の忌避に触れる面もあったが、大正デモクラシーの風潮下にあって特に問題視されることはなかった。

　ところが昭和に入って民間の右翼運動が活発化し、はじめ左翼系学者が批判・弾圧により失脚したのち、自由主義系の学問にも圧迫が加わるようになった。大正一四（一九二五）年に慶大講師の蓑田胸喜《むねき》[12]（一八九四〜一九四六）が原理日本社を設立し、機関誌『原理日本』誌上で吉野作造以下の法経学者に筆誅を加えた。この結果、京大の滝川事件等が起こったが、昭和一〇（一九三五）年二月には、美濃部達吉の天皇機関説に対する蓑田の攻撃に貴族院議員菊池武夫が呼応し、ここに国体明徴運動なるメディアを捲き込んだ超国家主義的風潮が起こった。これには軍部が裏で加担していた上、野党の政友会がこれに乗じて反美濃部の議案を提出するにいたり、岡田内閣を追い詰めた。このように民間の一部が騒ぎ出して野党が便乗して政治問題化するという構図は南北朝正閏問題と軌を一にする。

　さて津田事件の発端は、平泉澄《きよし》（一八九五〜一九八四）らの建言で帝大文系学部に〝国体学講座〟が置かれることになり、東大法科は政治学史第三講座をこれに当てたが、早大教授津田を講師に招いたことが蓑田らの憤激を呼んだことである。津田の最終講義のあと、蓑田の息のかかった数十名の学生が津田と助手の丸山眞男を数時間にわたって吊るし上げて糾弾し、結局津田は不敬罪で告発され、昭和一五（一九四〇）年二月、津田の記紀関係の著書四冊は発禁となり、さらに翌月、津田と岩波茂雄は出版法違反で起訴された。この裁判では津田は学生を諭すような調子で陳述し、また和辻哲郎（一八八九〜一九六〇）らも津田を弁護した。

　津田は早大教授を辞職したが、三年後この裁判は手続き上の理由で免訴となった。この津田事件で注目すべきは、集団学生による教授への吊るし上げ糾弾という現象が、戦後も引き継がれたことで、とくに七〇年前後の学園紛争でも多く現出し、丸山眞男も戦前の津田さながら糾弾の厄に遭ったのである。[13]

五

戦後、表向き学問の自由が制度化され、蓑田胸喜は昭和二一（一九四六）年郷里で自殺した。しかし国史学（日本史）界は別の意味で政治色が濃くなり、一部の学者は党派に甚だしく影響され、また一部の学会を党派が事実上支配するという現象も起こった。このような転変を経過しながら、戦前戦中を通じて比較的政治から距離を置いていた幾つかの学派があった。以下それを一瞥《いちべつ》しておく。

ひとつは、中田薫（一八七七～一九六七）から始まる日本法制史学派である。中田はその師宮崎道三郎がリースの講筵に列したこともあるというから、広くはリースの孫弟子にも当たるが、事実上は独学で英独仏の法制史と日本のそれとの比較研究に没頭した。その結果、明治末年には日本と西欧の封建制に共通性を認め[14]、また平安時代の荘園制について優れた論文を立て続けに公表した。中田の比較法制史は現代でも日本史学上、初期封建制と荘園史研究の嚆矢に当たる学問として高く評価されている。中田の弟子が『中世武家不動産訴訟法の研究』で知られる石井良助で、日本中世史の佐藤進一は学統からいうと石井良助の弟子筋に当たる。

第二の系統は、リースの門下内田銀蔵[15]（一八七二～一九一九）とその弟子本庄栄治郎（一八八八～一九七三）に始まる〝日本経済史学派〟である。内田は福田徳三にやや遅れて渡独し、ドイツ歴史学派の学風を継承して帰国、新設の京都帝大文科大学の教授となった。この点では日本にマルクス主義を輸入した福田と同系統であったといえる。本庄は京大法科の出身で内田より一六歳若く、内田とは直接の師弟関係ではないが、内田に私淑し、その学風を継承して西陣機業の研究から近世経済史に入り[16]、多くの研究者を育てた。なかでもドイツに留学してM《マックス》・ウェーバーに師事し『百姓一揆の研究』で画期的業績をあげた黒正巌《こくしょういわお》（一八九五～一九四九）は傑出しており、私財を投じて一九三三年に日本経済史研

究所を設立し、本庄を所長に迎えみずからは理事を務めた。(17)

この他、藩営専売と国産の研究で知られる堀江保蔵や近世商業史の宮本又次はともに本庄門下で、戦中から戦後にかけての近世経済の研究にはこの一門が多く関係した。ちなみに『茶の世界史』や『時計の社会史』(ともに中公新書)で知られる角山栄《つのやまさかえ》は堀江の門下生で、この学派の末裔といえる。

第三の学統は、戦中に畝傍《うねび》書房から刊行された〝畝傍史学叢書〟に拠ったグループである。同叢書は、リースの弟子辻善之助の監修にかかり、奥野高広・竹内理三・佐藤進一・桃裕行等、戦後活躍する十余名の実証主義的な学者を擁した。その内容は政治史・経済史・文化史の各般に及び、当時の国史学の最高水準を示すものであったが、唯物史観や皇国史観等のイデオロギー色とは距離を置いた学風に特色があった。

六

一九四五年八月以降に勃興した歴史学を、戦後歴史学とか、幅広く一種の国民運動と見做して〝国民的歴史学運動〟(18)等と呼んでいる。あたかも戦前の国体明徴運動にも似て、極めて政治色の強いもので、しかもその背景には朝鮮動乱を仕掛けたソ連・中共等の外国勢力が控えており、後になって回顧すれば、日本の学問と運動はそれら外国勢力の動向に振り回されたものであったことが判明する。代表的な学会誌である『歴史学研究』の二〇〇号前後の各誌(19)を瞥《べっ》見《けん》すると、論争や相互批判を通じて党派とその背後の動きが手に取るように浮き上ってくる。

勿論《もちろん》、このような歴史学・国民運動には同時代の種々の批判があった。亀井勝一郎が岩波新書の『昭和史』に噛みついた昭和史論争は外部からの比較的早い批判であったが、一九七二年に公刊された『続日本封建社会研究史』では、編者の木村礎《もとい》等が、かなり鋭く戦後歴史学への疑問、大塚史学への批判等を展開している。

木村はもと常総地方の村落史から研究を始めたいわば戦後史学の申し子の一人であったが、それでもハンガリー動乱等国際情勢の見聞とか、マルキシズムの矛盾等に気付いて率直に学界批判を行なった。しかし木村の如き学界の内在的批判を公にした研究者は極《きわ》めて少数であり、大半の研究者は心に疑問を抱いても公開することには消極的であったので、目立った存在にはなり得なかった。

たとえば、筆者自身、木村編の『続日本封建社会研究』出版当時は大学院生であったが、私も木村同様、旧社会主義圏への疑問は抱いていたものの、学会において口頭で言い出すことはおろか、活字によって公表することなども到底思い及ばなかった。それは、院生身分は将来の就職への思惑もあり、たとい自分の政治的立場を有していたところで、自由に発表できる雰囲気ではなく、〝自主規制〟は保身の手段であった。学界や研究界、大学組織の要所にイデオロギー監視の網が張り巡らされている状況では、止むを得ないことであって、まさに「学問を縛《しば》るもの」によって研究発表も規制を受けていた訳である。

忌憚なくいえば、若手研究者とはどこかの保障のある研究ポストを得て初めて、自由な発表が可能になる理屈で、それまではひたすら〝忍従〟を余儀なくされる世界なのである。

さて、欧米に比べてとくに日本の戦後史学界においてマルキシズムの影響が強かった一因は、戦前に風靡した皇国史観を克服するための〝解毒剤〟としての役割があったからと思われる。しかし翻って考えるに、皇国史観と強調される割には、戦中にこの学派がさのみ跋扈《ばっこ》していたとは思われない。たとえば木村礎は戦中の学界を回顧して、

いわゆる皇国史観というものです。(中略)こういう歴史観が日本を風靡していた時代です。明治大学の中にはそういう先生はいませんでしたが、世間一般の歴史学ってのは大体そうなん

です。[20]（傍点今谷）

と、吐露している。しかし実情を冷静に顧みると、皇国史観を本気で唱道していたのは東大の平泉澄とその周辺のことで、一般の学界は、木村の言及の如く「そういう先生はいません」のが大部分だったのではあるまいか。つまり戦中の学界は、蓑田一派と国体明徴運動を恐れて沈黙はしていたが、皇国史観を本気で信仰していた向きは極く少数の学者のみであったと思われる。

したがって、戦後歴史学としては、皇国史観に対する〝解毒剤〟が効きすぎたといえ、不必要なまでにマルキシズムが横行、膨張する結果を招いた。独特のイデオロギーが、党派・学界・師弟関係等を通じて継承され続け、マルキシズムに対する学問的な批判は、戦前すでに福田徳三[21]（一八七四〜一九三〇）や小泉信三[22]らに提唱されていたにもかかわらず、戦後は学界内での真摯な相互批判が（木村礎の如き良心的批判が一部にあったとはいえ）振るわなかった。

以上のような意味で、近代の日本史学は、戦前も戦後も、政治的なものに従属する傾向が強く、研究への大きな規制として働いていたといえよう。[23]

【注】

（1）ギボン『ローマ帝国衰亡史』（中野好夫他訳、ちくま学芸文庫）。

（2）中野好之訳幷解説『ギボン自伝』（ちくま学芸文庫）。このヒューム書状は一七七六年の差出。

（3）金井円『お雇い外国人』一七（鹿島出版会、一九七六年）。

（4）西村時彦「成斎先生行状資料」（『重野博士史学論文集』上、一九三八年）。

（5）中野礼四郎他編『久米博士九十年回顧録』（一九三四年）。

（6）三浦周行「日本史学史概説」（三浦『日本史の研究』二、岩波書店、一九三〇年）。

（7）村田正志『南北朝論——史実と思想』（日本歴史新書、至文堂、一九五九年）。

（8）拙稿「喜田貞吉」（『20世紀の歴史家たち』一、

刀水書房、一九九七年)。
(9) 田中義成『南北朝時代史』(講談社学術文庫)。
(10) 神田文人「野呂栄太郎」(注8前掲『20世紀の歴史家たち』一)。
(11) 大室幹雄『アジアンタム頌――津田左右吉の生と情調』(新曜社、一九八三年)。
(12) 竹内洋『丸山眞男の時代――大学・知識人・ジャーナリズム』(中公新書、二〇〇五年)。
(13) 注(12)竹内洋前掲書。
(14) 中田薫「コムメンダチオと名簿奉呈の式」(中田『法制史論集Ⅱ』岩波書店)、拙著『封建制の文明史観――近代化をもたらした歴史の遺産』(PHP新書、二〇〇八年)。
(15) 「内田銀蔵博士の略歴」(『芸文』一〇―八、一九一九年)。
(16) 堀江保蔵「本庄栄治郎先生を憶う」(『社会経済史学』三九―四、一九七四年)。
(17) 「黒正博士年譜および著書・論文目録」(黒正巌『百姓一揆の研究』続編)。
(18) 大串潤児「国民的歴史学運動の思想・序説」(『歴史評論』六一三号、二〇〇一年)、拙稿「時局下の網野先生」(岩波書店刊『網野善彦著作集第六巻』月報六、二〇〇七年)。
(19) ねずまさし「一九五六年度の総会と大会についての所感」(『歴史学研究』一九八号、一九五六年)、太田秀通「石母田氏の自己批判について」(同誌一九七号、一九五六年)、石母田正「ねず氏の批判に答えて」(同誌二〇一号、一九五六年)。
(20) 木村「私観「戦後歴史学――日本村落史の周辺」」(駒沢大学大学院史学会刊『史学論集』一五号、一九八五年)。
(21) 福田徳三『唯物史観経済史出立点の再吟味』(上冊、改造社、一九二八年)。
(22) 小泉信三『共産主義批判の常識』(講談社学術文庫)。
(23) もちろん、西欧や米国でも歴史学に対する弾圧は、一時的には存在した。ナチ時代の例としては、ウィットフォーゲルの逮捕収容所入りがあり、戦後アメリカのマッカーシズムは周知のところである〔ともに注(14)前掲拙著『封建制の文明史観』、G・ウルメン著『評伝ウィットフォーゲル』亀井兎夢監訳、新評論、一九九五年、等参照〕。

幕間

コラム

共同研究の支え――樋口謹一の仕事

鶴見太郎

桑原武夫の残した重要な仕事のなかにポルトレがある。ほとんどの場合、そこで対象となっているのは、今西錦司をはじめとする自分と同年輩の学者、あるいは森外三郎《そとさぶろう》、河野与一など学生時代自身が指導を受けた人物、そして狩野直喜、榊亮三郎をはじめとする自己形成を語る上で欠かせない碩学たちである。

そのなかにあって目を引くのは、桑原自身から見て年少者、弟子筋にあたる人はほとんど見当たらないことである。とりわけ京都大学人文科学研究所(人文研)で行われた共同研究において、桑原の許で才能を発揮した人物に関して、まとまった形のポルトレを残すことはしていない。

印象を残した人であれば、的確にその人物の人柄と気質を見事に切り取って、細密画のように描き込む桑原の筆力を思えば、こうした人々についても、雑談のなかで小さく話題にすることはあったと思われる。しかし、こと共同研究に参画した人物を文章化するにあたって桑原のとった態度は消極的だったといってよい。

桑原があえて踏み込もうとしなかった、これら周囲に居て自身を支えた若い学者たちの特色、そして人柄は、どのようなものだったか。研究者の個性によって、多少の相違はあるが、それらはひらめきがあり、なおかつ会話のなかで当意即妙にそれを繰り出す能力のある人物像である。専門のフランス文学・文芸思想に限ってみても、多田道太郎、杉本秀太郎、山田稔、飛鳥井雅道……これらの人々に共通しているのは、いずれもすぐれた文章家であるばかりでなく、会話を楽しむ力を持ち、それらを洗練された言葉として自在に駆使することのできる人たちである。桑原武夫の共同研究を動かしていた力とは、こうした会話のできる資質だったといえる。

しかし、ここで考えてみるべきことは、独創的な意見を持ちながら、即座にそれを会話に反映できない人物も居ることである。時間をかけて、ゆっくり優れた着想が言葉として磨かれていく型の研究者もまた、居るのである。こうした型の研究者にとって、桑原が主宰する研究会とは敷居の高いものとして受け止められたのではないか。人文学における理想的な研究集団として描かれることの多い桑原武夫のグループとは、その意味で一部に閉鎖的な性格を抱えていたのではないか。

一九六八年三月、定年退官に先立って行われた記念講義「人文科学における共同研究」(『展望』一九六八年六月号)において桑原は、在任中、自身が主催した六つの共同研究とそれに参画したメンバーの名前を掲げている。班長となった桑原を除けば、そのすべてにかかわった唯一の人物に樋口謹一がいる(『桑原武夫集』第七巻、岩波書店、一九八〇年、三二四頁)。

この事実だけをもって判断すれば、樋口は桑原グループの学風を体現した存在として捉えられる。しかし、生前の樋口を知る人は、すぐれた着想を持ちながら、その語り口が必ずしも流暢とはいいがたく、言葉の重い、丁々発止とした会話を苦手とする、勤勉を絵に描いたような人だったと指摘することが多い。

共同研究に限らず、樋口は研究会の細かな事務、研究に資するためのカード作りなど、普段見えない所で文字通り鞠躬《きっきゅう》如《じょ》として桑原を支えた。一九六七年、桑原が隊長をつとめたヨーロッパ学術調査隊においても樋口は日本で留守居役をつとめている。

こうした樋口の位相を端的に表しているのが、桑原武夫編『フランス百科全書の研究』(岩波書店、一九五四年)であろう。このなかで樋口が担当した項目に、「序論」における「第二章　百科全書における人間関係」の一部があるが、そこで樋口は、ルイ・ド・ジョクールについて注目すべき指摘を行っている。「百科全書」の刊行事業は、終盤になって、当初の予定者のうち項目執筆を落とす者が出るほか、引き受け手のない項目が多く出ることとなった。ジョクールはそれらのほとんどを「穴埋め」役として引き受けた。そして最終的なジョクールの担当項目総量は、全体を総括したディドロの項目数を上廻ることを樋口は突き止め、彼の再評価をうながしている（六二〜六三頁）。

「百科全書」に限らず、大きな研究事業を根回ししながら、その成果発表を行うにあたって、それを実現していくには、そこにジョクールのような人物の居ることが、その研究事業の趨勢を大きく左右する。それは桑原の行った共同研究も同じであろう。ジョクールに注目した樋口のなかに、主催者の学風とは異なりながら、共同研究を支えた一人の強い個性を見出すことができる。

コラム

「教育勅語」と「十戒」雑感

上村敏文

まったく異質な「水」と「油」のタイトルではあるが、その根底にある思想、哲学、あるいは宗教性はあながち対比できないものではないことにふと気が付き、それぞれ調べ始めてみたらやはり面白いテーマではあった。共通することもあれば、異なるところも当然ながらある。

十戒は「生ける神」から、砂漠のなかを彷徨していた時にシナイ山でモーセが授かったとされる十の戒律である。いわゆるシナイ契約といわれているものであるが、ユダヤ教、カトリック、ルーテル教会、諸派プロテスタント、正教会で、そのとらえ方が微妙に異なっている。

詳述は控えるが、第一戒をどこに設定するかにより順序がずれてくる。旧約聖書の出エジプト記を紐解いてみると、二〇章三節から一七節に十戒の記述がなされているのであるが、そこに第一戒、第二戒となっているわけではない。

この点、教育勅語にも同様のことが当てはまる。十二の徳目が本文に示されてはいるが、それは文章のなかに表現されているので、何個の項目があるかは一見しただけではわからない。

十戒の各条についてはさまざまな論点があるが、「不変」の戒では必ずしもない。たとえば申命記五章に再掲される際、いくつか変化がある。安息日に関しての規定は、新共同訳によると、安息日を「心に留め」（出エジプト記）が、「守って」（申命記）と変わっており、さらに申命記ではその理由が具体的に説明されている。また、「父母を敬え」というところも、その結果として与えられる土地に「長く生きることができる」(出エジプト記)が、「長く生き、幸いを得る」(申命記)と異なっている。

一方で財産、人間関係においてはあまりにも小さい違いであるから見過ごしてしまいがちだが、共同体内での重要な変化があったことが推測される。すなわち「隣人の家を欲してはならない」(出エジプト記)、と「隣人の妻を欲してはならない」(申命記)の順序が入れ違っていることである。共同体における重要度が変化したのであろうか。

ヘブライ語の原語で詳細に比較するとさらに細かい相違を指摘することができる。たとえば、「欲す」は、英語においてもcovetとdesireで区別されているように、邦訳においても「貪る」などを別の単語を使用した方が原文にはより忠実になるであろう。

さて、教育勅語といえば、戦後真っ先に国家神道と並んで「諸悪の根源」として放逐の対象となり、戦後教育を受けた者にとっては無縁の存在となったが、東日本大震災以降、新聞などの出版案内のなかに教育勅語に関する著述をちらほら見るようになり、気になりだし少しずつその本文、そして成立過程についての学術書などを紐解いてみた。「現人神」から下賜された形を取った教育勅語の中核部分と十戒との間には一点だけ共通点を見出すことができる。それは「父母」に関することだ。十戒では「敬え」、そして勅語では「孝」となっているので、異なるといえば確かにそうではあるが、いずれにせよ、両親を大切にすることにおいては少なくとも共通する。教育勅語では一番にこの項目があげられていた。それぞれの時代、社会において共通に必要とされることとは異なってくるのは当然のことではある。世相を見るにつけて、十戒の「殺すなかれ」など、現代版の新しい指針が必要になっているようにも思う。

ところで、勅語原案を依頼されたのは驚くことに中村正直であった。明治天皇にも洗礼を勧めたというキリスト者が最初の起草に携わり、それが文部省案になっていたこと自体、今から考えると非常に不思議な気がする。幕末から明治中期の「欧米化」と「ナショナリズム」との緊張関係は、今後改めて精査する必要がありそうだ。

中村原案はキリスト教色の強さにより井上毅《こわし》により反対されたと一般的にはいわれているが、原文を見てみると必ずしも当てはまらない。「神」とか「天」という言葉は確かに出てくるが「イエス・キリスト」や「十字架」など、いわゆるキリスト教的な用語が出てくるわけではない。むしろ儒教の色彩の方が強い。井上は自分自身が改訂版を起草するに当たって、儒教も含めて宗教色を排除するという方針を強く持っていた。したがって「神」、「天」という用語そのものを勅語に入れることには反対であった。

「戒」は、人間が最も陥りやすいことを禁止するという形で描かれるのに対して、勅語はすべて肯定形で描かれていることも注目される。これも井上が意識的にそのような方針であったことが指摘されている。フランシスコ・ザビエルが来日した時も、日本には盗難がほとんどないことを記録しているし、また東京大空襲の後も、また東日本大震災の時も略奪など、盗難はほとんどなかったことを世界中が驚きを持って報道したが、「オレオレはするなかれ」は、どうやら新しい戒として入れる必要がありそうだ。このコラムをまとめている時に、我が家に初めてその電話がかかってきた。

コラム

角屋と桂離宮

井上章一

「京都を知る一〇〇章」という特集を、『別冊太陽』がくんでいる（二〇一六年一二月一八日発行号）。なかに「桂離宮」という項目があり、私にその執筆はゆだねられた。もとめにおうじて私のしるした文章は、しかし一悶着をおこしている。

『別冊太陽』は、平凡社がてがける、グラビアページの充実した雑誌である。「京都」を特集したこの号は、いわゆる皇室財産もとりあげた。宮内庁の京都事務所が管理する桂離宮と御所を、「一〇〇章」のひとつにえらんでいる。のみならず、同庁の許可をもらって、その写真も掲載した。

とはいえ、そこまで、ことが波風をたてずにすすんだわけではない。事前の原稿点検を要請してきた京都事務所は、私の書いた「桂離宮」にも目をとおした。そして、編集部にこう注文をつけてきたのである。

井上が書いた「桂離宮」の文章には、納得できないところがある。これをそのまま載せるのなら、宮内庁が管理する写真は使わせない、と。

『別冊太陽』は、グラビアページの仕上がり具合も、売り物としてきた。「桂離宮」という項目もある「京都」特集で、桂離宮の図版をはずすわけにはいかない。おまけに、累はもうひとつの皇室財産である御所の写真へも、およぶというのである。

なんとかならないか。私は編集部から、そうたのまれ、二度ほど修正をこころみている。写真の使用権を人質にとられた編集部の窮状もよくわかり、けっきょくは妥協した。

その折り合いぶりへ話をすすめる前に、宮内庁がひっかかったところを、のべておく。

私は最初の「桂離宮」で、島原遊里の揚屋《あげや》であった角屋《すみや》に言及した。桂離宮と角屋には、デザイン面でつうじあうところがある。一七世紀の皇族がいとなんだ別荘と、同時代の町衆に供された揚屋は、意匠をわかちあっていた。以上のように論じたところで、先方はわだかまりをしめしたのである。

これは、ほんとうにそうなのか。どうしても書くというのなら、裏付けとなる証拠をだしてからにしてほしい、と。

私の「桂離宮」にあたえられた紙幅では、とうていそんなことを論じきれない。また、刊行日もけっこうせまっていた。大きな修正は、ほどこしようがない。

対処にこまった私は、林屋辰三郎の「寛永文化論」（一九五三年）をもちだしている。林屋は、この論文で、桂離宮と角屋の通底性を、正面からとりあげた。

「一方は遊郭《（ママ）》、一方は宮内庁」と、両者の属性はちがっている。しかし、建築意匠はたがいに「類似する」。「桂離宮も、角屋も同じく寛永時代の文化的所産なのである」。この認識から、林屋はその「寛永文化論」をはじめている。

この林屋論文を紹介するという形に、私は自分の「桂離宮」をあらためた。ことの当否はともかく、林屋がそう書いたことじたいは事実である。これならば、宮内庁も否定はできないだろうと、私なりに判断をして。

当局は、林屋の論文をとりよせ、検討もしたらしい。しかしけっきょく、これもだめだ、林屋うんぬんのくだりはとりさげろと、言ってきた。角屋に似かよっているという記述は、どうしてもうけいれがたい。たとえ、そういう論文があるという体裁であっても、みとめるわけにはいかないという。

最終的に、私は矛をおさめている。『別冊太陽』では、宮内庁にはむかわないこととした。島原遊廓や角屋とかかわる記述は、すべてひっこめている。

『別冊太陽』の「京都」特集がのせている「桂離宮」は、私の敗北記録にほかならない。興味のある方は、その無難にすぎる文章を、読んでいただきたいものである。

ただ、宮内庁から頭をおさえられたことで、私の闘争心には火がついた。皇族の別荘と、町衆のつどう遊興の場が、たがいに似かよいあう。そのことから、ちょっとした京都文化史をまとめてみたいと、今は想いだしている。私淑もしている、林屋の歴史を、いずれは私なりにとらえなおすつもりである。

桂離宮と角屋が、意匠的にひびきあう。なかでも、松琴亭《しょうきんてい》と網代《あじろ》の間《ま》には、ほぼ同じ感覚がいきづいている。この現象には、そうとう興味深い文化史の謎がひそんでいると考える。しかし、ここへ本格的な分析のメスを入れた研究者は、まだいない。いや、両者の類似さえ、林屋以後はほとんど論じられてこなかった。

私の知るかぎり、唯一の例外は、建築史家の藤岡通夫がしるした一節だけである。藤岡は自分が編者となった『すみや』(一九五五年)で、こうのべた。網代の間で「思い出されるのは桂離宮の新書院の……」、と。ごく軽く、読みすごされかねないほど、ひかえめに。

なぜ、これだけおもしろいテーマに、誰もむきあおうとしなかったのか。とりわけ、桂離宮の研究者が目をそむけてきたのは、どうしてだったのだろう。私は、ながらくその点をいぶかしく感じてきたが、今回宮内庁の対応でよくわかった。なるほど、京都事務所にいる桂離宮のとりまきたちが、いやがってきたのか。角屋へふれそうな研究者たちは、出入りがゆるされなかったのかもしれないな、と。

さいわい、私に宮内庁への遠慮はない。宮中席次も、どうだっていいと思っている。桂離宮へ、角屋との類似性からせまっていけるのは、自分だけかもしれない。そう不遜にも、今は思いだしている。

まあ、老後は叙勲の可能性で目がくらみ、着手をひかえるかもしれないが。

コラム 真理と自由、そして学会

井上章一

国際日本文化研究センターには、創設前後のころ、さまざまな批判がよせられた。とりわけ、日本文化史研究とかかわる歴史学の諸学会からは、きびしくとがめられている。

周知のとおり、日文研は、これら諸学会と連携をとらずに設立の準備をすすめた。そういった学会にしてみれば、ないがしろにされたという印象は、いだくだろう。非難の声がおこることじたいは、その点に関するかぎり、やむをえなかったなと思う。

一九八六年一二月一三日には、まだ設立前だが、日文研問題を論じる集会がもたれている。専修大学を会場にして、シンポジウムがひらかれた。「『国際日本文化研究センター』の現状と問題点」が、それである。このシンポでは、吉田伸之と宮地正人の報告をめぐって、議論がすすめられた。

吉田報告では、こんな懸念もしめされていたという。日文研は、関連学会をおきざりにしたまま、政治主導で設立がいそがれている。そういう「『センター』では研究の自由がどれほど保障されるものか」(山田朗「シンポジウム〝『国際日本文化研究センター』の現状と問題点〟参加記」『歴史学研究』一九八七年三月号)。そこが、うたがわしいというのである。

自分史語りになるが、私は日文研で三〇年間、共同研究にかかわりつづけてきた。いろいろな分野の研究者ともであい、語りあっている。そして、歴史学方面をふくめ、みんなから判でおしたように言われることがある。

――君は好き勝手な研究ができていいね。その自由なところだけは、うらやましいよ。

日文研そだちの自分には、自由な勉強ができている。そして、その自由は正統的な学会に所属していると、あたえられないものらしい。私は彼らとのやりとりで、以上のような確信をいだくようになった。

――学会では発表できないけれども、ここの共同研究なら好きなことが言える。だから、あえて言います。

そんな文句とともに、報告をしてくれる共同研究の参加者もいる。こういう人とであうたびに、私はかみしめる。ああ、日文研では、諸学会にない自由を担保することが、できているんだな、と。

こういうことを、歴史学研究会の、たとえば吉田伸之はどう思うのだろう。そもそも、歴史学研究会じたいに、学問の自由はあったのか。若い研究者に、学界渡世の右顧左眄をしいてしまうことはなかったと、言いきれるのか。私は、一九八〇年代なかばの日文研批判者に、そう言いかえしたくてならない。

ただ、日文研でも、はじめから自由な場がたもてたと、そう言いきりにくいところはある。私は最初期の共同研究である「日本文化の基本構造とその自然的背景」（埴原和郎主催）を、ときおり参観した。そして、分野をこえた学際研究はむずかしいなと、痛感させられたことがある。

ほんとうに、さまざまな領域の研究者があつまる研究会ではあった。形質人類学、遺伝学、言語学、民族学、考古学、動物学、歴史学、神話学……。日本文化の源流にかかわる大家たちが、一同に参集していたのである。

そこでは、しばしば白熱した議論がたたかわされた。なかに、所属学会ごとの存立をかけたようなやりとりも、なかったわけではない。たとえば、つぎのような応酬が。

――考古学的には、おっしゃるような説がなりたつのかもしれません。しかし、歴史学の立場から見れば、とうていうけいれがたい話です。

――なるほど、遺伝学的にはそういう分布状況がひろいだせるのですね。しかし、民族学的にたしかめられるそれとは、ちがっています。

同じデータが、所属学会ごとに、ことなって解釈されていく。学会を代表するような碩学たちは、なかなかその点でおりあえない。越境的な成果をなりたたせるのは困難だなと、感じいらされた。

しかし、そのいっぽうで、私は今のべた状況じたいを、おもしろがるようにもなっている。はいっている学会によって、真理とされることどもには、ばらつきがある。学会という組織には、ことをゆがめてとらえてしまう一面もあるのだ、と。

だとすれば、そのことじたいが研究テーマになるのではないか。学会には、参加者に知的な拘束をかけるところがある。そのからくりを分析する研究も、やりようによってはできるかもしれない。私は、以上のようにも考えだしたのである。この論集も、その延長上にできた副産物にほかならない。

比較文学研究者は、百合若《ゆりわか》伝説の源流を地中海のユリシーズ伝説にあると、よく言いきる。しかし、国文学の研究者は、日本国内産という立論でまとめたがる。どちらの議論にくみするかという観察が、所属学会を見わけるリトマス試験紙になりうる。そんな学会模様もてがかりとしつつ、『南蛮幻想』という本をまとめたこともあった（一九九八年）。

いずれにせよ学会も、日文研の批判者たちが考えたほどには、無垢たりえないということか。

第三部

戦後は明治をどうとらえたか

論文

学問を、国という枠からときはなつ

――アメリカのフランス革命、ソビエトの明治維新、そして桑原武夫がたどった途

井上章一

一　英米系のフランス革命史

二〇世紀の後半に、フランス革命研究のありかたは、おおきく変貌をとげた。典型的なブルジョワ革命というひとところの位置づけは、もう通用しなくなっている。以前はさかんだった革命諸勢力の階級分析も、すっかり下火になってきた。

こういう史学史の推移を説明してくれる本や論文は、たくさんある。ここでは、その詳細にたちいらない。ただ、この趨勢に英語圏の研究が影をおとしていることは、強調しておきたく思う。

フランス革命研究の本場は、フランスである。なかでも、ソルボンヌ大学の革命史講座が、その船頭役をつとめてきた。

どこかに、自国の革命史をかがやかしく語りたいという想いも、あったせいだろうか。ながらく、ソルボンヌの研究者たちは、ジャコバン独裁期の達成を、力説しつづけた。民衆とブルジョワジーの提携などを、偉大な革命像とともに語ってきたのである。いわゆるジャコバン史学の総本山という立場から。

しかし、英米圏の学者たちは、そのこだわりからまぬがれやすかった。革命期とその前後をひややかにながめ

る仕事を、彼らははやくから世に問うている。ソルボンヌの熱気に、アングロサクソンが冷や水をあびせる。二〇世紀後半の革命史研究をめぐっては、そんな見取図も、部分的にはえがけよう。

事情通は、フランソワ・フュレの業績こそが、革命史観をかえたのだと言うだろうか。たしかに、フュレは一九六〇年代から、ジャコバン独裁を革命の逸脱としてとらえている。そのため、革命史学の主流からは「修正主義者」として、あなどられた。しかし、近年の研究は、フュレの見すえた方向へむかいだしている。

アングロサクソンではないフランス人のフュレが、革命史研究に画期をもたらした。フランスの国内だけをながめていると、そのようにも見えてくる。

だが、フュレの研究には英米圏の成果も、とりいれられている。たとえば、C・ジョンソンやR・ストーンらの社会科学が、導入されていた。アメリカのフランス史研究、D・ビーンやS・ヴァイトマンの仕事も、もちこまれている。

フュレに独創性はなかったなどということを、言いたいわけではない。ソルボンヌ主流とのはげしい応酬をふりかえれば、誰しもその傑出ぶりはみとめよう。ただ、アングロサクソンの学風も、フュレをとおして、フランスにはとどいていた。そのことは、いなめないと考え、あえて書きとめたしだいである。

フランス革命史研究に英米圏の研究が新機軸をつたえ、フランス本国でも検討される。二〇世紀も終わりごろをむかえてからは、その度合いが強くなっている。今は、本場フランスの学界も、L・ハントやR・ダーントンらの研究を、見すごせまい。どちらも、アメリカの学者だが。

ソルボンヌの歴史家が、おそらくフランスの栄光という想いにもかられ、すすめてきた。そんな革命史研究を、外国語の研究が左右することもありうる時代に、今はなっている。あるいは、研究の本場がおちいった困難を、外国人がときほぐしうる時代にと言うべきか。

もちろん、そうした力をおよぼしうる外国語は、英語にかぎられるのかもしれない。今日的な情勢の裏面に、英語という言語じたいが普及力を強めたことは、あげられよう。日本語で書かれたフランス革命史に、その力はとうていのぞめまい。

あとひとつ、フランス革命というテーマの魅力も、研究の国際化をおしひろげただろう。この革命は、近代民主主義の基礎をこしらえたと、世界各国でみなされた。だから、その歴史的分析には、さまざまな国々の歴史研究者がいどんできたのである。

フランス以外の研究者が、研究成果をつみかさねてきた。その一端を、フランス人にも読んでもらえるようフランス語で紹介した者は、いただろう。あるいは、国際的なひろがりを考え、英語にした者も。そして、フランス本国の革命史家たちも、いやおうなくそれらとむきあったのである。

世界中が、フランス革命をおいかけてきた。国際的な関心が、この革命にはむけられている。以上のような情勢も、フランス側に英語の革命史を、うけいれさせたろう。この下地がなければ、二〇世紀後半以後の門戸解放も、ありえまい。

ただ、同じころから、革命像は以前の輝きをうしないだしている。典型的なブルジョワ革命というかつての評価は、成立しがたいようになってきた。そのせいもあり、このテーマへ情熱をもやす研究者の数は、国際的にもへっている。すくなくとも、今の日本では、よほど下火になっていると、そう言わざるをえない。

世界がフランス革命史に、興味をもっている。その熱気が、フランス側の目も、世界へむけさせた。その力学じたいが、今は衰弱を余儀なくされている。外国の革命史が、今後もフランスの学界に感化をおよぼしつづけるかどうかは、わからない。

二　フランス革命と明治維新

フランス革命を、ブルジョワ革命として最初にえがいたのはジャン・ジョレスである。あの革命を、ただの政変としてとらえるべきではない。フランス史の社会経済史的な勢いが、政治の変動をもたらした。その必然的な展開により、ブルジョワジーという階級が権力をつかむにいたっている。ジョレスは、『フランス革命社会主義史』でそうのべた。

なお、この著作は二〇世紀初頭に書かれた『社会主義史』の、その一部をなしている。のちには、フランス革命を論じたところがきりはなされた。そこだけで、独立した作品となったのは、一九二四年からである。統一社会党の指導者であったジョレスが暗殺された、その一〇年後であった。

一九二六年にソルボンヌの革命史をひきついだアルベール・マチエはこれを高く評価する。こうして、ジョレスのブルジョワ革命論は、革命史講座の公認学説になっていく。マルクス主義の歴史観が大学にうけいれられた、その典型例だとみなしうる。

じっさいには、フランス革命の前から貴族層は、いちじるしくブルジョワ化していた。革命をつうじて、諸産業が飛躍的に発達したわけではないことも、今はわかっている。だから、この革命が社会のありかたをおおきくかえたとは、言いづらくなってきた。前にものべたとおり、現在はブルジョワ革命説を否定するのが、通り相場となっている。

さて、日本では明治維新とフランス革命が、しばしば対比的に語られてきた。論じ手の多くは、たがいの進歩性をくらべ、フランス革命に軍配をあげたものである。

フランス革命はブルジョワ革命をなしとげたが、維新はそこまで時代をうごかしていない。ブルジョワの台頭も見られたが、彼らは封建的な反動勢力との妥協を余儀なくされた。けっきょくは、両者がバランスをたもつ絶対王政＝明治政権を、出現させている。これが、維新を論じるさいの一般通念に、ひところまではなっていたのである。

維新に進歩性をみとめた少数の研究者も、いなかったわけではない。しかし、そんな人びとも、維新を「不徹底」なブルジョワ革命として、位置づけた。フランス革命にくらべれば、革命性の貫徹する度合いは弱いと、みなしてきたのである。

今ふりかえれば、みなフランス革命に幻想をいだいていたのだと言うしかない。しかし、そのことは、またあとで問題にしよう。ここでは、維新を退嬰的に位置づける史観の成立と展開へ、目をむけたい。あるいは、その衰退にも。

維新を社会革命とみなす考えは、明治期の史論家たちもいだいていた。竹越与三郎や徳富蘇峰が、そういう維新観をあらわしている。

これらをしりぞけたのは、昭和のマルクス主義者たちであった。彼らは、『日本資本主義発達史講座』の諸論文で、維新のおくれた面を強調したのである（一九三二年）。いわく、維新で日本はようやく、ブルジョワ革命の前段階にたどりついた。ブルジョワと封建勢力のならびたつ絶対王政が、やっとのことで成立した、と。

フランス革命は、はるかに先をゆくすすんだ革命として、提示されている。いっぽう、維新は八〇年ほど前のフランス革命よりおくれたところへ、位置づけられた。そして、日本ではその後、この考えが大学をはじめとする知的世界の平均的な理解となる。二〇世紀の後半までは、明治維新＝絶対王政成立説が、たもたれたのである。

くりかえすが、フランスのマルクス主義者は、フランス革命を進歩的にえがきだした。一九二〇年代の左翼学説は、これをかがやかしいブルジョワ革命として評価する。そして、二〇世紀のおわりごろには、それがくずされていった。

いっぽう、日本のマルクス主義史家は、維新を進歩性にかける政変としてとらえている。一九三〇年代の左翼学説は、反動的な面もある絶対王政の政権だと、維新政府を位置づけた。そして、やはり二〇世紀も終盤をむかえたころから、この学説は見はなされるようになる。

学説のうつりかわりは、おおむね並行的である。どちらも、左翼的な観念の盛衰にともない、うかびあがりしずんでいった。ユーラシアの両端で、ほぼ同じように学説史が推移したのである。

だが、フランスの左翼は、自国の革命を前むきにうけとめた。いっぽう、日本の左翼は、自国の維新を後ろむきに理解しようとする。両左翼のあいだに横たわるこの溝は、やはり気になる。どうして、こういうくいちがいができたのかは、説明されるべきだろう。

日本は、一九世紀の後半から、西洋化をめざしてきた。フランスをはじめとする西洋は、まなぶべき手本となっている。だから、革命性はないとする維新像の浮上も、やむをえなかったのだとみなされようか。

しかし、明治の史論家は、しばしば維新を社会革命として提示した。のちの左翼ほどには、停滞的な出来事として見ていない。彼ら史論家の延長上に、維新の革命性を強調する左翼は、どうしてあらわれなかったのか。この点については、理にかなった読み解きが、ぜひともほしいところである。

さきほどもふれたが、フランスの革命史研究には英米の学説も、感化をおよぼした。しかも、大なり小なりソルボンヌのジャコバン史学へ、修正をせまる方向で。そして、これらは、じゅうらいの左翼図式をくずすことに、一定の効果をもっていた。

日本の学界も、一九六〇年代には、アメリカのいわゆる近代化論と、であっている。江戸時代に、近代へとむかう勢いのめばえを読みとく諸学説が、つたえられた。J・W・ホールやM・B・ジャンセンらの研究である。日本の歴史学は、日本の近代化を停滞的にえがきたがってきた。江戸時代のことは、明治の絶対王政が成立する前の封建時代として、位置づけている。アメリカの近代化論とはおりあいのつけづらい構えを、とっていた。けっきょく、日本の歴史学はこれらをはねつけている。日本の近代化を前むきに、しかも江戸時代からみとめる学説は、うけいれがたかった。それらはライシャワー路線のイデオロギーで、アメリカの外交を政治的にささえている。そうきめつけることで、まともにはとりあわないこととした。

ただ、歴史学の主流からはなれたところへは、これらも影響をおよぼしている。江戸時代を近代的にとらえる史観は、歴史学の周辺にならば、ひろがっていった。その普及は、やがて明治＝絶対王政説を、がんこなこだわりとして印象づけるようになる。

一九三二年以来のこの学説を、もう今の歴史家は支持しない。二〇世紀の後半から終盤にかけて、しだいにおとろえ、今はほぼきえさった。それを積極的に否定する学問的な検討が、歴史学の場でなされたわけではない。しかし、時代が下がるとともに見はなされ、いつのまにか雲散霧消した。

その衰微へ、アメリカ渡来の近代化論が決定的な役割をはたしたとは、言わない。それは、さまざまな要因のひとつでしかないだろう。

ジャコバン史学をおとろえさせたのも、英米圏のフランス革命史研究だけではない。ただ、アングロサクソンの研究は、その頽勢をなにほどかあとおししていたろう。アメリカの近代化論も、明治＝絶対王政説の衰頽に、すこしは効果をおよぼしたと考える。しかし、それを原因のすべてだと、みなすつもりはない。

両者をくらべれば、日本における近代化論の影響を、より限定的にとらえるべきだろう。フランス革命史が、英語の研究でうごかされる度合いには、たぶんおよばないと思う。

維新や近代日本をめぐる研究は、フランス革命史ほど国際化されていなかった。日本の歴史研究は、ほとんど日本の学者だけによって、すすめられてきたのである。

維新については、律令制や室町幕府の研究より、外国人の成果がたくさんあるだろう。日本史のなかでは、比較的世界にひらかれたテーマだと思う。にもかかわらず、その学説史をふりかえる読み物に、外国人の研究は、見いだしづらい。たいていのレビューは、日本人の研究ばかりをつらねて、書いている。

フランス革命史の学説史整理には、しばしば英語の成果も散見する。くらべれば、維新史研究のそれは、鎖国的である。

もちろん、最大の理由は、維新史がフランス革命史ほど、人気の高くないことにある。世界の歴史学は、フランス革命に興味をそそいできた。しかし、維新には一部の物好きしか、この言いかたはまずいが、目をむけない。そのちがいも、日仏両国の学説史整理には反映されているだろう。

じっさい、ルイ一六世やロベスピエールの名は、世界中の読書人に知られている。しかし、徳川慶喜や西郷隆盛の名になじんだ外国人は、日本研究者以外に、まずいない。この圧倒的な差に目をつむり、維新研究史の閉鎖性をあげつらうのは、不公平である。

いずれにせよ、日本とフランスの学説史は、よく似た形で推移した。二〇世紀前半の左翼的な革命史と維新史は、ともに二〇世紀の後半から下火となる。そして、英語の仕事は、影響の差はあっても、それらをおとろえさせる方向で作用した。以上のような点では、つうじあっていたのである。

三　桑原武夫の言いだしたこと

一九三〇年代から、日本のマルクス主義史家は、明治維新の革命性を否定的に評価した。それは、フランス革命のようなブルジョワ革命の域に、たどりついていない。その前段階となる絶対王政を登場させたにとどまる、と。その革命性をみとめる少数派も、「不徹底」なという形容を、しばしばそえている。

この消極的な維新像は、マルクス主義者の枠をこえ、学界ぜんたいにはびこった。啓蒙的な歴史の読み物、あるいは学校の歴史教育にも、ひろがっている。

そんな風潮のなかで、維新の革命性を前むきに評価したのは、仏文学者の桑原武夫である。桑原は一九五六年の年頭に、新聞紙上で「明治の再評価」を発表した。そして、同時代の一般通念に背をむけた維新観を、うちだしたのである。こんなふうに。

明治の変革を、西洋の古典的ブルジョワ革命にくらべて、その欠点のみをあげるのは、歴史無視的な劣等感であって、これは後進国型のブルジョワ革命と、はっきり認める方がよい。(『朝日新聞』一九五六年一月一日)

明治維新は「後進国型」のブルジョワ革命であるという。この「後進国型」という言葉がもつ含みを、この時桑原はあきらかにしていない。その表現は、「不徹底」なブルジョワ革命とかさねて読みとりうる余地を、のこしている。一部のマルキストが、桑原にさきがけて下した評価を、反復しただけではないのか、と。

のちに、桑原は「後進国型」という言いまわしの含意を、講演のおりに解説している。

幕末の日本では、まだブルジョワが成長していない。そんな「後進国」で「ブルジョワを成長させ」た「革命」こそが、明治維新であった。「ブルジョア階級がかなり成熟したところで行なわれたブルジョワ革命」とはちがう。「後進国型といったのは」その「ことを示したいからであ」る（「明治革命と日本の近代」一九七三年『ヨーロッパ文明と日本』一九七四年所収）。

フランスなどでは、革命の前からじゅうぶんブルジョワが成長していた。だが、ブルジョワが未成熟な日本でおこった革命は、彼らをそだてているという。ブルジョワ層の台頭をうながす度合いをくらべれば、日本のほうが画期的であった。「後進国型」という言葉の説明で、桑原は事実上そう言っている。

「不徹底」なブルジョワ革命説にくみする一部のマルキストとは、つながらない。桑原は、むしろ日本の維新を、より徹底的であったと、みなしている。

今、紹介した講演で、桑原はとりわけ、維新が身分制の解体をもたらしたと、強調した。その度合いでは、イギリスやフランスの革命を、上まわっているという。「身分制の廃止という点については、日本のほうがはるかに徹底しているのです」、と（同前）。

二〇世紀中葉から後半にかけての平均的な明治維新観とは、まったくおりあえない。桑原がたっていた地点は、同時代の研究者たちがたちどまっていた所を、つきぬけている。すくなくとも、一九五六年段階での発言としては、群をぬいていたと言ってよい。

ただ、一九六〇年代にはいり、桑原は維新の語りかたをかえていく。時代が下るにしたがい、「後進国型のブルジョワ革命」とは、言わなくなった。「文化革命」という言いまわしを、好んでつかうようになる。

社会変動の徹底性に、自信がもてなくなったせいではない。身分制の廃止や社会階層の平準化が、西洋より急心的であったことは、論じつづけている。だが、それとともに桑原は、江戸時代との文化的な断絶も、強調しはじめた。明治以後の、生活習慣までふくむ激変を、それまで以上に重くとらえだしたのである。

フランス革命の前後で、衣食住のありようは、明治維新の前後ほどかわらなかった。フランスでの変化は、ないわけでもないが、それほどおおきくない。くらべれば、日本では、大転換がはじまりだしている。そこを「文化革命」とよぶことで、維新の急進性を強く印象づけようとしたのである。

なお、桑原じしんは、呼称変更の理由をある座談会で、つぎのようにもつたえていた。

以前に日本の明治維新を後進国型のブルジョワ革命と言ったことがありますが、こういう用語はもうあまり使いたくないと思っている。つまり明治維新をマルクス主義風な発展段階説で説く必要はまったくないし、またそれで簡単に解けると思わない。(『明治維新と近代化』一九八四年)

マルクス主義の用語には、よりかかりたくない。だから、ブルジョワ革命うんぬんというように論じることは、ひかえるという。

余談だが、一九六〇年代のはじめごろから、桑原はマルクス主義に共感をよせなくなった。五〇年代までは、一定ていどの理解もしめしている。しかし、あるできごとをきっかけに、不審感を強めていった。学界の裏面史めくが、説明をしておこう。

明治維新の革命説を、一九五〇年代にうちだした。そのことで、桑原は当時の左翼的な歴史学界と、にらみあう恰好になる。京大人文研の同僚であった井上清も、対立しあう構えを見せはじめた。

一九六一年一二月の日本史研究会に、井上は桑原をまねいている。明治維新が革命であったか否かを、そこで語りあおうというのである。会場は立命館大学であり、司会役は岩井忠熊がひきうけた。桑原にとっては、アウエイな場であったと思う。

だが、桑原はこのさそいをうけいれた。自分と考えかたの近い河野健二らもともない、その場へおもむいている。日本史研究会側からは、井上のみならず芝原拓自や安丸良夫らが、参加した。

その記録は『日本史研究』の一九六二年三月号に、のっている。これを読めば、たがいにゆずりあえない議論であったことが、よくわかる。明治維新の革命説が、当時どれほどうとんじられていたのかも、了解されえよう。

『桑原武夫集』の月報（四）で、桑原に同伴した河野が、当時の想い出を書いている。

明治維新論が盛んであった頃、桑原さん始め、人文研の西洋部の若干が、立命館大学に招かれて、そこで歴史学研究会や日本史研究会に属する進歩派の若手研究者から批判を浴びせられたことがある。もちろん、桑原さんは微動もされなかったが、マルクス派や社会科学者の言動にたいする疑念や不信感は、この頃から桑原さんの心中で大きくなったのではないかと思う。（「古風とつよさと」一九八〇年）

マルクス主義の「用語はもうあまり使いたくない」。そう考え、ブルジョワ革命ではなく、「文化革命」と言いだした。桑原の気持ちを、そういう方向へむけたのも、立命館での討議であったろうか。

余談ついでに、あとひとつ。京大人文研へ井上がまねかれたのは、一九五四年の一月であった。この人事には、桑原もふかくかかわったと言われている。

桑原の井上認識に、奈良本辰也が、やはり『桑原武夫集』の月報（三）でふれている。

奈良本によれば、井上を招聘したのは「桑原さんの人事であった」。ソビエトを訪問した時に、井上が彼地でうやまわれていることを、桑原は知ったという。そのことが、井上清の名をおぼえさせ、人事の「きっかけを作ったらしい」。以上のように、奈良本は書いている（「平和問題談話会と桑原さん」一九八〇年）。

おもしろい話だが、しかしこれはなりたたない。桑原が日本学術会議の視察でソビエトへでかけたのは、一九五五年の五、六月である。もう、井上が人文研へきてから、一年以上たつ。井上の人事は、とっくにおわっていた。

ただ、桑原がソビエトで井上の存在感を、あらためて見なおしたのは、まちがいない。じっさい、桑原は彼地の歴史家たちと語りあい、気がついた。日本の歴史家で「いちばん有名なのは井上清君」だということに（『ソ連・中国の印象』一九五五年）。

井上は「私の方の研究所の助教授です、というと改めて顔をみなおす人もある」。そんな井上の名声で、桑原は「面目をほどこした」らしい。「ソ連では井上助教授でいささかとくをした感がある、一笑」と桑原は書いている（同前）。

いずれにせよ、桑原も共産党国際派の闘士である井上を、はじめは買っていた。一九五四年の招聘時のみならず、翌年のソビエト訪問にさいしても。最初から、「マルクス派」に「疑念」をもっていたわけではない。ねんのため、のべそえる。

四　アンドレ・マルローとアンドレ・ジッド

桑原武夫が明治維新をブルジョワ革命であると言いだしたのは、一九五六年からである。だが、桑原じしんが、はじめから維新をそう位置づけていたわけではない。以前は、これをおくれた変革として、とらえていた。平均的なマルクス主義史学と同じように。

一九四九年に、桑原は「フランス的ということ」を書いている。そのなかで、日本とフランスの、さまざまなちがいに言及した。そして、両者のずれを、社会的な進み具合の相違にふれつつ、説明している。

いわく、フランスは「一五〇年前にブルジョワ革命を完成した」。だが、「日本では敗戦後ようやくかちえた自由すらなおしばしば危機にひん」している。この差も「考慮に入れねばなるまい」、と（『フランス学序説』一九七六年所収）。

維新でブルジョワ革命がなりたったというどころの話ではない。一九四五年の敗戦後になっても、「自由」がかちとれたかどうかは、うたがわしいという。

歴史学界の大勢も、戦後しばらくのあいだは、こういう考えをたもっていた。そして、その一般通念に、桑原もある時期までは、したがっていたのである。

のちに桑原は、ある座談会で、自分がいだいてきた維新観の変遷を語っている。これにしたがい、その推移をしばらくおいかけたい。

一九三七年から二年間、桑原はフランスに滞在した。ソルボンヌへ、文学研究のために留学している。時期的には、『日本資本主義発達史講座』が刊行されてまもないころである。維新は絶対王政を出現させた。まだ、日本はブルジョワ革命さえ、むかえていない。そんなマルクス主義史学の見解が、知的世界をおおっていたころである。

桑原は言う。「当時の私は明治維新を何となく低く評価していたようです」。「多少マルクス派の影響もあったのでしょうか」、と。そして、彼らからうけた感化のありようを、こうふりかえる。維新を停滞的に評価していたのは、「理論追求の結果ではなく、気分でしてね」、と（前掲『明治維新と近代化』）。

『日本資本主義発達史講座』の諸論文が展開する理屈を、了解しきったわけではない。だが、維新を軽んじる「気分」は、自分にもとどいていたという。多少なりとも進歩的であろうとした大学人に、その「気分」はわかちあわれていただろう。フランス文学を専攻する桑原も、そうした圏内のひとりであったということか。

しかし、フランスへでかけた桑原は、現地の知識人がいだく維新像に、おどろかされた。

われわれの尊敬するフランスの……新思想をもっているはずのアンドレ・ジッドとかアンドレ・マルローといった人が、明治維新を評価している。マルローのところへ行ってきた今日出海《こんひでみ》君が、「おい、明治維新を

ほめとるぞ」と、教えてくれてびっくりしたわけです。（同前）

マルローは、フランス共産党によりそう作家として、知られていた。一九三三年には、共産党の依頼で、ジッドとともにはたらいている。

当時、ナチスの新政権は、国会議事堂への放火事件を口実に、ドイツ共産党を指弾した。放火犯として、ディミトロフをうったえている。このディミトロフをすくうべく、嘆願書をもって、マルローらはベルリンへでかけていた。

桑原の滞仏中に、マルローはスターリンへの共感をしめしている。スペイン内戦への支援という事情もてつだっての言動では、あったろうか。

スターリン体制下のコミンテルンは、一九三二年に、「日本に関するテーゼ」をだした。一九三二年段階の日本を、絶対王政下にあるときめつけたテーゼである。『日本資本主義発達史講座』の立場は、これにより箔がついてもいた。いっそうかがやかしくも、うつりだしていたのである。

そんな「気分」の蔓延する時代に、スターリンよりのマルローが、維新を「ほめ」た。そのことに、桑原は「びっくり」する。「気分」を共有しあっていただろう今日出海ともども、おどろきあったのである。

なお、のちには作家となる今も、戦前はフランス文学の研究にいそしんでいた。ジッドの翻訳なども、てがけている。明治大学の教授でもあり、フランス滞在中は桑原とも、しばしば語りあっていた。

ジッドやマルローが、維新を高く評価する。そのことには、よほど新鮮な印象をもったのだろう。維新をブルジョワ革命だとした一九五六年の文章でも、桑原はこう書いている。

私は一九三七年フランスに行ったとき、ジッド、マルローなどが、日本の軍国主義をはげしく批判しながらも、明治の躍進を讃美しているのに驚いた。（前掲「明治の再評価」）

維新のことは、あらためてとらえなおさなければならない。後ろむきにのみ位置づけようとするこれまでの認識は、あらためる必要がある。そう桑原に発想の転換をうながさせた要因のひとつは、マルローらの日本理解であった。フランス左翼の維新観が、ひきがねのひとつになっていたのである。

あとひとつ、京都大学人文科学研究所での共同研究に、ふれておく。桑原は一九五三年から、新しい研究会をはじめていた。『一八世紀思想とフランス革命』がそれである。じゅうらいから桑原は、有志とともにルソーや百科全書の研究を、てがけてきた。その延長に、フランス革命をとりあげたのである。

桑原はこの研究会をつうじて、フランス革命観をあらためるようになる。じゅうらいのマルクス主義史学がとなえたほど、この革命は社会をかえていない。ことなった階級がぶつかりあう闘争の場とは、言いがたいところもある。そういう歴史の現実を、見きわめるようになる。ある意味で、のちに「修正主義」となじられた認識へ、先駆的にたどりついていたのである。

維新後も、日本には古くさい封建制がのこされたと、マルクス主義はみなしていた。根拠のひとつは、地主制の残存にある。地主が小作から収奪する仕組を、多くの歴史学者は前近代的な土地制度だと、うけとめた。だが、フランス革命も、地主制を一掃はしていない。ジャコバン独裁の、革命がもっとも尖鋭化された時期でさえ、それを温存させている。その点では、フランス革命と維新のあいだに、さしたるちがいが見いだせない。この判断にもささえられ、桑原は明治維新＝ブルジョワ革命説を、うちだした。フランス革命がもたらしたていどの社会変革を、学界はブルジョワ革命とよんでいる。ならば、とうぜん維新も、同じように、あるいはそれ以上に評価をされるべきである、と。

さきに紹介した座談会で、桑原は維新観がかわりだした事情を、こうのべている。

人文科学研究所でフランス革命の共同研究をはじめた。それまで日本ではフランス革命……をまるで理想の革命のように考えていたけれど、よく調べてみると、土地が完全に解放されたわけでもないし、いろいろ不十分な点がある。そういうことを一切捨象して……無条件にほめているのはどうも無理があるのではないかということを感じるようになった。(前掲『明治維新と近代化』)

フランスでマルローやジッドの維新観を知り、はっとさせられた。フランス革命の研究にいどみ、やはり維新像はあらためられるべきだと、考えだす。桑原の見解は、以上のような筋途をたどりつつ、かわっていった。外国人の意見に耳をかたむけつつ、自国の歴史像を再検討しようとする。あるいは、外国でおこった出来事とくらべつつ、日本の問題を考えなおしていく。桑原の明治維新革命説は、そうして浮上したのである。

これまでの維新研究は、「すべて国内向けの理論で」なされてきた。「国内だけで評価されたり批判されたりしている」。しかし、それではこまる。「学問というものは、国の問題を論ずる場合でも一つの国だけで論じてはいけない」。「国際比較的に考えなければならない」と、桑原はうったえる(同前)。

ここには、日本についての学問を、外へむけてひらかせようとする志がある。国内の学界事情でこうむる束縛から、ときはなたれ、とらわれない視野を獲得する。その手がかりは海外にあるとする心構えが、うかがえる。国際日本文化研究への展望を、早くからいだいていた学者だと、あらためて思い知る。

五　国際日本文化研究センターができるまで

桑原武夫が京都大学の人文科学研究所へ赴任したのは、一九四八年一一月であった。その時、桑原はまだ知りあったばかりの鶴見俊輔を、助教授にひっぱっている。「フランス思想史」講座の助教授に、フランス語のあまりできない鶴見を、抜擢していた。

鶴見がアメリカでおさめたプラグマティズムの考え方は、フランス研究にもいかせる。おそらく、桑原なりにそう見きわめてもいたのだろう。どんなテーマでも、「学問」を、「一つの国だけで論じてはいけない」。この想いは、もう着任そうそうのころから、人事面にもおよびだしていたようである。

一九五八年三月には、人文研日本部の助手として、飛鳥井雅道が採用されている。フランス文学専攻の大学院生が、日本近代文学研究のにない手として、まねかれた。この人選にも、桑原の思惑ははたらいていたという。「外国文学の知識をふまえて日本研究ができる人が望ましい」。そんな「桑原武夫の意向があって、飛鳥井氏が選ばれた」。以上のような回想を、京大文学部へ飛鳥井と同期に入学した安丸良夫が、書いている(『戦後歴史学という経験』二〇一六年)。

私事にわたるが、不肖私じしん、飛鳥井から同じような想い出話を聞かされている。「一つの国だけで論じてはいけない」。このこだわりは、飛鳥井の招聘にさいしても作動したと見て、まちがいないだろう。まあ、フランスへのかたよりには、問題もありそうだが。

桑原は、国際日本文化研究センターの設立にさいしても、力をつくしてきた。もちろん、初代所長・梅原猛の力技がいちばん物を言ったことは、うたがえない。しかし、国際的な視野で日本文化を考えるという創設理念は、誰よりも桑原に由来する。日文研は、桑原の執念を具現化させたような研究所であると、私は考える。

桑原は、日文研創設の一年後、一九八八年に病死した。その七回忌にあたる集いが、じつは日文研の講堂で、もよおされている。その場で梅原は、国立民族学博物館の初代館長・梅棹忠夫と、桑原の想い出を語りあった。そこで、梅原は日文研の創設にあずかった桑原の役割を、こうふりかえっている。

桑原先生の思想は非常にインターナショナルでありながら、日本についても大変関心がある。インターナショナルな日本研究、それをやはり先生は目指されていた……桑原先生は全体の指導者であった。あるとき先生はこう言っておられた。「梅原は馬力はすごいけど、どこへ飛んでいくかわからない」と(笑)。結局、エンジンは私で、ハンドルは桑原先生。(杉本秀太郎編『桑原武夫——その文学と未来構想』一九九六年)

七回忌という場ゆえの、桑原にたいする追従口は、あったかもしれない。日文研ができあがるまでの「ハンドル」役は、「桑原先生」であるという。この言葉を、話半分に聞いた聴衆もいたような気はする。

しかし、以前から桑原は、国際的な日本研究のたいせつさを、論じてきた。日文研の理念めいたことを、設立へいたる前からとなえていたのである。「ハンドルは桑原先生」という文句も、文字どおりにうけとめたい。

梅原の回想をつづけよう。桑原は理念上の「ハンドル」役のみならず、文部官僚との折衝でも力を発揮した。設立に消極的な役人たちの前で、こうすごんだこともあったという。

文部省のお役人がなかなか思い切れないとき、桑原先生は「私の一周忌にできるようなことではあきまへんで」と言われた。これは迫力があったですね(笑)。反対している人もちょっと顔色を変えた。そういう形でできた。(同前)

こういう言いまわしが、はたしてどのくらい効果的にひびくのかは、わからない。逆に、期待をうらぎる方向で、作用をおよぼす可能性もある。ただ、桑原が日文研へかたむけていた意欲のほどは、うかがえよう。

話を明治維新にもどす。桑原は戦前のフランスで、維新の成果をりっぱであったとみなす知識人に、であっている。さきほどそう書いたが、じつはソビエトや中国でも、同じ経験をあじわった。維新を高く評価した一九五六年の新聞原稿では、こうも書いている。

昨年ソ連と中国を訪れたさい……明治の革命が高く評価されていることを知った。(前掲「明治の再評価」)

これは、そのとおりであったろう。桑原がソビエトをおとずれたのは、くりかえすけれども一九五五年であった。この同じ年に、同国のハ・テ・エイドゥスが『日本現代史』を、あらわしている。維新で「未完成」ながらブルジョワ革命がなしとげられたと、そう論じた本である。

一九五八年には、『日本近代史』が刊行された。こちらは、「ソ連邦科学アカデミー東洋学研究所」の編集という体裁で、あまれている。そして、この本はエイドゥス以上に、維新の革命性を強調していた。のみならず、一六四〇年代の寛永期に、近代化の端緒を読みとっている。

ソビエトの歴史家たちは、基本的にみなマルクス主義者であった。そちらへ傾斜する度合いは、日本の歴史学界を上まわっていただろう。にもかかわらず、維新にたいしては革命的であったという評価を下している。

そして、日本の歴史学は、おおむねこういったソビエトの維新論を、黙殺した。アメリカの近代化論には、批判的な言辞をなげつけている。にもかかわらず、ソビエト側の日本近代史を、あまり問題にしようとはしていない。

まだある。ソビエトの歴史学は、一九三〇年代以後、奈良時代を封建制の中世とみなしてきた。ニコライ・コンラッドがこの見取図をととのえ、それをソビエト末期までたもっている。

日本とソビエトの歴史家は、同じように、マルクス主義を信頼してきた。だが、たがいにずいぶんことなった歴史像、日本史の構えをこしらえている。これは、いったいどういうことなのか。なぜ、ソビエトでは奈良時代が封建制の中世になり、日本では律令制の古代となるのだろう。

こういう疑問をぶつけることで、日本国内の日本史をゆさぶることはできまいか。その存立基盤を問いただすことも、可能になるだろう。私は国際日本文化研究センターという自分の職場で、そう考えてきた。自分なりに、桑原がいだいていた志を、どこかではうけついでいるのかなと思っている。

対◇談

明治絶対王政説とは何だったのか

竹村民郎
井上章一

明治維新＝絶対王政成立説ができたころ

井上　私たちが学校でおそわる歴史は、時代によって大きく異なります。歴史じたいに、歴史があると思いますね。たとえば、明治維新で絶対王政ができたという歴史の説明も、そのひとつにあげられます。私が二〇歳台のころは、一九六〇年代後半から七〇年代前半までですが、そうならいました。ですが、今はそんなふうにおしえないでしょう。

竹村　以前は教科書にも、そう書いてあったんだよね。敗戦後、進歩的と称された歴史学界においては「レジェンド」（「伝説」）となった歴史家たちは、すべて、明治維新＝絶対王制の成立説の立場に立って教科書のみならず、広く啓蒙的な歴史書などでも明治維新で絶対王制ができたと書いている。例えば、奈良本辰也は『現代の日本史――市民教室』（一九六四年）の中で「日本の近代的な統一、絶対主義的な統一というものが、幕府の手でやられず、そのかわりに天皇制の形をとるよう」になったと書いた。つまり、明治維新で、日本には絶対王政が成立したとするいわゆる「講座派」の歴史観が、そのまま学校のみならず、ジャーナリズムの世界でも幅をきかせていたってことじゃあないかな。

井上　戦前の『日本資本主義発達史講座』（一九三二～一九三三年）につどった歴史家たちがこしらえた歴史観ですね。それを、よく「講座派」史観という。で、その「講座派」が歴史学の世界で大勢をしめていた時期、二〇世紀なかばごろに、今日は光をあててみたい。今考えるととんでもないあんな歴史観が、どうしてまかりとおったのか。そのことを、検討していきたい。竹村さんは、「講座派」の全盛期をごぞんじです。歴史研究者としては、はやくから袂をわかたれたわけですが、とにかく生き証人でいらっしゃる。いろいろ、お話をうかがえればと思います。

竹村　井上さんからぶ厚いお手紙をいただきました。微に入り細に入る、いろんなことをおたずねになりたい御様子が、うかがえました。こりゃあ、たいへんなことをひきうけちゃったなって思いましたよ。ですが、これも年を取った者の務めかなと、自分に言いきかせました。歴史教科書の記述に重大な誤りがあり、とくに明治維新や近代史についてひどく、誤りは理論のみならず、事実の記載にまで及ぶとすれば、これは見逃すわけにはいきません。こうした意味で、本日は出席させて頂きました。

井上　私は学生時代の一九七六年に、フランスのヴェルサイユをおとずれました。フランス絶対王制の遺構であるヴェルサイユ宮殿も、じっくり見てきたんです。その時から、変だなと感じだしていました。これが絶対王政のシンボルなら、明治の君主制とはぜんぜんかさならないなと思いましたよ。まあ、このことはあとでもういちどふれるつもりです。まずは、「講座派」のなりたちから。明治絶対王政説の学説は戦前の一九三〇年代初頭にかためられますよね。例の『日本資本主義発達史講座』全七巻の諸論文で。

竹村　そのとおりだけど、その前にきちんとしておきたいことがあります。たしかに、戦前のマルクス主義者は、その多くが「講座派」につどいました。明治維新で絶対王政ができたとする見方を、彼らが普及させたのはまちがいありません。ですが敗戦前のマルキストたちがみんなその方向へむかったわけじゃあ、けっしてない。明治維新をブルジョワ革命のひとつだとみなす人たちだって、いっぽうにはいました。

井上　いわゆる「労農派」ですね。

竹村　そう、雑誌の『労農』をよりどころとしたマルクス主義者たちです。創刊されたのは、一九二七年でした。堺利彦、山川均、荒畑寒村、鈴木茂三郎らをはじめとする明治期からの先輩たちが無産政党の合同を促進する「労農派」の運動を推進したんですね。主な理論家には前記の理論家のほか、猪保津《つ》南雄《なお》、櫛田民蔵、大内兵衛《ひょうえ》、向坂逸郎《さきさかいちろう》、土屋喬雄《たかお》などがいる。その創刊号で、山川均は「政治的統一戦線へ！」を書き日本資本主義の性格と政治権力の規定を明らかにしました。彼によって、労農派の理論の枠組みというべきものが提言されたのです。つまり「われわれの政治闘争の対象はブルジョアの政権」とし、明治維新の評価においても不徹底なブルジョア革命だとしたのでした。

井上　マルクス主義者だけど、共産党にはくみしない。そういう人たちが、労働者の連帯をよびかけた。そして、共産党よりの人たちとはちがう明治維新理解を、うちだしたんですね。

竹村　共産党をリーダーとはしない無産政党が、つながりあえばっていう話ですよ。ソビエト・コミンテルンの二七年テーゼにたいするアンチを、うちだしたんです。自分たちの打倒すべき相手は、帝国主義的なブルジョワ国家だというんですよ。

井上　当時は、日本共産党（一九二二年設立）のすすむべき途を、しばしばソビエトがしめしていました。そこには、明治維新の歴史的な位置づけも、しるされます。で、一九二七年の指導方針、テーゼは、地主や天皇制を封建的とみなしていた。これに「労農派」は、納得しませんでした。敵は封建制、あるいはそれとともにある絶対王政なんかじゃあない。敵の性格を、見そこなうなというわけですね。

竹村　敵は独占金融資本だ。封建制をのこした絶対王政なんかじゃあないという理屈になります。これが「労農派」のとなえる明治維新＝ブルジョワ革命説の原形になりました。さらに言えば労農派の掲げた革命の戦略は、社会主義革命であるということです。

井上　「講座派」の『日本資本主義発達史講座』が刊行されだした直後に、コミンテルンは三二年テーゼを発表します。これは、二七年テーゼ以上に、当時の日本が封建制とともにあることを強調しました。つまり、絶対王政説の「講座派」を、ソビエトがあとおししたわけです。プロレタリアートの祖国であるソビエトが、「講座派」を支持しているように見えました。そのことも……。

竹村　そりゃ三二年テーゼで、当時のマルクス主義者たちは、御墨付きをもらったように思ったんだよ。だけど、明治維新＝ブルジョワ革命説が、それでなくなってしまったわけじゃあない。「労農派」の論客たちは日本共産党―講座派のいわゆる二段階革命の規定を批判しつづけました。二段階革命の規定とは、当時の社会の段階と権力機構を絶対主義の段階と規定し、当面の革命をブルジョワ革命とし、社会主義革命は、その後に来るという、二段階革命論のことです。三二年テーゼのあとも、社会主義革命の戦略規定をかかげて「講座派」とはりあいました。

井上　敵は、大日本帝国のことですが、ブルジョワ国家だと、「労農派」は言いました。だけど、左翼の主流をなしていた「講座派」は、敵を絶対王政と見たんですね。そして、その見方を、その時はソビエトもあとおししたわけです。ですが、「労農派」は、ソビエトの威光にもなびかなかった。

竹村　うん。でもね、「労農派」にだって、あいまいというか、すっきりしないところはあったんだよ。三二年テーゼに接したあとは、いくらか態度をかえる論客も、ではじめたんですね。たとえば、明治初期は絶対王政だったかもしれない、なんてね。土屋喬雄なんか、そうだった。

井上　それとくらべれば、「講座派」はゆらがなかった？

竹村　まあ、より教条的だったということかもしれないけどね。あの、さっき、三二年テーゼの御威光で、「講座派」が主流になったって話をしましたよね。たしかに、そのとおりなんだけど、それだけでもないいんですよ。

井上　別の要因も……。

竹村　ありました。なんと言ったってね、「講座派」のほうが議論はかっこよかったんだよ。エンゲルスが『家族、私有財産および国家の起源』（一八八四年）で書いています。封建領主とブルジョワジーが互角の力をもっている状態が、絶対王政をささえる。どちらも決定的な覇権を勝ちとれない、そのスキに王権が調停者として浮上する。両方がバランスをたもっている、その上に王や軍部、官僚の支配がなりたつって。カウツキーが、エンゲルスの弟子だけど、よりあざやかに絶対王制の均衡論をみがきあげました。

井上　『フランス革命時代における階級対立』（一八八九年）ですね。堀江英一らの翻訳で、岩波文庫におさまっています。

竹村　そうそう、ああいうさ、エンゲルスやカウツキーなんかの議論と「講座派」の言っていることは、ひびきあうように読めたんだよ。野呂栄太郎や服部之総《しそう》らは、それで、なんて言うか、光っているように思えてしまったんだな。

井上　三二年テーゼの御威光だけじゃない。そもそも、かっこよく見えたんだ、と。

竹村　うん、そういうところも、まちがいなくあったと思いますよ。

さまざまなフランス革命像

井上　話を「講座派」の明治維新論にうつします。維新で全国の領国をおさめてきた大名は、なくなりました。封建領主は、いちおうとだえたわけです。おそくとも、廃藩以後は。絶対王政は、封建領主とブルジョワの勢力均衡がなりたたせるとされたんだけど、そのかたほうが消滅した。そのことをみとめれば、明治絶対王政説なんか成立しなくなる。ですから、大名にかわる封建的勢力を、「講座派」は明治期からひねりださなければならない。そこで、明治以後の地主に、いや「寄生地主」かな、光があてられた。明治以後は、地主がかつての大名にかわり農民から収奪する封建的な役割を、にないだす。この見取図で、封建的地主とブルジョワの均衡論、つまり絶対王政論をまもったわけですね。

竹村 まあ、そうだね。

井上 だけど、江戸時代の封建領主＝大名と、明治の地租改正でできた地主は、性格がちがいます。地主は、土地をかしあたえて、借地料をとるわけです。封建領主のように、身分的な拘束で農民をしばっているわけじゃありません。地主が小作を束縛するのは、金銭上の貸し借り、ブルジョワ的な契約をとおしてです。そんなものが、どうして封建的な桎梏だと言えるのでしょうか。

竹村 それは、「労農派」がとなえていた理屈ですね。例えば梶西光速《かじにしみつはや》・加藤俊彦・大島清・大内力《つとむ》『日本資本主義の成立II――双書 日本における資本主義の発達2』（一九五六年）は、明治初期は後進国日本の特徴的な資本主義形成期であったとし、近代的土地所有と、それを前提とした近代的租税の確立を確認しています。この確認から出発しなければ日本資本主義の成立を主張することはできないとしたんですよ、「労農派」は。「講座派」の連中だって、井上さんが今言ったような論法は、わきまえていましたよ。

井上 そりゃあ、「労農派」とは敵対していたわけですから。とうぜん、論争相手の理屈は、知りぬいていたでしょう。

竹村 ただ、彼らには、フランス革命と明治維新の土地改革をくらべたうえでの確信が、あったんだな。講座派の学説によればだね、フランス革命は、封建的な土地制度をくつがえして、地主を一掃した。だけど、明治維新以後の日本は、戦後の農地改革をむかえるまで、地主制をのこしている。くらべると、明治維新は、土地制度改革が不徹底であった。こんな比較から、封建的な地主という考え方も、まかりとおるようになるんですよ。

井上 でも、フランス革命は、地主制を温存させましたよ。革命政権は、いちばん尖鋭的なロベスピエールのモンターニュ派独裁にいたった時でも、それをなくしません。だって、地主制じたいはブルジョワ的なしくみだと、みなされていましたから。土地の貸借が、金銭できまりますしね。

竹村　そりゃそのとおりですよ。だけど、井上さんが言ったようなフランス革命の内情が、日本の学界で了解されだしたのは、一九五〇年代のおわりごろからなんだから。それまでは、誰もそんなこと知りゃあしないんですよ。

井上　「講座派」の人たちは……。

竹村　平野義太郎だって、山田盛太郎だって、高らかにとなえていたんだから。フランス革命では、徹底的な土地制度改革が断行された。それにくらべ、日本の明治維新は不徹底であり、地主制もたもたれ……。

井上　フランスへの幻想があったんだ。みんな、フランスかぶれだった。

竹村　西洋史の研究者だって、たいてい「講座派」風でしたよ。彼らからはフランス革命が地主制を温存していた、なんていう話は聞かされなかったな。僕がはじめて、そのことをおそわったのは、一九六〇年代の後半でしたね。当時はフランス革命との対比において、明治維新論議のさかんな時代でした。小林良彰《よしあき》がね、明治維新ブルジョワ革命論については、実にその議論をまき起こした人でした。彼は日本史のなかでフランス革命に相当する時期を規程しようとすれば、それは明治維新になると主張した最初の西洋史家でした。小林は絶対主義についてのカウツキーの均衡論を強く批判していた。私はエンゲルスやカウツキーの学説には反対だったから小林の論理には賛意を表していましたよ。

井上　小林良彰が、そういうことを書いて本にしたのは、一九六七年からでした(『フランス革命経済史研究』)。でも、京大人文研の西洋部は、もっと早くからそう言っていましたよ。桑原武夫の共同研究(『フランス革命の研究』)も、革命期における地主制の残存を論じていました。あの成果報告は、一九五九年でしたが、メンバーの一人である上山春平が一九五八年に『中央公論』へそのことを書いています（「日本近代史理論のドグマ」）。

竹村　大阪産業大学に私が勤務した時期、同僚教授の一人に菱山泉氏がいました。彼は前任校の京都大学経済学部の時、桑原武夫の『フランス革命の研究』に参加していました。私と菱山氏は共に蘆屋市に居住していました。そのこともあって、二人は桑原の共同研究について、よく話し合いました。また菱山氏はスラッファーの経済理論についての権威者でした。スラッファーはアントニオ・グラムシの親友でもありましたから、私は菱山氏としばしばスラッファーやグラムシの理論についてキャッチボールをしたのをなつかしく想い出します。

井上　竹村さんは、早いころからグラムシに傾倒していた。教条的ではない、やわらかいコミュニズムのありかたを、さぐってこられました。

竹村　話を本題にもどします。小林良彰氏の研究はフランス革命研究の新段階に相応しい水準の高いものでしたが、小林氏の研究はその後も無視され続けました。フランス革命は、明治維新より進歩的だった、と。なるほど、フランス革命は、地主制を廃止することができなかったかもしれない。でも土地を多くの農民にわけあたえることは、できているって。

井上　でも、その措置は、小さな土地にしがみつく小農民をふやしました。おかげで、農民層分解はそれほどすすまず、フランスの経済発展をおくらせた面もあると思います。ブルジョワ革命にあるまじき反動性を、それはもたらしたんじゃあないでしょうか。いずれにせよ、「講座派」は、地主制ののこった明治維新を、ブルジョワ革命じゃないと言ってきた。なら、フランス革命後も地主制はあるとわかった時点で、こう言うべきだったんじゃあないでしょうか。フランス革命も、ブルジョワ革命じゃあない、と。「講座派」の理屈をおしとおすのならば。

竹村　共産党員やそのシンパであった多くの歴史家たちが、当時おち入っていたような誤ったフランス革命史観のわなから脱却することは考えられなかったのです。このようなことをことを改めてことわる必要はないかもしれませんが、もちろん、フランス革命史の代表的な研究者は、党員じゃあなかったと思います。高橋幸八郎、中木康夫、遠藤輝明……らに、党の束縛はおよばなかった。でも、けっきょく彼らも「講座派」のうちだしたフランス革命像を、そう大きくはかえませんでした。地主制はたもたれたけど、農民への土地解放もすすめられた。そう言いつづけましたね。

井上 京大人文研のフランス革命研究は、高橋幸八郎らにあらがいつづけたんですよ。桑原武夫や河野健二らは。

竹村 例えば山田盛太郎『日本資本主義分析』(一九三四年)と平野義太郎『日本資本主義社会の機構』(一九三四年)は、明治維新研究の最重要課題を土地問題であるとみなしました。平野はフランス革命が「貴族的大土地所有を国有化の規模で収用し、これを平等に農民に付与した」と言います。山田は明治以後の地主を農奴的地主と規定し、日本の産業のすべてがこの半封建的関係にあるとしました。そしてこの位置づけは、彼らの追随者達の研究においても、たもたれます。地主と小作、あるいは農民層分解と共同体なんていうテーマが、くりかえされました。それで、土地制度史学会まで発足させました。あれは、何年だったかな。

井上 『土地制度史学』の第一巻第一号は、一九五八年にでています。もっとも、一九四九年から、その準備雑誌めいたものも発行されていますが。

竹村 僕はあれにかかわらなかった。でも、農地の分配は、それだけ大きな問題だとされていましたね。フランス革命の進歩性もあそこあたりを根城のひとつとして、語られつづけたんじゃあないかな。農地にしがみつく小農民が、フランスの経済成長をおしとどめたと、さっきおっしゃったでしょう。でも、そんなことより、農地の分配がすすんだことを、前むきにとらえてきた。当時の学界情勢は、そうだったと思いますね。

井上 桑原武夫は、晩年こう言っていました。日本の歴史家はアホや。明治維新は革命やないと言いよる。権力の中心が、将軍から天皇にうつっただけや、と。そのくせ、フランスで一八三〇年七月におこった政変を、七月革命と言う。あれこそ、王位がシャルル一〇世から、ルイ・フィリップにかわっただけ。ブルボン家からオルレアン家へ王位が移動して、新しい王政になった政変や。明治維新は革命やないというくせに、なんでフランスの七月政変は革命になるの。フランスを買いかぶりすぎてるんやないか、と。私もじかに聞いたことがあります。

竹村 桑原は一九三七年にフランスへいっているんですね。そして、アンドレ・ジッドやアンドレ・マルローと、語りあったわけです。で、ジッドもマルローも我国の軍国主義をはげしく批判する一方で、明治維新の躍進をほめたんですね。そのいっぽうで、フランス革命の、意外に保守的な面も、桑原へつたえている。桑原が、はやくから明治維新の進歩性を論じるようになったのは、そのせいもあるんじゃないかな。ジッドいわく、マルローいわく……なんていう気持ちは、なかったでしょうか。

井上 その意味では、フランスの知識人をうやまっていたのかもしれません。あと、フランス各地を戦前に旅行してまわったことも、議論のささえになったでしょう。自分は日本の歴史家とちがって、ほんとうのフランスを知っている。古いフランス、保守的なフランスを知っている。そんな自信をいだけた人だったんじゃあないかな。

竹村 「講座派」は、フランス革命をまつりあげた。それに対抗した桑原は、フランスの知識人にはげまされ、フランス体験をほこっていた。もし、そうなのだとしたら、どちらもおフランスで、皮肉な話だね。

小作の行方

井上 地主と小作の話に、もどらせて下さい。「講座派」は、戦前の地主制を封建的なしくみだと、とらえてきました。それは、地主に頭のあがらない、へつらう小作が農奴のように見えたせいかもしれません。へりくだった百姓が地主様を、あがめる。そのみじめな様子が、身分上の上下関係に由来すると、そう思えたんじゃあないでしょうか。

竹村　おっしゃるとおり。山田盛太郎なんかは、そこを誤解したんですね。地主のことを、「農奴主的地主」というふうにも、よんでいます。あの時代に農奴主、なんてありえない話なんだけど、そう読みとってしまった。

井上　小作農民のつらさ、くるしさを見て、農奴だ、封建制だとみなしたんでしょうね。でも、くるしいというだけで、それを封建制のせいだとはきめつけられません。近代が、ブルジョワ社会が人をさいなむことだってあるのです。小作がつらい立場においこまれているからといって、封建制というレッテルをはるのは、どうでしょう。そのとらえ方は、近代を明るく位置づけすぎていると思います。

竹村　山田盛太郎は、言っていましたね。小作のくるしみを、「インド以下」なんていう言葉で、表現していました。

井上　インドの人に失礼なレッテルですね。

竹村　でも、そう書いたんだね。インドのことは、よく知らないままに。だけど、そんな山田や平野義太郎の書いたものが、当時は必読文献になってしまいました。マルクスやレーニンとならぶ聖典になったんですよ。ついでに言っておくと、桑原は羽仁《はに》五郎の明治維新論が視野を広げてアジア全体のなかで考えた点を評価しながらも、羽仁のインド理解はもっぱらマルクスの理論によっていることを批判しています。

井上　でも、桑原さんの書いたものなんかは、左翼の必読文献にはならなかったでしょうね。

竹村　そりゃあ、ならないよ。必読と言えば、あとは情勢判断にかかわる党の指導が、絶対でしたね。三一年テーゼに、そういう考えがでてきますよ。前衛党の指導にはしたがいなさいってね。ただ、三一年テーゼは、明治維新にブルジョワ革命的な一面のあることを、みとめていた。その点では、三二年テーゼあたりと、すこしちがっていました。

井上　「講座派」は、小作を農奴とみなしました。

でも彼らはしばしば土地からはなれ都市民となり、大衆文化を形成するようになります。大正期、両大戦間期から、そのいきおいには、はずみがついたと思います。こんな農奴制はありえないと考えますが、「講座派」はどう考えていたのでしょうか。

竹村　僕も一九六〇年代のはじめごろに、そういうところへ目をつけたんですよ。「地主制の動揺と農村官僚――小作法草案問題と石黒忠篤の思想」（長幸男、住谷一彦『近代日本経済思想史Ⅰ』一九七〇年）を執筆して、二〇世紀初頭、日本経済の発展がもたらした農業の変容の問題――上向きする自小作中農層が、農業生産力の事実上のトレーガーとなりつつあったことを明らかにしました。そしてつまり栗原百寿《はくじゅ》、井上晴丸《はるまる》、山崎春成《はるしげ》たちの見方をひっくりかえそうとしました。

井上　それは、どういうことですか。私はよく知らない人たちなんですが。

竹村　第一次大戦でね、日本には好景気がおとずれるんですよ。農民経済もゆたかになりました。「産業組合でも購・販事業とも躍進し貯金がはじめて貸出金を上廻」りました。お百姓さんたちがね、ビールやサイダーをのむんですよ。都会へでて、絹の着物を買ってきたりもしました。実証的にそういうことをしらべて、書いたんですよ。伊藤光晴氏には、ほめられたな。

井上　伊藤は経済学者だけど、「講座派」じゃあありません。

竹村　「講座派」にくみする研究者たちは、ゆたかになる農民を見ようとしません。まず貧しい農村、おくれた農村にこだわりました。暗い面ばかりをクローズ・アップさせましたね。例えば、一九二〇年代、農政の合理化をねらって石黒忠篤―小平権一―小野武夫らが推進した小作制度調査委員会の線を評価しませんでした。

井上　農地をはなれた人が、都市部へ流出した話に、さきほどふれました。だけど、彼らが海外へでていたことだって、見おとせません。アメリカ、ブラジル、そして……。

竹村　朝鮮、満洲だね。

井上　そうです。そして、その流出を国家もあとおししました。かりに、戦前、大日本帝国時代の農地は封建制下にあったと、仮定しますよ。「講座派」の物言いにしたがって、小作農民は農奴だったとしておきますね。そうすると、そんな農奴たちの海外雄飛をはげます国家って、どんな位置づけになるんでしょう。農奴制の基盤をつきくずしていっているように、見えませんか。国家は封建制の解体をめざしていたということに、なってしまうわけですよ。こういうことを、「講座派」の方々はどう考えていたんでしょうか。

竹村　明治維新以降、政府は常に海外移民の奨励策をとってきました。我国の移民は一八六三年のハワイ移住に始まりアメリカ本土、カナダ、オーストラリア、メキシコ、ペルー、ブラジルなどが相手国でした。その結果、第二次大戦直前には満洲一〇〇万、中国本土三七万、ブラジル二〇万、アメリカ本土一一万、ハワイ九万の海外移民がいました。しかし、当時の学界情勢だけど、移民や植民政策についての研究関心は、必ずしも充分でなかったことも確認しておく必要があるのではないでしょうか。単刀直入に言うけど、「講座派」の人々はそんなこと、なんにも考えていなかったんだよ。農奴＝小作は、農奴主＝地主にしばられていたというのが、基本的な図式なんだから。

日本占領と共産党

井上　戦後の共産党は、日本の占領にあたった連合軍のことを、解放軍とみなしましたよね。戦後しばらくは。あれは、大日本帝国時代に獄中へ入れられた共産党員を、刑務所からときはなってもらったせいですよね。ひとつには。

竹村　『ニューズ・ウィーク』誌の特派員ハロルド・アイザックスたちが、府中刑務所にかけつけて徳田球一《きゅういち》や志賀義雄を探し出しました。この時、徳田はアイザックスを腕の中に抱きしめました。敗戦後、日本共産党の活動は再開されましたが、その中心となったのは徳田や志賀らを中心とした獄中組でした。宮本顕治や袴田里見らも後にこれに加わりました。

井上　あと、こういうことは言えないでしょうか。三二年テーゼは、大日本帝国を絶対王政と位置づけていました。つまり、社会主義革命をやる前に、まずブルジョワ民主革命をやらねばならないと、そうとらえたわけです。絶対王政をたおすことが、先決問題だとされていたんですね。そして農地改革をすすめる占領軍は、そのブルジョワ民主革命をめざしているように見えた。絶対王政を古い側からささえる封建地主へ、楔をうちこんでいるようにうつった。それで、解放軍のように見えたという一面は、なかったでしょうか。

竹村　農地対策のあり方を事後的にふりかえれば、そういう整理もできるでしょう。でもね、占領軍を共産党がうけいれた、もっと大きな大前提もあるんです。戦後にはね、第二次世界大戦のことを、こう位置づけたんですよ。あれは民主主義とファシズムの戦いであったってね。共産党も、そう考えた。

井上　今の国連も、その構図でできています。

竹村　そう、そしてね、その構図にもとずいて、共産党はアメリカをうけいれたんですよ。野坂参三は、平和革命を当初はめざしたんだ。アメリカとともに、天皇制とたたかおうっていう話ですよ。党は占領軍による民主化政策を、利用しようとしたんですよ。あるいは、「同盟」しようとしたんだな。敵はアメリカじゃあない、天皇制だっていうのが、あのころの情勢でしたね。

井上　農地にこだわりますが、こんな占領軍指令がだされています。「数世紀にわたり封建的な圧制の下に日本の農民を奴隷化してきた経済的桎梏を打破……」うんぬん、と。地主のことを、封建的な圧制の主だととらえています。三二年テーゼや「講座派」と同じ見取図になっています。ともに、大日本帝国＝絶対王政説を、ささえうる評価ですよね。占領軍と共産党は、この点でも価値観をわかちあえたような気がします。

竹村　まあ、理論的な話をすれば、そういうことでしょうね。でも、とにかく共産党は決定的な失敗をするんですよ。井上さん、二・一ゼネストって、ごぞんじでしょう。

井上　一九四七年に計画されたストライキですね。けっきょく、一月三一日に断念され、二月一日からの決行は未発におわった。

竹村　いいですか、当時は占領下ですよ。米軍に日本は占領されていたんだ。そんな時にね、ゼネスト、全労働者による全国規模のストライキなんて、ありえないよ。なに馬鹿なことやってんだって話だよ。とはいっても、日本共産党本部では「革命前夜のような雰囲気」でした。当時東京、品川駅の東にあった国鉄労働組合品川客車区分会の労働組合員たちも、二・一スト突入に備えて燃え上っていました。でも、その未遂を契機に、ＧＨＱによる「赤旗」への弾圧方針が強くなりました。このおろかな失敗で、党は農民の組織化に失敗しました。進歩的だったかもしれない農民の信頼だって、なくしましたね。

井上　アメリカと同盟しながら、農民を動員するというふうには……。

竹村　そうはならないよ。とうてい無理ですよ。

井上　そういう政治の大ドラマをうかがいながら、あいかわらず理論上のみみっちい話にこだわります。もうしわけありません。農地改革に関する占領軍指令は、こう言っていました。地主制は農民をしばる経済的桎梏であり、封建的であった、と。ですが、経済的桎梏であるならば、それは近代的な束縛であると思います。経済外的な桎梏、たとえば身分的な制約なら、封建的と言えるわけですが。占領軍指令は、この点で矛盾をはらんでいるように思いますが、どうでしょう。

竹村　あのね、アメリカはやはりすすんだ資本主義の国だったんですよ。一九三〇年代からは、ニューディールにのりだしました。ＴＶＡ（テネシー川流域開発公社）の事業なんかを、くりひろげたわけですよ。民間でもフォーディズムが全面的に展開されました。そんな国からきた占領政策の担当者は、日本の農村を見て、やはり思うわけですよ。古いなあって。まだ、こんなことやっているのかって、その因習にあきれたんじゃあないでしょうか。一九四六年三月、米国教育使節団が来日しました。彼らは日本の教育制度を視察した報告書において「高等教育を受けたものの世界とそれと同じものとは思われない幾百萬の日本国民との間には餘りにも大きな間隙が存在していた」と述べています。さらに言いますとTVAの事業はまさに「この溝に橋を渡すこと」だったのです。言い換えるとニューディールの計画が国民の経済活動や社会的な様々な生活にたいするアクチュアルな関与を導いたということです。僕は、GHQにいたニューディーラーたちの判断を、まっとうであったと思いますね。

井上 日本戦時体制下の統制経済も、修正資本主義、ニューディール的な性質をおびていたと思いますが。

竹村 軍事化への傾斜をもった公債政策としてはね。その「枠」のなかで、高橋是清蔵相などは、財政家としての立場から、軍部の横車を押さえ、国民経済の生命線を守りました。例えば一九三五年度の予算案審議で、高橋蔵相は陸軍の軍事費増加要求と闘って、その要求を退けて、「財政の生命線」を守りぬきました。その意味で、高橋は一九三〇年代における、ケインズ主義的な舵取り役だったと言えるかもしれません。まあ、あとで自民党なんかにはいる経済人は、おっしゃるように、高橋財政を日本のニューディールと見たかもしれませんね。

井上 私のなかには、自民党っぽいところがあるのかもしれません。話を戦後の共産党史にもどします。戦後しばらく、共産党は占領軍に多くを期待しました。解放軍だと、みなしたわけです。その姿勢が、弱腰に見えたんでしょうね。共産党指導部は、ソビエトから、コミンフォルムから尻をたたかれます。アメリカは敵だ、もっとシャキっとしろ。そうはっぱをかけられました。それで、反主流派からはなまぬるいと思われていた党の主流派、いわゆる所感派が、急にいさましくなる。反主流派からのつきあげをこえる勢いで、戦闘的になりました。武装闘争にも、ふみきります。

竹村　ソビエトが日本の共産党を武装へかりたてたのは、朝鮮戦争のせいですよ。あれは、社会主義と資本主義の戦いだとみなされたんですね。もう、ファシズムと民主主義が対峙しあう時代じゃあなくなった。共産党とアメリカが同盟をくむ余地も、もうないわけです。ソビエトは日本共産党をコミンテルン日本支部だと位置づけてきました。その支部に、号令をかけたわけです。「日本革命」を犠牲にしてでも、ソビエトをまもれ、と。アメリカを解放軍とみなす野坂参三の平和革命路線は、強く非難されました。

井上　事態をかえたのは、朝鮮戦争だ、と。

竹村　あとは、劉少奇テーゼですね。劉少奇は後進国の革命は武力で農村から都市へって、となえたんです。地域人民闘争、農村工作隊なんていう形は、あれに学んだんじゃあないでしょうか。

井上　ソビエトにあおられた共産党の指導部は、武装闘争をはじめました。でも、農村工作じゃあなく、山村工作隊を組織したんですよね。

竹村　五一年綱領でね、後進国の革命は暴力からはじまると、あおったわけですよ。「武装は正義の手段」という思想をとなえ共産党は暴力革命にむかうんだってね。

井上　ですが、劉少奇のいわゆる農村工作ではなく、党がこしらえたのは山村工作隊でした。どうでしょう、そこには占領軍の農地解放が、影をおとしていないでしょうか。農村で封建制をになっていた地主は、占領政策のおかげでなくなった。だけど、山林にはまだ地主がのこっている。この封建遺制、絶対王政をささえた土台は、打倒しなければならない。そんな想いもあって、山村工作をこころみた。アメリカがかたづけそこなったところをやっつけよう。とまあ、そういった機微は、なかったでしょうか。

竹村　たしかに、山林地主は封建制ののこりかすで、たたくべきだと思われていましたよ。でも、農村工作が重んじられなかったのは、今言われたような理屈のせいじゃあありません。共産党の運動はね、農村で馬鹿にされたんですよ。奥多摩の小河内でも、関西でも、農民からは相手にされなかった。そりゃあ、無理ですよ、あんな紙芝居もちこんだって。山村小作隊の軍事訓練についても、各都道府県の地検や県警がまとめた多くの報告書があります。どの報告書もみな地元住民が警察に通報し、これを契機に捜査がはじまっています。山村工作隊の武装闘争ははじめから山林労働者や村人から見はなされていたのです。

井上　そういえば、ナベツネが……。

竹村　読売新聞で元党員の渡辺恒夫が、記事を書いてたじゃない。党の啓蒙活動が、鼻であしらわれている様子を、レポートしていましたよ。党をおちょくったような記事でしたけどね。さっき、ゼネストの失敗にふれましたが、とにかく共産党は信頼されなくなっていた。農村はだめだと、そうどこかで共産党なりに、見きわめはつけていたんじゃあないですか。

井上　わかりました。戦後の革命運動史を、必要以上に土地制度改革の理論と関連づけるのは、やめます。絶対王政論をめぐる研究者たちの動きに、話を限定していきましょう。

竹村　そのほうがいいと思いますよ。

絶対王政かファシズムか

井上　明治維新は絶対王政をもたらし、二〇世紀のなかごろまでそれはたもたれた。以上のように、「講座派」の方々は言ってきましたよね。

竹村　おっしゃるとおりです。

井上　でも、そのいっぽうで、二〇世紀にふくらんだ大日本帝国を、帝国主義の国家として位置づけます。また、一九三〇年代末期からの総力戦体制を、ファシズム体制とよんできました。つまり、絶対主義と帝国主義とファシズムが、同じ二〇世紀の日本に同居しているわけです。こんなおかしい歴史の見方はありえないと、私はながらく思ってきました。だって、一九三〇年代末からは、フリードリヒ大王とビスマルクとヒトラーが、同じ時代を生きることになるんですよ。これを、誰もおかしいと思わなかったんでしょうか。

竹村　フリードリヒ大王とヒトラーがいっしょにされている、ですか。なるほどね。たしかに、そう言われてもしようがないかな。それにしても、井上さんはとんでもない変化球をなげてくるね。目くらましというか、魔球ですね。

井上　私じしんは、事態をまっすぐ見ているつもりです。もし私の見方がねじまがって見えるのなら、それは「講座派」やその周辺にいる研究者の目こそが、ゆがんでいるせいじゃあないでしょうか。

竹村　いやあ、やられた、一本とられました。

井上　日本の近代史研究者たちは、あの手この手で、この矛盾に筋道をつけてきました。絶対王政がブルジョワ的修正をうけ、しかしその本質はたもちつつファッショ化する。絶対王政がファッショ的な機能をはたすようになる……。論じ手によって、理屈のもっていきようはまちまちです。でも原口清や後藤靖、中村政則といった人たちが、そうやって帳尻をあわせてきました。

竹村　絶対主義とファシズムが同じ時代に、同じ国家で成立する。その無茶を、理屈のアクロバットでおしとおしたというわけですね。

井上　そうです。で、私は申し上げたい。ファシズム的機能をはたす絶対王政って、いったいなんなんや。そんなのは、もう……。

竹村　絶対王政じゃあない。

井上　そのとおりです。ついでに言えば、絶対王政の本質をたもったファシズムも……。

竹村　ファシズムそのものでは、とうていありえない。

井上　一九三〇年代末期からの体制を、ファシズムだと言いたいのなら……。

竹村　絶対王政の存続説は、あきらめろ。

井上　そうです、絶対王政がつづいたことを強調したいのなら、ファシズムうんぬんはひかえるべきでしょう。

竹村 絶対王政が修正をうけて、ブルジョワ化したって、よく言うんですよ。上からのブルジョワ化がなされたとかね。で、戦争経済のなかで天皇制ファシズムが成立するって、歴史家は言ってたんだ。絶対王政とファシズムについての概念規定は、どうしたってあいまいになりますよね。そんな言い方をしたら。なんで、こういうのが横行したかっていうと、けっきょく、三二年テーゼなんだね。あれにかわる理論が、見つくろえなかったんですよ。戦前期は、共産党が徹底的に弾圧されて、理論的な彫琢《ちょうたく》がおこなわれなくなったんです。学問としてあつかえなくなった。それで、三二年テーゼ、講座派の見方が、古いのがそのまま延命したんじゃあないですか。もう、あれでいいやっていう、一種の思考停止におちいったんですね。

井上 でも、原口清や後藤靖らは、馬鹿じゃありませんか。まちがいなく、秀才です。そして、そんな秀才たちが絶対王政論をぎりぎりのところでまもりながら、小細工をかさねていった。秀才が作文をくみたてていったんじゃあないでしょうか。一度できた「講座派」パラダイムの枠はやぶらずに、そのなかで右往左往するんですね。研究者コミュニティでは、よくこういうスコラ学的展開がおこります。べつに、「講座派」がらみのそれだけが、研究者をおろかにするわけじゃありません。現代の研究者だって、そういう枠にからめとられているところは、あると思います。絶対王政論を私がふりかえりたく思うのは、そんな自分たちへの反省もうながしたいからです。いや、口はばったいことを言いました。

竹村 僕じしんは、天皇制ファシズムなんて、ちゃんちゃらおかしいと思っていました。理論的に、そんなのはなりたたないだろうって、考えてきましたね。かりに、両大戦間期あたりが絶対王政だとしても、戦時下はどうなる。戦後はどうだ、出口をどう説明するんだってね。天皇制サンディカリズムという概念をもちだしたのも、そのためです。統制経済下の変貌を、それで説明しようとしたのです。

井上 絶対王政がその仕組みをたもったまま帝国主

義段階をむかえ、ファシズム体制にいたる。それって、氷が氷のまま水になり蒸気になるというような話ですよ。H_2Oの本質をたもったまま、氷が水、蒸気になっていくということなら、わかります。でも、氷は水になれば、もう氷じゃあありません。

竹村　僕も若いころは物理を勉強していたから、そのことはよくわかるなあ。井上さんも、もとは理科系だから、そこが釈然としなかったんでしょうね。おっしゃるとおりでね、社会科学の概念規定って、どっかあやふやなんだよ。ブルジョワ化って言ったって、論じる研究者によって、ちょっとずつずれたりするんですね。物理だったら、そんなことありえないよ。

井上　そのあやふやなところを、上手に利用する秀才たちがいたっていうことですね。「講座派」の後継者たちは、そうして絶対王政を、ファシズムとかさねあわせられる概念にしてしまったのです。ほんらいは、まったくちがう概念なのに。

竹村　そこまで概念をあいまいにしても、なお大日本帝国＝絶対王政論をたもちたかったんだろうな。

絶対王政とは何なのか

井上　絶対王政そのものの話をさせて下さい。明治政府は、徴兵制にのりだしました。国民皆兵の軍を、こしらえたわけです。ですが、ヨーロッパの絶対王政にそんな軍をつくったところは、ありません。ブルボン王朝は、スイスやプロイセンの傭兵に、王国をまもらせました。そういう点では、フランスの人民になど、何も期待していなかったのです。このちがいを、明治＝絶対王政論者は、どう説明していたのでしょうか。

竹村　明治政府は兵学校をつくるでしょう。陸軍士官学校とか海軍兵学校を。そして、一般人からも高級将校を登用したんですよ。でも、フランスの絶対王政期に、それってありえないでしょう。やっぱり、階層制っていうか、身分制の枠がのこっていましたよね。貴族でないと、将校にはなれなかったんですよ。日本だったら、ふつうの人民が華族の上官になることだってありえました。軍のなりたちじたいは、たいへん民主的だったんですよ。ほんと、こういうことを「講座派」の連中は、どう思っていたんだろうな。僕が聞きたいぐらいだよ。

井上 軍事史の藤原彰なんかは……。

竹村 「講座派」の理屈では、軍の存在じたいが封建的とみなされてしまうんですよ。大日本帝国は「軍事的封建的帝国主義」とともにあったとされてきましたね。

井上 軍のなかにこそ、ブルジョワ民主革命があったとは。

竹村 ぜったい見ないよ。そんなふうには。藤原も今井清一も、独占資本＝ブルジョワ勢力が軍国化をおしすすめたと言うだけじゃあないですか。

井上 日本の近代軍は、身分制をこえて民主的な組織になった。上官の命令を絶対視したのも、近代的な規律をまもるためであったと思います。共産党が鉄の規律をまもろうとするようなものですね。封建的なそれじゃあない。そして、身分をこえた組織だからこそ、ウルトラ・ナショナリズムにもおちいりやすかった……。

竹村 というふうには、考えないんだよ。やっぱり、封建制ののこりかすが、悪い軍国主義、帝国主義をふくらますっていう筋立てになってしまうんだ。

井上 ナポレオンは、市民から兵がつのられる国民軍を組織しました。フランス革命でめざめた彼らの愛国心を背景に、一大帝国をきづきあげたのです。明治以後の大日本帝国陸海軍をつらぬく精神も、このボナパルティズムを想いおこさせます。スイスの傭兵にたよった絶対王政なんかよりもね。

竹村 それは重要な指摘ですね。フランス革命当時は戦争になれば傭兵を用いるのがよいと思われていました。しかし、貧乏国フランスはとてもそんな傭兵を使う金がありません。大銀行家のグループがナポレオンを擁立して外敵を撃退するために、徴兵制度を強行したのです。フランスは百万と称される大軍を集めて、フランスに侵攻してくる熟練した職業軍人の連合軍を撃退したのです。ブルジョワ革命後の我国も、一八七二年に徴兵制度を公布したのです。例の一八七七年の西南戦争では西郷隆盛を代表とする士族軍が政府の軍隊に一掃されてしまいました。

井上 フランスの絶対王政ですが、その頂点にいたルイ一四世は、ヴェルサイユ宮殿をたてるでしょう。私は、ああいう王宮に、絶対王政の意外な弱さを見るんですよ。

竹村 それは、どういうことですか。

井上 ブルボン王朝は、やはりどこかで大貴族たちに、心をくだいていたんですね。有力な公爵や伯爵たちが領地にとどまり、在地で勢力をたくわえたりすることは、いやだったんです。なんとか、王家のひざもとにとどめて、廷臣化させたかったわけですよ。でも、それを強制させる力が、絶対王政にはなかった。参勤交代をおしつけることも、できなかったんですよ。だから、あんな大宮殿をこしらえ、パーティをもよおし、有力貴族をひきつけようとした。マントノン侯爵夫人やモンテスパン侯爵夫人は、サロンのホステス役もつとめたでしょう。その輝きは彼らを、領地へかえさせてしまわない効果ももったと思います。とにかく、あの手この手で……。

竹村 なるほど、日本の天皇制も、ヴェルサイユっぽい赤坂離宮をこしらえたけど……。

井上 それを、いっさい活用しませんでした。天皇制の前には、籠絡しておかなければならない諸侯なんて、いなかったんですよ。そんなことをするまでもなく、旧大名は天皇制の軍門にすっかり下っていましたから。

竹村 それは一八六九年の版籍奉還と一八七一年の廃藩置県、そして一八七三年の地租改正という一連の革命の結果ですね。そして近代的な統一国家の基礎がどうやら完成しました。これら一連の革命は、たしかに諸国の大名たちの財政を奪い取り、明治国家の財政を安定させたという点で、我国におけるブルジョワ革命の完成でありました。しかし、廃藩置県直前の情勢はとても重大な危機でした。もしそれに失敗すれば統一国家のシナリオはあえなく瓦解することは否めません。統一国家の実際は決して安定したものではなかったのです。御誓文の趣意も十分に行われそうにもありませんでした。太政官には三条・岩倉があり、大久保、木戸らも集まっていましたが、誰れも背後に強い勢力を持っていません。薩長の勢力もそれぞれ自分の藩を固めるだけで、朝廷に出ない。つまり新政府には中心勢力がなかったのです。倒幕における戦勝諸藩、戦敗諸藩はいずれも洞《ほら》ケ《が》峠《とうげ》（日和見）をきめこんでいただけではなく、ふたたび天下に変があることを望んでもいたのです。

井上　この時代にかぎれば、封建制の残渣《ざんさ》も、まだ力を秘めていたわけですね。

竹村　大久保・木戸がこうした状勢を憂慮したことは言うまでもありませんでした。彼らは共に時勢匡救《きょうきゅう》策として薩長二藩の武力を中心として、これを新政府の根幹とし、これに反対するものはことごとく排除することを決意したのです。この線で薩長の連合はふたたび確立し、それに土佐と佐賀を加えた四藩の協力がなって、一八七一年の廃藩置県が断行されました。ここまでの争いは、誰が新しい統一国家のヘゲモニーを握るかということをめぐって続けられました。廃藩置県、そして地租改正は我国におけるブルジョワ革命の完成でした。

井上　そこへくるまでに、三年以上かかったわけです。

竹村　とはいえ、日本のブルジョワ革命を全体としてみますと、倒幕をになった下級武士の立場は末端ではあるとしても幕藩体制の支配者でした。現実の倒幕運動の先頭にたったとしても、決して民主主義中心に新しい国をつくろうというようなものではありませんでした。それは吉田松陰の開国論を見ても言えるでしょう。松陰も朝鮮をとり、満洲をとりというようなことを言っています。「よくかくのごとくんば国威奮興、材俊振起、決して国体を失するにいたらざるなり」と。かつて私は大学二年のとき、奈良本辰也教授の『吉田松陰』（岩波新書、一九五一年）について一文を書き、教授にお見せしたことがあります。奈良本さんは自他ともに認める吉田松陰の研究家です。奈良本さんは読まれたあと、何も言われませんでした。きっと奈良本さんは松陰を考えるのに、書いたものの片言隻句をとらえて批判すると、松陰の思想のトータルイメージがなくなると思われたのではないでしょうか。

井上 フランス革命でも、その引き金をひいたのは、高等法院の貴族です。また、革命の盛期にはナショナリズムが高まり、外国人排斥熱も高揚しました。

竹村 フランス絶対王政の弱さを、さきほど指摘されましたよね。フランスの絶対君主なんかより薩長土肥の武力をもつ近代天皇制のほうが立場は強かった、と。

井上 明治政府は教育をつうじて、国民精神を人民に注入しようとしますよね。でも、フランスの絶対王政は、そんなことにあまり関心をよせません。下々のことは、教会をはじめとする諸団体に、管理をまかせていたんじゃあないですか。あるいは村々のならわしに。すくなくとも、国家による人民管理が貫徹するその度合いをくらべれば、明治政府のほうが圧倒的に強いと思います。

竹村 明治の天皇制を絶対王政とよぶのは、絶対王政の専制性を高く評価しすぎることになるわけですね。天皇制の専制ぶりは、絶対王政などを上まわる。絶対王政以上の何かである……。

井上 ええ。「講座派」は絶対王政という言葉の、「絶対」というひびきに、だまされていたんじゃあないでしょうか。

竹村 三二年テーゼにともなうクーシネンの報告も、事態を見あやまらせたかもしれません。あれは明治の天皇制とロシアのツァーリズムを、絶対王政としてひとくくりにしていたんですよ。一九世紀のツァーリズムをね。

京・大坂のブルジョワジー

井上 すこし、見方の角度をかえます。江戸時代に大坂の都市運営は、有力商人たちの合議へゆだねられていました。幕府から派遣された大坂城代は、極端に言えばその追認機関であったと思います。つまりは、ブルジョワジーの支配がなりたっていたような気もするわけです。明治のブルジョワ革命を、「講座派」はそれをみとめませんが、むかえる前にね。こういうことは、どう考えられていたのでしょうか。

竹村　大坂あたりの、京都もだけど、ブルジョワジーは、反動的だと思われていました。彼らは、産業ブルジョワジーじゃあない。社会を近代化へむけてうごかす存在には、なっていなかった。封建的勢力に寄生する商業ブルジョワジーでしかないというわけです。

井上　じっさいに、そういうものでしかなかったんでしょうか。

竹村　たしかに有力商人たちの多くは旧式商法や放漫な経営にたより封建的、寄生的な性格からぬけでることはできませんでした。いわゆる「癸丑《きちゅう》戊午《ぼご》以来」という言葉がよく維新関係の文献でできます。「癸丑」というのは嘉永六（一八五三）年でアメリカからペリーの艦隊四隻が日本にきた年、また「戊午」とは安政五（一八五八）年で、日本がアメリカ、イギリス、フランスなどとも通商条約を結び、安政の大獄が起こった年です。「癸丑戊午以来」とはこの時から日本に大きな変革が起こりはじめたという意味です。そしてこれは、日本の近代の成立において、外圧が大きな役割を占していったことを示すものでした。この時期を境として、旧式の大商人たちが多く没落したことはたしかでしょう。

井上　西陣織なんかは、江戸期から高度に産業化されていたと思いますが。

竹村　あれもね、けっきょくは奢侈品、贅沢品の生産にたずさわっていると、見られていましたね。まっとうに、社会を前進させる産業とは位置づけられていなかった。もっとも我国の商人たちは一六世紀後半の織田信長や豊臣秀吉の時代には東南アジア全域で、ポルトガルやスペインなどと堂々と貿易をやっていました。ご承知の様にもし鎖国などという歴史に逆行するようなことをやらなければ日本はもっと早く近代国家への道を歩んでいたと思います。もちろん徳川二百数十年間の鎖国の間でも、国内の農業や手工業生産そして商業や金融などの領域でも、歩みはおそくとも封建的なものから、ブルジョワ的なものへと分解・発達を遂げました。もちろん日本と産業革命をへたヨーロッパとの落差は一九世紀にはとても大きくなっていました。

井上　商業資本は寄生的で、産業資本こそが世の中を前進させるという、大塚久雄の近代化論ですね。

竹村　そう、戦後はそれが圧倒的に支持されました。資本主義の発達をうながし、封建制をおきざりにするのは産業ブルジョワジーである。生産にたずさわる資本であるというわけです。商業ブルジョワジーや金融ブルジョワジーに、その力はないとされていました。だから、大坂や京都の町人、商人たちは、近代化、資本主義化のにない手としてあまり評価されなかったんですよ。

井上　でも、イギリスの近代化にだって商業ブルジョワジーのはたした役割は、大きかったと思います。そもそも、商業ブルジョワジーと産業ブルジョワジーを、そうはっきり区別できるかどうかも疑問ですし。

竹村　関西の矢口孝次郎や角山栄は、戦後がんばったんですよ。今言われたようなことを、大塚史学にぶつけながらね。そして、実証的には矢口—角山らのほうが正しかったわけです。でも、当時は大塚的な見方が、主流を占めていました。ここで簡単に大塚史学の見方をご紹介しておきましょう。大塚の学説は小生産者を産業資本家とみなす独自のマニファクチュアー論に基づき、農業資本家は小生産者の出身であるとする系譜論をうちたてました。とくに大塚が商人資本の産業資本形成におよぼす役割を否定したことも、経済学にかんする逸脱でした。つまり平たく言うと生産者とともにある新興ブルジョワジーが下から、絶対王制とくっついた上にいる商業ブルジョワジーを、のりこえる。この見取図で歴史を見なければならないと、されていたんですよ。

井上　いずれにしろ、大塚史学は資本主義の前進を評価したわけです。なのに、どういうはずみでか、戦後のマルクス主義とは波調があいました。一九六二年に、京大人文研がクリストファー・ヒルというコミュニストをまねいています。そのつどいで、堀江英一が、大塚史学風のコメントをしたんですね。日本の資本主義は、上からの帝国主義的なそれだから悪い。だけど、下からもりあがったイギリスのそれは、帝国主義的じゃないって。これを、ヒルは全否定したんです。私は共産主義者だ。資本主義は上からであろうが、下からであろうが、私にはみな悪く見える。日本の左翼は、ヒル風に考えなかったんでしょうか。

竹村　たしかに面白い指摘ですね。この面で留意しなければならないのは、渡部義通《よしみち》・平野義太郎・大塚久雄を責任編者とした『社会構成史体系』（日本評論社、一九四九〜五〇年）です。同シリーズは未完となったが、同書はいわゆる大塚史学とマルクス史学との結合であります。さらに言いますとマルクス主義史学は戦前から戦後にかけての時期、大塚史学を経済主義であると批判し続けてきました。しかし『体系』の形で両者が形式上の結合をしたことは、その後の社会経済史学の発展に目ざましい影響をあたえました。

井上　そのあたりから、よりそういうケースも、ではじめた……。

竹村　では戦前から戦後にかけて社会経済史や商業史を賑わせた関西の歴史家の仕事を追ってみましょう。戦前に本庄栄治郎は、京都の西陣織なんかがはたした役割を、肯定的に評価しました。本庄の弟子で『日本近世問屋制の研究』（一九五一年）で秀れた業績を発表した宮本又次が、大坂の商人を評価したのも、その延長上にあります。京大や阪大の、全部ではないですが、一部にはそういう学風もありました。

井上　堀江英一は京大の経済史家で、戦後は大塚史学になびくんですが、そうじゃあない学統もあったんですね。

竹村　関西の経済史に、大塚史学への対抗心があったのも、そのことと無縁でないかもしれません。僕の先祖は大和木綿を扱った大阪船場の商人で、後の三和銀行になった岡崎銀行の創立にもかかわったこともあって、本庄や宮本に共鳴してはいたんですよ。住友を高く評価するようなことも、書きました。ご承知の通り、札差《ふださし》出身の住友は、住友金属鉱山の前身である四国の別子銅山の合理化に努めました。その後、大阪経済界で活躍し、住友銀行、日本電気、住友化学などを系列にもつ財閥となったのでした。関西の老人たちは、住友家を「住友さん」と呼ぶ人が多い。たしかに住友家は一八八〇年大阪商業講習所の創立、住友私立職工養成所の創設、大阪府立図書館の寄附、懐徳堂の復興事業、大阪市立美術館設立など社会奉仕や伝統的文化継承事業などに、はばひろく貢献しています。だけど、当時はそういうのが、うけいれられないんだよね。

井上　今は、そういうパトロンもいなくなって、大阪はカジノづくりに、つっぱしっていますが……。ええと、大塚史学と「講座派」は、どこかで結託してもいたんでしょうか。

竹村　まあ、かさなるところがあったということでしょうね。結託……は、言いすぎですよ。資本主義の発達を肯定的に語りすぎることで、大塚は「講座派」から批判もされていましたから。あと、マルクスだけではなく、ウェーバーをもちだしたところなんかもね。ここでもう一度くりかえすと、『社会構成史体系』の形での大塚史学とマルクス史学との公然たる結合によって、若き世代の研究者に、すべての社会的、経済的現象を規定する「社会構成」の認識を最重要視させたということができるのではないでしょうか。

井上　すみません。言いすぎました。緊張もはらみつつ、並走していたというぐらいにしておきましょう。

竹村　大坂のブルジョワジーですが、けっきょく、彼らは幕末の最終段階で江戸幕府に愛相をつかすんですね。もう、この体制はもたないと、見きわめるわけです。それで、討幕側の勢力に資金援助をする。

鳥羽伏見の戦の時、三井、小野、島田、井筒屋、大丸屋、下村屋、茶屋四郎二郎などと本願寺、延暦寺の献金で、三万八〇〇〇両の金と米、炭があつまりました。幕末の内戦で、討幕派の武力をささえたのは、大坂のブルジョワジーの金力ですよ。

井上　文字どおり、ブルジョワ革命ですね。まあ討幕派の朝廷軍を支援したわけですから、ゆくゆくは絶対王政へとなっていく勢力に、しっぽをふっただけだ。そこに、商業ブルジョワジーでしかない大坂資本の限界がある。と、そう、おりめただしい「講座派」なら、言いはなつかもしれませんが。

竹村　討幕派をあとおししたのは、大坂のブルジョワだけじゃありません。長州でも、豪商・白石正一郎は高杉晋作や、高杉の組織した奇兵隊に、援助をおしみませんでした。幕末、大倉喜八郎は乾物店をひらいていましたが慶応元年江戸で鉄砲店をひらきました。彼は討幕戦で官軍に武器を納入しています。大久保利通は大倉喜八郎や岩崎弥太郎（三菱）とむすんでいたのです。三菱の創業者の岩崎弥太郎は土佐藩の大阪商会を譲られて三菱商会をつくりますが、一八七七年一月西南戦争が勃発すると、政府は軍事輸送従事にともなう郵便汽船三菱会社の船舶不足にたいして、洋銀八〇万ドルを貸与しました。このように西南戦争から四年間は、政商で御用商人の岩崎が参議大隈重信と結んで目覚しく企業活動を発展させたのです。

井上　奇兵隊は、白石邸で結成されるんですよね。

竹村　明治新政府じたいが、金銭面では、資本家たちにバックアップされました。三井組、島田組、小野組なんていう両替商もいとなむ商人たちに、ささえられた政権なんです。

井上　金融ブルジョワジーたちにね。

竹村　由利公正《ゆりきみまさ》が肝入り役になって、資金調達の役目をつとめたんですよ。討幕軍、新政府軍の御用金取扱担当としてね。大坂の問屋商からは、三〇〇両ほどかきあつめたんじゃあなかったかな。一八六七（慶応三）年、坂本竜馬は越前に行って由利の財政政策について教えを乞いました。由利はこれに「金札の発行」というような言葉で答えています。このような事情で討幕の戦費をまかなうために太政官札を発行したのです。

井上 ブルジョワのはたした役割は、あなどれない。

竹村 僕が子供のころに、よく聴かされたざれ唄がありましたよ。田安の屋敷を安田が買った……という唄が。

井上 田安は、徳川御三卿の田安家ですね。慶喜隠退後に徳川宗家をひきついだのは、田安家出身の徳川家達《いえさと》でした。

竹村 安田はもちろん、安田財閥のことです。幕末維新の動乱に乗じて、大きく飛躍しました。徳川封建制の遺産を、新興ブルジョワジーが買収する。田安の家を安田が買うってのは、そういうことです。明治維新はブルジョワの天下をもたらしたと、このざれ唄は言っている。ブルジョワの勝利であることをかみしめる庶民感情が、あったんですね。僕らが子供のころには。事実、新興ブルジョワである三菱の岩崎弥太郎、安田善次郎らと大商人の三井、住友がブルジョワの権力を確立させたということです。

奢侈と商売の扱い方

井上 「講座派」は、今おっしゃったようなお話ではなく、農村に注目してきたと思います。農村の階層変動が社会をうごかすというところに、光をあててきました。

竹村 一九四九年、藤田五郎が「近世における農民層の階級分化」（前掲『社会構成史大系』所収、一九四九年）、『近世農政史論』（一九五〇年）などで、小農民経営―小商品生産―小資本の形成という理論的考察を行なっています。藤田の研究には、明らかに大塚史学とマルクス主義史学との結びつきが見られます。この藤田の研究をうけて、服部之総『明治の革命』（一九五〇年）、信夫《しのぶ》清三郎『自由民権と絶対主義』（前掲『社会構成史大系』所収、一九四九年）が注目されました。これらの研究は藤田の理論構成の線をうけて、わが国の近代化の特徴を、そのブルジョワ的発展と絶対主義の形成として把握しています。

井上　資本主義がおしすすめられると、農民は自営農とプロレタリアートにわかれる。その自営農に大塚史学は期待をよせ、「講座派」はプロレタリアートの革命性を信じたんですね。ですが、プロレタリアとして革命にむかうはずの人民は、都市部へ流出して大衆になりました。両大戦間期には、そのきざしがでています。まあ、プチ・ブル化もして、保守的になっていくんですね。その延長上へ、一九三〇年代以後に国粋主義が高揚していく現象も、位置づけられると思います。そこから「講座派」は目をそむけたと思いますが、こういう理解でいいですか。

竹村　僕はわりあい早い時期から、大衆文化の問題には興味をもっていました。大正文化やモダニズムをさぐりだしたのも、そのためです。だけど、「講座派」の人たちからは、鼻であしらわれていたような気がしますね。何やってんだ、というように見られていたように思います。だって、彼らのいわゆる「公式」にはないような歴史の現象なんだから。

井上　「講座派」は、近世都市大坂の商業ブルジョワジーを、反動的だととらえてきました。一九二〇、三〇年代の都市大衆化現象にも、見て見ぬふりをきめこんでいます。

竹村　ようするに、都市より農村なんですよ。歴史をうごかす大舞台は、農村にあると考えたんだ。農民層分解で歴史を語りつくそうと、してきたんですよ。講座派と大塚史学の提携の結果として、一九五〇年代の歴史学界は都市の大商人は封建権力との結びつきにより、近代化を阻止する役割をになったという見方が定着しました。このため商品流通分野の研究が立ちおくれました。その様な農村偏重の結果、近代史の領域でも萌芽的消費社会といったテーマはほとんどとりあげられませんでした。

井上　その見方じたいに、士農工商みたいな序列意識はなかったでしょうか。商業をあなどる意識が。封建制からの解放をこころざす歴史研究者じたいが、封建的な倫理観にとらわれていたんじゃあないか。

利子をとる、高利をむさぼる、そんなのは人間のクズがやることだ。日本のみならず、キリスト教圏でも、古くはそう考えられてきました。イスラム世界の人びとは、今日なおそう考えているかもしれません。物をうごかすだけで利鞘をかせぐなんていう手合いは、人間として腐敗している。こういう古くさい倫理観が、前近代的な感情がぬぐえなかったんじゃあないかな。

竹村　ざんねんながら、今言われたような感情に自分はつきうごかされていると、そう書きとめた歴史家はいないでしょう。でも、活字にならない場所、飲み会なんかのやりとりで、そういう心情の吐露される光景は、よく見ています。なんてやつらだと想わされることも、ありましたよ。都市における大衆化現象では、ドイツの社会主義者のベルンシュタインの指摘がはやかったんじゃあないですか。彼は大英博物館のたくさんの蔵書で学ぶ一方、イギリスの国情にふれて、労働者階級の窮乏化にもとづいた資本主義崩壊論をマルクス主義者がえがいた空想だと否定した。階層分解が都市中間層を肥大化させることに、彼は気づいていました。マルクス主義の正統派からは、批判をされた人ですが。

井上　修正主義者として、さきほど話題にでたカウツキーからは、なじられたんですよね。ローザ・ルクセンブルクなんか、ベルンシュタイン批判で頭角をあらわしたんじゃあないかな（『社会改良か革命か』一八九九年）。

竹村　「講座派」よりの歴史家たちは、ベルンシュタインになんか、目をむけようともしない。しかし、ここで注意しなければならないことがあります。一八七三年、マルクスは講演のなかでつぎのように注目すべき提言をしていました。「われわれは、それぞれの国の制度、習慣、伝統を顧慮しなければならない。またアメリカやイギリスのように――……多分オランダをそれにつけ加えるであろうが――労働者がこの目的を平和的な道程によって達しうる国があるということを否定するのではない」。マルクスは一九世紀末の資本主義体制の現実を直視して、

「平和的な移行」によって社会主義権力に移行することができると考えられるのは、イギリス、フランス、アメリカなどであると考えていました。つまりマルクスの「平和的な道」の選択が可能となるためには、労働者階級がすべての権力を国民代表機関＝民主的共和制に集中する新しい闘争が前提であり、彼らの抵抗は階級闘争であったというわけです。当時、周知のように正統派マルクス主義者のカウツキーやローザ・ルクセンブルクらのマルクス主義の正統派とベルンシュタインとの間に激しい修正主義論争が行なわれました。しかし結局理論的には未解決のままに終わってしまいました。

井上 マルクスじしんも、ベルンシュタイン的な展開を、どこかでは考えていたらしいのにね。

竹村 ゾンバルトっていう経済学者がいたでしょう。ウェーバーとちがって、資本主義の発展に、王侯の贅沢や冒険的な企業家がはたした役割を重んじた人です。このゾンバルト的な見方も、かえりみられませんでしたね。まあ、彼の場合も、修正主義者だからというので、相手にされなかったのかもしれませんが。ともかく、革命には、王侯貴族の奢侈が国家財政を破綻させ、その混乱でひきおこされるケースも、しばしばある。

井上 ええ、なのに……。

竹村 そう。「講座派」がえがこうとするのは、そこじゃあないんだよね。あくまでも、階層変動なんですよ。革命研究において、まず目をむけなければならないとされたのは。もう一度ブルジョワ革命としての明治維新にふれます。明治維新において討幕運動が実現したのは、明らかに財政問題です。幕府財政の破滅を前にして、幕府は西洋式軍制と軍事力の合理化を強行しました。幕府は巨額の赤字のために大商人たちから御用金をめしあげた。大商人たちは破滅するか、倒幕運動にねがえるかの重大な選択に直面したのです。大商人たちが革命戦争に軍資金を出したのは、亡国の道を歩んだ幕府にたいする痛烈な反撃であったのです。また、革命戦争において、その軍資金の面から結びついていった三井・小野等のブルジョワジーが、維新後、孤立無援のごとき明治政府に目覚しく支援を与えたのも当然だったのです。

井上 のりかかった船ですものね。ひくにひけない。ところで、フランス革命も、対外戦争による財政破綻が、引き金となって起こりました。あの戦争も、絶対王政の奢侈と言って言えないことはないように思いますが。

竹村 私たちはいま絶対王制の奢侈の方面からみているのですが、当時フランスの貴族や僧侶の私有土地が全国の三分の一を占めており、これが全部免税となっていたことも財政不均衡の原因でした。マルクスの『資本論』も、そのフランス語版では第八編で本源的蓄積が設定され、第一巻自体の総括篇として位置づけられています。また、その各章は第一巻の総括篇の重要な構成部分でありました。原蓄期の単なる歴史記述ではありません。つまりマルクスは生産力がどのような基本形態において組織されるのかという問いにこたえて、生産力という経済的力能は単に価値法則等の経済的強制力のみならず、暴力の使用をともなう収奪も包摂して総括されなければならないことを明確にしました。またマルクスは第八編三一章において、対外戦争が国債をふやし、資本主義の成長をあとおしするメカニズムに、言及している。

井上 うーん。もうすこしわかりやすく、おねがいします。

竹村 けっきょくね、海上の覇権をめぐってあらそう王権は、艦隊をこしらえるでしょう。スペインでもイギリスでも。あの出費が王権をおいこむんですね。資本主義はそだてるけれども。大西洋航路の充実でアメリカ新大陸から、安い銀がヨーロッパにもたらされます。南ドイツで銀をとっていたフッガー家は、そのため商売がなりたたなくなる。だから貿易にたいする金融業へ転じていくとかさ、こうした商業圏の移動＝商業革命はヨーロッパに大きな影響をもたらすんですよ。

ソビエト史学の可能性

井上　何度も言いますが、三二年テーゼに日本の歴史学は流されてきたと思います。ソビエトの御威光は、それだけ強かったのだと、言われることもありますよね。しかし、戦後のソビエト史学は、明治維新をブルジョワ革命だとみなしていました。井上清や遠山茂樹をはじめとする戦後史学の絶対王政成立説についても、その点では批判をしてきたのです。もちろん、井上や遠山も、そんなソビエト史学にやりかえしたりしています。両者はけっこういがみあっていました。ほんとうに、日本の歴史学はソビエトをうやまってきたのでしょうか。ソビエト史学が、三二年テーゼに背をむけていたことを、どう考えればいいのでしょう。

竹村　井上さんは、私の著作集によせる論集でも、そのことをお書きでしたね（井上章一「「国民のための歴史学」を考える」三元社編集部編『竹村民郎著作集完結記念論集』二〇一五年）。あれには、虚をつかれました。今までに、そのことをちゃんと考えた人は、いないんじゃあないでしょうか。たしかに、三二年テーゼは、明治維新で絶対王政ができたと論じています。でも、三一年の政治テーゼ草案は、事実上ブルジョワ革命成立説に立脚しています。戦前のソビエトにだって、「労農派」っぽいところが、なかったわけじゃあありません。これは大事な問題ですよ。井上さんだけじゃあないかな。ソビエト史学と「講座派」のズレを、正面からとりあげようとするのは。

井上　一介の風俗史家でしかないのにね。まあ、そのぶん気楽にものを言っているのかな。

竹村　ソビエトのエイドゥスがあらわした『日本現代史』は一九五六年に日本語へ訳されました。大月書店から上下二巻ででています。これは、明治維新＝未完成なブルジョワ革命説で「現代史」を、説明しています。三二年テーゼの国からとどけられた歴史書が、三二年テーゼを否定していたんですよね。

うけとった側である日本の史学側に、いくらかさざ波はたちました。でも、基本的には見すごした、大きくとりあげることはなかったと思いますよ。

井上 どうしてでしょう。

竹村 エイドゥスも、明治維新をブルジョワ革命の典型例とは、見ていません。未完成なブルジョワ革命だと言っています。もっとも、率直にブルジョワ革命と評価したらいいというわけではありませんよ。でも、やはり、未完成なブルジョワ革命などとあいまいな評価をしてはいけません。未完成なブルジョワ革命だと評価することは理論的整合性に欠けます。だけど、その「未完成」という言い方に、「講座派」とおりあいのつけられる余地は、あったかもしれません。あと、日本の戦後史学もね、理論的にはきたえあげられていったんですよ。まあ、カッコつきの「理論」だけどね。とにかく、三二年テーゼのころより、水準は高くなっていると自負をしてもいました。それこそ、井上清や遠山茂樹なんかによってね。だからね、エイドゥスなんてやつが、いきなりでてきたって信用できるか、みたいな気分はあったんじゃあないかな。

井上 「講座派」、戦後史学はソビエト史学をみくびったんじゃあない。エイドゥスをあなどったんだ、と。

竹村 そうそう、日本史学のほうが理論的にも実証的にも水準は高いんだという気概も、日本側にはあったと思ってよろしいでしょう。

井上 たしかに、エイドゥスの『日本現代史』には、けっこうミスもある。日露戦争の記述なんか、ロシア帝国よりだなと感じはします。しかし、そういうところをあげつらいだしたら、外国人の書く日本史を読む意味じたいが、なくなってしまいます。エイドゥスらのことも、きちんと問題にすべきであったと、私は考えますが。

竹村 その点で、想いだすことがあります。共産党所感派へよりそった歴史学者は、一九五一、二年に国民のための歴史学運動をくりひろげました。その失敗を、あとで国際派の井上清なんかが、徹底的に批判したんですね。もう、ボロカスに言いつのったんですよ。『歴史評論』でこの運動をあとおしした林基《もとい》もね、井上や宮川寅雄にやりこめられた。それで、林は国民のための歴史学をたすけるためって口実で、ソビエトや東ドイツの史学に学ぼうと言いだした。『歴史評論』の編集方針も、その方向へかえたんですよ。

井上　そう言えば、一九五二、三年ごろからかな。たしかに、『歴史評論』はソビエト史学の情勢を、よくつたえるようになりましたよね。

竹村　林がね、これからはソビエト史学だと、どれだけ本気で思っていたかは知りません。でも、そういうのをもちだせば、井上清なんかにケチをつけることができるんだよ。国際派に一太刀あびせられるようになる。そういう思惑が、林からはすけて見えましたね。僕は『歴史評論』の編集部にいたんだけど、もうやってられないって思った。それだけが理由じゃあないんだけど、『歴史評論』をやめようと思いたった一因にはなっていましたね。

井上　林基にとっては、打倒君主制より打倒井上清であった、と。

竹村　ブルジョワ革命うんぬんとか、三二年テーゼへの評価をどうしよう、なんて話じゃあないんだよ。自分の立場をまもることが、第一にあった。林はつぎからつぎへと、ロシア語やドイツ語の文献を、編集部にもちこんでくるんですよ。編集体制を、その翻訳掲載にむけ、かえようとするわけです。こんなことで、どうするんだって思いましたよ。

井上　そうか、そういう裏面があったのか。

竹村　僕らはね、職場の自立したサークル運動である「職場の歴史」とむきあいながら、ほんとうに苦労したんだよ。さまざまな職場の人たちが、自分のたつ位置を見つめながら、その職場の歴史を書く運動をみずから始めたことの先駆性を誇りとしていました。しかし六全協後、民科歴史部会は「国民のための歴史学運動」の反省を封印し、ソビエト史学一辺倒になった。それではダメだと叫んでも応える者はいなかった。スターリン主義の崩壊をつうじて、地球の底をつくづく隅まで覗くことができました。その意味では私は大いに人生の勉強をしたと思っています。つらかったし、くるしかった。たすけてほしかったんだ。なのに、林はロシア語の論文みたいなのばっかり、もちこんでくる。「職場の歴史」は、どうしてくれるんだってことに、なりますよ。

井上　もう、やってられないというわけですね。

竹村　林がね、ある時ロシア語の『日本近代史』っていう本を、もってきたんだ。

井上　林基訳で、やっぱり大月書店からでた本ですね（一九六〇年）。

竹村　すごい本があるんだって言いながらね、編集部のみんなに見せたんですよ。

井上　たしか、ソ連邦科学アカデミー東洋学研究所編というかまえの本だったと思います。「日本近代史」を、一六四〇年代の寛永期からはじめているんですよね。一八世紀に日本は封建社会を解体させていき、明治維新で不完全ながらブルジョワ革命をむかえる。そんな体裁になっていたんじゃあないでしょうか。どうして、あんな本を「講座派」の林基が、翻訳する気になったのか。私は長らくピンとこなかったんですが、今日のお話で見えてきました。井上清たちへの意趣がえし、精神的な自爆テロめいた一面も、あそこにはあったんですね。

竹村　そうです。だけど、とは言えですよ、あの本は常套的な「講座派」の歴史観へ、あからさまに背をむけていました。ソビエト史学と「講座派」のちがいが、はっきり読みとれる本だったんですよ。ほんらいなら、歴史研究者の集まりで、きちんと検討されるべきだったんじゃあないでしょうか。

井上　エイドゥスと同じで、初歩的なミスもいくらかあったと思いますが。

竹村　それでバカにされた面は、あったと思いますよ。だけど、さっき井上さんも言ってたじゃない。そういうちっぽけなところを問題にするのなら、外国人による日本研究の意味がなくなってしまうって。おっしゃるとおりですよ。あの本もね、六全協のあと、みんなで検討すべきだったと思います。すくなくとも、民科や歴研の連中はね。

井上　ソビエト史学と日本史学のちがいを、もう一点のべさせて下さい。ソビエト史学は、戦前期から、日本における奴隷制の存在を、みとめてきませんでした。蘇我氏や物部氏のことも、封建領主としてとらえています。日本の戦後史学は、これをはねつけました。奴隷の解釈をあいまいにして、六、七世紀から奴隷はいたっていうことにしたのです。総体的奴隷制なんていう理屈を、屁理屈だと思いますが、ひねりだしたりしてね。かさねて、おたずねします。日本の左翼的な歴史家は、ほんとうにソビエトをうやまってきたんでしょうか。

竹村　日本にも奴隷制があったって言いだしたのは、戦前の渡部義通ですよね。そして、渡部のところで勉強した石母田正や藤間生大《とうませいた》、そして松本新八郎が、戦後史学をリードしたわけです。とりわけ、古い時代についてはね。

井上　戦後史学の、民科の「聖家族」ですよね。

竹村　その権威に傷をつけられないっていう配慮が、戦後はあったんじゃあないかな。そこは、学問より政治っていう事情も、かかわっていたと思いますよ。六全協後、渡部義通は党を去りました。当時私は伊藤晃としばしば渡部宅を訪ねました。渡部が若い人たちに遺書としてメッセージを残したいからという趣旨の集まりでした。席上、私は渡部を問い質しました。それは松本、石母田、藤間の古代・中世史研究には少なからざる混乱があるにもかかわらず、なぜ彼らを批判しないのかというものでした。しかし、渡部はこの点については充分に納得する答えはしなかったのでした。

井上　とにかく、六、七世紀の日本に奴隷はいないと、ソビエト史学はみなしました。マルクス主義の公式にしたがえば、その時代を古代とはみなせなくなってしまう。じっさい、ソビエト史学では、平城京も平安京も中世都市になります。そして、日本史はこの歴史観を、うけいれませんでした。明治維新のブルジョワ革命説も、長らくはねつけつづけてきたのです。共産党の文化指導と深くかかわった戦後史学ですが、共産党の本家であるソビエト史学には、あゆみよりませんでした。

竹村 そのことを、どう考えたらいいのかと言われるわけでしょう。誰も考えてこなかったんだよな、それは。

井上 ただ、「講座派」、戦後史学は三二年テーゼにならしたがいました。ソビエトがはなった歴史解釈のなかで、これにだけはなびいてきたのです。

竹村 どうして、それだけにということですよね。ソビエトの威光という話では、井上さんが言うように、もう説明がつかないわけですから。

アメリカかソビエトか

井上 さきほども言いましたが、三二年テーゼの地主制像は、農地解放をめぐる占領軍指令と、つうじあいます。いや、それだけじゃありません。アメリカの日本史研究は、日本に奴隷制、古代史のあることを、みとめてきました。左翼的なアメリカの研究者は、明治の絶対王政説もうけいれています。どうでしょう。日本の戦後史学は、鳥瞰的にながめれば、ソビエト史学よりアメリカ史学へなびいていたんじゃあないでしょうか。「講座派」は、そのことを口にしなかったかもしれませんが、うすうす気づいていたでしょう。

竹村 うすうすどころか、占領軍に同伴してやってきたE・H・ノーマンなんか、かがやいて見えたんですよ。丸山眞男も服部之総も、ノーマンにはメロメロだった。奈良本辰也も、僕は奈良本さんにならったんだけれども、ノーマン全集を出すんだって、はりきっていましたね。ノーマンの歴史観は、基本的に「講座派」と同じでしたから。

井上 ノーマンは戦前の日本にきていて、『日本資本主義発達史講座』からも学んでいたんですね。彼が書いた『日本における近代国家の成立』（一九四〇年）に、「講座派」からの引用は、あまりありません。むしろ、「労農派」により多くを依存している。でも、日米関係が悪化していた時の著述でしたからね。大日本帝国を批判する自分の著書が、「講座派」へよりかかって書かれているという体裁になることは、さけたかった。「講座派」の先生方に、迷惑をかけるおそれもある。そんな配慮から、「講座派」への言及をひかえた可能性はあると思います。

竹村 ノーマンを全面的に「講座派」的であったとは、言いません。でも、おおよそのところは、同じ骨格をたもっていたと思います。おっしゃるように、戦前の日本で吸収した部分もあるでしょう。そして、農地解放をめぐる占領軍指令からも明らかになるように、ノーマンの歴史観は占領政策ともつうじあっていました。

井上 戦前の日本にソビエトから来ていたニコライ・コンラッドは、日本の奴隷制を否定しました。渡部義通以後の歴史観には、はっきり背をむけていたのです。ですから、戦後の日本ではほとんどさわがれませんでした。もちろん、エイドゥスやソ連邦科学アカデミー東洋学研究所の日本近現代史も、おざなりにあしらわれています。それらは、井上清らの足をひっぱるためだけの都合で、翻訳されていたかもしれないのです。

竹村 だけど、ノーマンは戦後の日本で、大いにモテた。日本の戦後史学が、ソビエトではなく北米よりだったというのは、そこのところですね。でもね、占領軍はしだいに占領初期の「進歩性」を、なくしていきます。一九五〇年からのレッド・パージで、いよいよその傾向ははっきりしました。ノーマン的な歴史も、用済みになります。ライシャワーの近代化論なんかがさわがれたころから、ノーマンは忘れられました。

井上 でも、その後アメリカではベトナム戦争に反対する声のもりあがりとともに、ノーマンが再発見されました。ジョン・ダワーなんかが、ふたたびひっぱりだしたことになっているのかな。日本でも、岩波新書や岩波文庫が、ノーマンの著作を出しつづけます。だけど、エイドゥスやニコライ・コンラッドら、ソビエトの日本史研究には、そういう脚光があたりません。

竹村　井上さん、これはあなたのテーマだね。あなたじしんで、考えていって下さい。僕はあまり考えたことがないので、今すぐには答えられません。

井上　……。

竹村　まあ、日本の戦後史学もね、野坂参三《さんぞう》の平和革命論がすてられてからは、ノーマンばなれをしたんですよ。北米の日本研究から、すくなくとも民科のコアな研究者は、距離をとるようになりました。ソビエト史学よりにはならなかったけれど、それなりにアメリカとは疎縁になったんですよ。コミンフォルムに反米路線をもとめられてからは、ノーマンじゃあこまるってことにね。

井上　ソビエトから尻をたたかれても、ソビエト史学よりにはならなかったんですが。唯一、そちらへむきだした林基も、便宜的にしか考えていなかったということだし。

竹村　そこは、くりかえしになるけれども、井上さんがとりくんでみて下さい。ええとね、ちょっとおもしろいエピソードを、紹介しておきましょう。京大のね、松尾尊兊《たかよし》がハーバード大学から、来ないかってさそわれたの。だけど、井上清がそんなところへ行くなって、強く反対したらしい。一九六七、八年ごろのことで、ハーバードはライシャワー路線の巣窟だと、みなされていたんですよ。で、僕のところにも、彼は相談にきたんだ。井上清にやめろって言われているけど、どうしたらいいだろうって。

井上　どう答えられたんですか。

竹村　行きゃあいいじゃないか。いい機会なんだからと、はげましました。井上清なんか、気にすることはないって言ってね。で、じっさいに松尾さんはハーバードへ、行ったんですよ。それでね、これは日文研の瀧井一博さんから教えてもらったんだけど、松尾氏はハーバードへ留学した時の話を、書いているんだって。丸山眞男に相談をしたら、行くようすすめられたということを。僕のところへたずねたことは一切ふれずに、丸山さんから勇気づけられたことだけを書いているんだって（松尾尊兊「丸山眞男先生からの手紙」『昨日の風景』二〇〇四年）。瀧井さんから知らされてね、おもしろい男だなと思いましたよ。松尾さんは僕にすすめられて、とても喜んで言っていた。「君はグラムシの学問を早くから研究しているから、とても柔軟な発想をしている」と。

井上　うーん、せつない話やなあ。

竹村　とにかく、一九六〇年代のアメリカにおける日本近代化論は、それだけきらわれていました。江戸時代から、もう近代化の準備はできていたっていう筋立ての歴史です。一九六〇年の箱根会議から、日本でも知られるようになりだしました。この時は、多くの歴史研究者が、反米にかたむきましたね。アメリカ帝国主義のおしつけだと、大きくさわぎました。

井上　くどいけど、ソビエトの日本近代論は、さわいでもらえなかったんです。まあ、いい。もうこの話はやめよう。ええと、竹村さんは石堂清倫《いしどうきよとも》のことを、よくごぞんじですよね。

竹村　もちろん　よく知っています。お世話にもなりました。グラムシの思想にとりくみだした先達ですから。

井上　その石堂が、こんなことを書いています。「イタリアの現代史学者のアルド・アゴスティが私に質問してきたことがある。現代日本に絶対主義君主制が存在するということは研究にあたいする題目だと思うが……根拠のある文献……を紹介してほしい」、と（『わが異端の昭和史』一九九〇年）。戦後の「講座派」は、二〇世紀なかばの日本を、まだ絶対王政段階にあると言っていました。エリザベス女王やルイ一四世のころと、同じ時代条件のもとにあるというわけです。そして、この認識はヨーロッパへもつたわり、おどろかれました。それはほんとうか、もしそうだとすれば興味深い、関連文献をおしえろとたずねてくる学者もいたのです。私はこれを読んで、はずかしいなと思いました。日本の知的水準があまりにもおそまつで、みっともない話だなと感じてしまったのです。

竹村　それだけ自虐的だったんだなと、言うしかありませんね。どうしようもなかったんですよ。フランス革命は、かがやかしく見えた。それにくらべ、日本の明治維新はおそまつでという考えに、とらわれていたんですね。私のように、はやくから異論をとなえだした者は、孤立します。評価もしてもらえない。私はいろいろな仕事をしてきたと、ささやかながら自負もしていますよ。でも、歴史学研究会や日本史研究会からは、何の反応もないわけです。掟をふみはずしたと思われているんでしょうね。その後はずっと研究業績における捨象というみせしめにあってきたというわけです。今日の歴史研究者も建て前と本音を器用に使いわけていると思いますよ。反応がないということで、それがわかります。時代のトータルイメージを持って、総合的にやっていく能力が、今の研究者からはなくなってしまったと思います。やっぱり史論がちゃんとしていないのではないでしょうか。

井上　一九九〇年代ごろからかな。かつての絶対王政説は、「講座派」筋のところでも、下火になったと思います。でも、早くからそれをすてていた人に、先見の明を見る人は、まずいません。

竹村　おくればせながら、二〇世紀のおわりごろになって絶対王政説を断念したりする研究は、苦汁の決断として仲間うちから深刻にうけとめられたりするんだけど。まあ、日文研では井上さんや稲賀繁美さんのように僕のことをおもしろがってくれる人はいますが。

井上　日文研は発足のころから、歴史学研究会をはじめとする歴史畑の諸団体に、批判をされてきました。右翼、反動の牙城であるというわけです。今、お話をうかがって、そのことをしみじみと、かみしめることができました。ありがとうございました。

（二〇一六年三月二八日・於国際日本文化研究センター）

論文

二〇世紀初頭、天皇主義サンディカリズムの相剋

——北一輝・大川周明・安岡正篤・永田鉄山との関係に留意して

竹村民郎

一　日本にファシズムはあったか

前駐日米国大使館戦時通商局商務官ゼー・エー・ラビット『米と社会政策』（寳文館、一九二〇年）は同書の七一頁にあたるところで、一九一八年の米騒動を契機とする危険思想の台頭について、つぎのように描きだしている。

『国民新聞』は、「日本の重大なる社会的危機」なる反逆的標題の下に論じて曰く「国民不平の勃発は、単に生活困難にのみ帰するべからず、国民の思想は過去十年間に大なる変調を示し、今日に於ては、政府が危険思想なりとするが如き思想を多少抱かざる人なきに至れり。加之《しかのみならず》彼等は国民の大部分が社会主義者たらんとき如何なる変動を見るべきやを考へつゝあり」と。

米騒動は短期間のうちに政府によって鎮圧されてしまった。しかし、米騒動は一方において寺内正毅《まさたけ》内閣を倒し、原敬内閣を出現させ、一方において、いわゆる「冬の時代」以降沈静していた労働運動、農民運動、学生運動、普選運動のめざましい発展をもたらした。広汎な民衆運動の台頭にともなって、思想の面でも民本主義、自由主義、社会主義、国家社会主義、アナーキズム、国家主義、日本主義等の潮流が社会に浸透していった。この

ような事態の発生は、明治的秩序を基調とする権力的な政治の観点からいけば当然否定されるべきであるに違いない。それゆえにラビットは『米と社会政策』のなかで、米騒動以後における危険思想の台頭を、とくに注視したのである。

この論文において意図するところは、米騒動を契機として一九二〇年代以降に危険思想、就中、テロリズム、クーデターをめざす直接行動主義の台頭と、そこにおける思想的相剋の問題について考察し、一定の展望を得ようとするものである。すでに私はこの問題については、他の機会にふれているので、参考としていただけるなら幸いである。(1) その場合、私はそうした直接行動主義の相剋を財界の指導的実業家グループによる「修正資本主義体制」形成への志向との関連において描きながら、天皇主義サンディカリズムというような言葉をもって、一応規定しておいたものである。

この私の考察のことを考えても、旧来の近代史家や政治史家たちが、テロリズムやクーデターをともなった直接的行動主義の思想や運動にふれて、二・二六事件は「ファシズムのブッチの最後の、最も大規模なもの」(2) などと言いつのるには違和感を感じざるをえない。ここでは紙幅の都合で、日本にファシズムが存在したとする諸家の説にことさら反駁する余裕はないが、行論上必要な限りにおいて、「ファシズムのブッチの最後の、最も大規模なもの」と評価された二・二六事件について、私の考えを述べておくこととする。

我国にはヒトラー・アドルフ (Hitler Adolf, 1889–1945) や、ムッソリーニ・ベニート (Mussolini Benito, 1883–1945) のごとき、カリスマ的独裁者に率いられたファッショ党はもとより、大衆のエモーショナルなエネルギーと結びついた強力なファッショ運動はまったく存在しなかった。なるほど一九三〇年代の我国にも国家主義団体が簇出し、国内不況の克服、外交政策の硬化、財閥の打破、既成政党の打倒、昭和維新等のスローガンの下に、目覚しく活動を始めた。しかし、後述するように北一輝、大川周明、安岡正篤《まさひろ》らを指導者とする猶存社《ゆうぞんしゃ》の直系たる行地社《こうちしゃ》の分裂に象徴されるように、日本の全体主義に傾斜した多様な運動は絶えず分裂、抗争を繰返したのである。我国においてファシスト党やナチスに代わる役割を果したものは、軍部青年将校とみるほかはないだろう。衆知のように彼らはクーデターやテロリズムを是認し、三月事件、一〇月事件、五・一五事件をひき起こした。かかる青年将校たちを中核とした昭和維新運動についてさらにいうならば、その一連の直接行動の帰結が二・二六事件であった。

一九三六年二月二六日、雪の朝、帝都を舞台に勃発した二・二六事件について、河野司「二・二六事件の謎」（利根川裕編集・解説『現代のエスプリNo.92　二・二六事件』至文堂、一九七五年）を参照しつつ、考察しよう。二・二六事件の最大の問題は、青年将校に率いられた在京歩兵第一、第三連隊および近衛歩兵第三連隊を中心とした将兵約一千数百名が一斉に蹶起して、天皇の命令なく不法にクーデターを実行し、時の首相岡田啓介海軍大将や高橋是清大蔵大臣を始め天皇の重臣を襲撃し、首相官邸、陸軍省、警視庁等を占拠したことである。つまり、叛乱に立上った将校たちによる統帥権の蹂躙破壊こそ最大の問題となったのである。第二の問題は二・二六事件勃発によって、帝都の政治情勢が大きく叛乱軍と政府軍との二つを対立させ、敵味方の関係になろうとした時、叛乱軍は政府軍をうち倒すことなく、警備隊にくみこまれ、そのクーデターによる権力打倒への道をいちじるしく曖昧にしてしまったことである。このような驚くべき事態はどうして起こったのか。

二月二六日正午過ぎ、宮中で非公式の陸軍参議官会議がひらかれた。その席上で起案され決定されたのが、「陸軍大臣告示」である。

「陸軍大臣告示」

一、蹶起の趣旨に就ては天聴に達せられあり

二、諸子の行動（原文は真意――筆者注）は国体顕現の至情に基くものと認む

三、国体の真姿顕現（幣風を含む）に就ては恐懼に堪へず
四、各軍事参議官も一致して右の趣旨に依り邁進することを申合せたり
五、之れ以上は一に大御心に待つ

この告示は香椎浩平警備司令官から電話で示達され、午後三時三〇分には東京警備司令部から、ガリ版刷りとなって各蹶起部隊に配布された。一方、蹶起将校たちには山下奉文少将から陸相官邸で伝達された。この告示につづいて蹶起部隊は、現在地のままで香椎警備司令官麾下の警備部隊に編入されて、小藤恵大佐の指揮下に入った。正式命令によって麴町地区の警備部隊となったのである。軍の総帥大権を私議した蹶起部隊である。

ヘッセル・テイルトマン『日本再興の条件』（日本週報社、一九四八年）の一二七頁にあたるところには本来、敵同士であるはずの鎮圧軍と叛乱軍の兵士が互いに会話したり、情報を交換していたと記している。またテイルトマンは同書の一三八頁において、両軍兵士たちが「こんなことは二三時間で解決できる一つの事件位に心得ていた」と書いている。まさに「陸軍大臣告示」は叛乱軍をあたかも「官軍」として評価した。また同告示が叛乱軍を統帥権の蹂躙破壊者であると認定しなかったことが、正規の政府軍の鎮圧の決意をそいだのである。この「陸軍大臣告示」の玉虫色の対応をまったく知らなかったテイルトマンが両軍の交歓を見て、仰天したのも決して不思議ではなかった。

さらにいうならば、河野司もいうように叛乱軍が戦時警備令によって警備部隊へ編入されたという措置が、こんな奇妙な「クーデター」を生みだしたのである。二・二六事件を微視するならば、陸軍首脳部が狼狽してこんな荒唐無稽な事件処理を惹起したとしか考えられない。だが、同時に皇道派と統制派との激烈な派閥抗争の面があったことを忘れてはならないだろう。かくして、事件後に生まれた「国策統合機関の拡張過程が、軍および革新官僚の政治的発言力強化に結びつくものではなかったこと」も事実であるといわねばならない(3)。

陸軍首脳部（統制派）による二・二六事件処理の無責任、無能、無策、それは日本軍閥の最大の失敗である。二・二六事件の失敗は全く自己批判されることなく、爾後の政府にたいする軍閥の発言権をかえっていちじるしく増大ならしめ、第二次世界大戦に突入した一九四一年以後においても、陸軍内部の派閥対立や、陸海軍の対立はたえることはなく、それがアメリカとの戦争を有利に導くことをさまたげることとなった。端的にいうならば、敗戦までの我国では、軍部がカリスマ的な強大な権力をもった独裁者に率いられ、ナチズムやファシズムにみるがごとき軍部独裁体制を確立することは、一度もなかったということである。いい換えるならば、日本にファシズムは成立しなかったということである。

こうした問題を念頭に置きながら、以下の各節において、従来、日本ファシズム思想の系譜に位置づけられてきた北一輝、大川周明、安岡正篤、永田鉄山の思想とその相剋の問題を、迂遠のようだがあらためて、とりあげ考察しようと思っている。あえて、結論的にいうならば、彼らの思想を教条的にファシズム思想として総括することは、間違った結論に導くことになると考える。では、従来の学説がそうした見解を生んだのはなぜであろうか。私はその有力なる原因の一つとして、それらが「革命」のドグマにとらわれて、二・二六事件やいわゆる右翼思想そのものの具体的な研究を不充分にしか為し遂げてこなかったことにあるとみてよいと考える。

二　北一輝の軍事的クーデター論

米騒動が起きた一九一八年、国家改造運動を目的として、満川亀太郎、大川周明ら一群の人たちによって「猶存社」が結成された。一九一九年、北一輝が上海から帰国して、これに参加したほか、安岡正篤、鹿子木《かのこぎ》員信《かずのぶ》、笠木良明らも加わった。いわば一種のファミリームード時代の猶存社においては同人たちは互いにあだ名を付けて、呼んでいた。中谷武世『昭和動乱期の回想（上）中谷武世回顧録』（泰流社、一九八九年）の一〇三頁にあたるところで、たとえば北一輝のことを猶存社の同人たちが「魔王」と呼んだとある。これは北が異常な神通力を兼ね備えた融通無碍《むげ》の大人物という漠然たる尊敬と親愛の情が、いつしか大川たちをして北を「魔王」と呼ばせるようになったのである。

衆知のように北は一九一九年八月、排日運動の昂揚する上海で『国家改造案原理大綱』（以下『大綱』と略す。二三年『日本改造法案大綱』と改題）を刊行した。彼は大川にうながされて帰国し猶存社に入ったのである。いわば『大綱』を「昭和維新」運動の共通のシナリオとして、結集したのが猶存社とその周辺の人々であった。北は『大綱』において大日本帝国の政治体制変革の道を、つぎのように説いた。

天皇ハ全日本国民ト共ニ国家改造ノ根基ヲ定メンガ為メニ天皇大権ノ発動ニヨリテ三年間憲法ヲ停止シ両院ヲ解散シ全国ニ戒厳令ヲ布ク

華族制ヲ廃止シ天皇ト国民トヲ阻隔シ来レル藩屛ヲ撤去シテ明治維新ノ精神ヲ明ニス

天皇ハ戒厳令施行中在郷軍人団（幹部青年将校団——筆者注）ヲ以テ改造内閣ニ直属シタル機関トシ以テ国家改造中ノ秩序ヲ維持スルト共ニ各地方ノ私有財産限度超過者ヲ調査シ其ノ徴集ニ当ラシム(4)

右の「天皇ハ全日本国民ト共ニ国家改造ノ根基ヲ定メンガ為メニ天皇大権ノ発動ニヨリテ三年間憲法ヲ停止シ両院ヲ解散シ全国ニ戒厳令ヲ布ク」とは、在郷軍人団（じつは幹部青年将校団）を主体とする軍事クーデターを意味するものであった。かならずしも北の国家改造のシナリオどおりではなかったが、彼の思想と「皇道派」青年将校たちの心情的ラディカリズムとの結合で勃発した二・二六事件は、まさに「大綱」が「昭和維新」に確かに一つの役割をなし遂げたことを示すものである。

右に述べた大綱の「巻一　国民の天皇」は天皇の歴史的役割と社会的機能について、きわめてクールな「天皇機関説」とでもいえる論理が貫かれている。そうした見解の提起は、すでに三四歳の北が刊行した『国体論及び純正社会主義』に明瞭にみられるものである。北は同書の結論にあたるところで言う。

> 『天皇』の文字の内容は歴史的に進化し、原始的時代のものに後世より謚名せる天皇は小地方と小人民の上に原始的宗教の信仰によりて立てる家長として他の小家族団体の其等と抗争しつゝありしと云ふこと。藤原氏時代に至るまでは天皇の内容は全日本の土地人民を所有せる最上の強者なりしと云ふこと。鎌倉以後の貴族国時代に於ては他の家長君主と同様に其の範囲内に於て家長君主たる外に神道の羅馬法王として絶えず鎌倉の神聖皇帝と抗争しつゝありしと云ふこと。維新革命以後に至つては国家の終局目的の下に行動する民主的国民として国家主権を表白する最高機関となり、更に二十三年以後は大に進化して帝国議会と共に最高機関を組織すべき要素と云ふ意義なりと云ふこと。[(5)]

はなはだ長い引用となったが、つまり北によれば明治維新革命以後の民主国家になってからは、天皇も帝国議会もともに「国家の主権」である。また天皇は「国家の終局目的の下に行動する民主的国民」であり、民衆も「国民」であるから両者は「絶対的平等」（平等な権利ではない！）である。さらにいうならばそこには天皇の神秘的優越性は片鱗もみられない。土方和雄も指摘するように北の「天皇機関説」は、美濃部達吉のいわゆる「広義の国民」という意味のそれであるといってよろしいだろう。[(6)]

このようにみてくると、北が『大綱』巻一において、天皇の政治的地位を「国民ノ天皇」と規定したことは、その「天皇機関説」と充分に平仄《ひょうそく》があっている。『大綱』の巻四で総括された「大資本の国家統一」はその題名どおりの「大資本」資本制などの問題を「トラスト」の国家管理への移行に関連させて、考察したものである。天皇制の問題が直接に「機関説」に連関しているのと同じくらい、「トラスト」の国家移行の問題は『大綱』の思想大系のなかでは重要な部分をなしている。

『大綱』は前述のように一九二三年五月、書名を『日本改造法案大綱』と改めて、改造社から出版された。主として国家改造の方法を述べた部分がいちじるしく削除をうけており、小型で携帯するのに便利である。同版は削除を受けているが合法的に市販された唯一の版である。この『日本改造法案大綱』(以下『改造社版』と略す)(7)は巻四「大資本の国家統一」の三〇八頁にあたる註一においていう。

註一。大資本ガ社会的生産ノ蓄積ナリト云フコトハ社会主義ノ原理ニシテ明白ナルコトハ説明ヲ要セズ。然ラバ社会則チ国家ガ自己ノ蓄積セル者ヲ自己ニ収得シ得ルハ亦論ナシ。

また、註三にあたるところでは、

積極的ニ見ルトキ大資本ノ国家的統一ニヨル国家経営ハ米国ノ「ツラスト」独逸ノ「カルテル」ヲ更ニ合理的ニシテ国家ガ其ノ主体タル者ナリ。「ツラスト」「カルテル」ガ分立的競争ヨリ遥カニ有理ナル実證ト理論ニヨリテ国家的生産ノ将来ヲ推定スベシ。

大資本(トラスト)は社会的生産の産物であるから国家の下に移行し管理・運営されるべきであり、それは極めて合理的な国家的生産の基盤を構築するであろうと『改造社版』はいう。一見すればトラストの問題と国家資本主義を結びつけた北の考えは、これまでのいわゆる国家資本主義論の系譜から一歩ふみだしているかに思える。しかし国家とトラストについての北の説明は、観念的空想的理念性の域を出ない。このことは経済学の素養のある読者なら簡単にわかるだろう。

さらに『改造社版』はトラストの国家移行により新たに創出された国家資本の管理・運営は、改造内閣に直接した「在郷軍人団会議=青年将校グループ」のヘゲモニーに委ねるべきだとある。たしかに新しい国家にあっては、トラストの管理を、北が戒厳令下における青年将校グループの政治的ヘゲモニーの下に委ねられるとしたことはいうまでもなく、クーデター後の新国家においても、在郷軍人団(青年将校グループ)の独裁的権力行使を想定していることを示すものである。しかし、それにしても問題が残りそうなものは北のこの想定である。この想定の誤りについて考察するために、つぎに北の辛亥革命における軍人の役割についての評価をまずみておこう。
北一輝『支那革命外史』（大鐙閣、一九二一年）の六三頁にあたるところである。

> 革命運動の軍隊聯絡は洪水の如く長江一帯の各省に浸汎せり。革命家の本質たる年少血気は其の辞書に「待」の一語を欠けり
>
> 彼等（譚人鳳の「中部同盟会」のこと――筆者注）は其の軍隊との聯絡運動に於て大隊長以上に結托せざることを原則としたり。……彼等は又大隊長以下に聯絡するに於ても下級士官に働ける手と、兵士を招く手とを互に相聞知せざらしむることを規定したり。

問題はすでに明らかなように北の『支那革命外史』は、我国と国情も精神的風土もまったく異なる孫文や譚人鳳らの辛亥革命における下級軍人の積極的役割をモデルにして書かれている。しかも北は辛亥革命の敗北の原因は革命派が政権奪取後の国家管理の技術とプログラムを持たなかったことを認識していたが故に、我国における暴力行使＝クーデターによる政権奪取後の新政府側が、トラストの管理・運営を、経営管理技術などまったく皆無の青年将校に委ねることを規定している。常識的に考えればトラスト管理能力のある将校は短期間の速成教育などで養成できるはずがない。北が青年将校のヘゲモニーを過大視して新政権成立後のトラスト管理などを青年将校に委ねるなどと述べていることは決定的に誤っている。再びここで繰り返すと、『大綱』は観念的空想的理念性の域を一歩も出ない机上の空論以外の何ものでもなかったといってよろしいだろう。

この北の思想こそが衆知のように、皇道派青年将校に一定の影響をあたえ、ひいては二・二六事件の遠因となったのである。二・二六事件は「過激なる赤色団体の思想を、機関説に基く絶対尊重の趣旨を以て擬装したる北一輝の社会改造案順逆不二の法門」（舞第一師団参謀長口演）(8)に基づいて起きたという軍首脳部の見方は、『大

綱』が表現した青年将校によるクーデター説などを考えれば、少なくともそうした傾向があったことも否むわけにはいかないだろう。かつて、私は別の機会において、北の『大綱』に表現された思想を考察して、天皇主義サンディカリズムと規定した。(9) この私の立場は今日においても変わることはないことを明らかにしてこの節を終えたいと思う。

三　大川周明の東西文明融合論と日本主義

今日、大川周明という名は「死語」となっているだろう。だが、極東軍事裁判所における初公判において、東条英機元首相の禿頭を叩いたA級戦犯容疑者の老人といえば、あるいは思いだす人もいるかもしれない。大川は北と双肩する国家主義の運動家で、既述のように猶存社創設者の一人である。猶存社はその前身ともいえる老壮会(一九一八年一〇月創立)が、たんなる集会におけるディスカッションの漠然とした無性格な集団とならざるをえなかったために、前節でみたように満川、大川を中心に、国家改造とアジア民族解放を目的として創設されたものであった。同社は北の『大綱』を青年将校の間に配布すると同時に、井上準之助から資金援助もうけて、機関誌『雄叫《おたけ》び』を刊行した。大川と満川は同創刊号誌上において、つぎのような文章を掲げた。これは前掲した『中谷武世回顧録』に掲載されているものであり、猶存社の創立宣言といってよろしいだろう。

日本は今や国内的にも国際的にも奴隷解放戦を戦ふべき秋《とき》に達した。……吾々日本民族は人類解放戦の旋風的渦心でなければならぬ。従て日本国家は吾々の世界革命的理想を成さしむる絶対者である。日本国家の思想的充実と戦闘的組織とは、此の絶対目的の為めに神其者の事業である。国家は倫理的制度なりと云ひしマルチン・ルーテルの理想は、今や日本民族の国家に於て実現されんとする。眼前に迫れる内外の険難危急は、国家組織の根本的改造と国民精神の創造的革命とを避くることを許さぬ。吾々は日本其者の為めの改造又は革命を以て足れりとする者ではない。吾々は実に人類解放戦の大使徒としての日本民族の運命を信ずるが故に、先づ日本自らの解放に着手せんと欲する。我が神の吾々に指す所は支那《ママ》に在る、印度に在る、支那と印度と濠洲との円心に当る安南、緬甸、暹羅に在る。チグリス・ユーフラテス河の平野を流るゝ所、ナイル河の海に注ぐ所、即ち黄白人種の接壌する所に在る。……日の本の神々は必ず其の手に剣を執つて居る。剣を持たざる正義は終に空論である。[10]

大川と満川、そして猶存社同人たちは、日本を「人類解放戦の大使徒」と位置づけ、やがて来るべき「人類解放戦」において、産業革命による政治的・経済的国力の向上を契機とするイギリスを先頭とするヨーロッパ帝国主義諸国家の挑戦を、日本が打ち破ることが、世界史の新しい段階を開くための使命であると、露骨に好戦的、帝国主義の立場を表明している。大川の『日本及日本人の道』（行地社出版部、一九二六年）は、この好戦論の基本的モティーフを、末尾にあたるところでより鮮明に表明して、つぎのように述べている。

これまでの世界史の経過を見て来まするど、東西文明の接触、若くは東西文明の統一と云ふことは、殆ど例外なしに、殆んどと云ふよりは全く例外なしに、戦争に依つてのみ実現されて居ます。天国は剣の影に在りと云ふのはマホメットの言葉でありますが、恐らく東西両強国の生命を賭しての戦ひが、過去に於て然りしが如く、今また新しき世界の出現の為めに避け難い運命ではなからうかと考へすま《ママ》。……現実の事実としては欧羅巴を代表する一国と、亜細亜を代表する一国とが、互ひに東西を代表する戦士として選ばれ、茲に新しき世界の実現の為めに戦はねばならぬのであります。天は実に是の如き戦士として日本を選ばんとしつゝあるにうや《ママ》思はれます。三千年の長久なりし準備は此為でなかつたかと思れこすま《ママ》。これは真個に荘厳偉烈なる使命と言はねばなりませぬ。日本及日本人は、此の森厳なる使命を果す為に、強大なる道義的精神を振

作し、其の精神を個人並に国家の生命に実現することに努めねばならぬと存じます。（前掲書一四二〜三頁）

この大川の思想の特徴は、近未来における「東西両強国（日本対イギリス）の生命を賭しての戦」が必然であることを説き、その原因に遡って覚醒することを強く要請していることである。そして、日本がこの偉大なる戦争に勝利し、アジアの自主独立有色民族の解放そして世界文明統一に方向を与えるという歴史的使命を達成するために、「強大なる道義的精神」を振興しなければならないというところにあった。

大川を盟主としその同人に満川・中谷武世・西田税《みつぎ》・笠木良明・安岡正篤・綾川武治らを擁した行地社の運動は、大学寮による同志の養成と、機関誌『日本』や公開講演会・座談会開催、そして東京帝国大学「日の会」、早稲田大学「潮の会」、慶應義塾大学「光の会」、明治大学「明の会」、拓殖大学「魂の会」等の外郭学生団体による民族主義運動の活力に満ちた活動を通じて進展した。このような行地社の運動は、さらに大阪・京都・足尾等にも波及していき、行地社支部が創設された。まさにこの時期、大川は意気込んで行地社の勢力拡大に努めていた。彼の心はすでに東京帝国大学文学部の学生の頃、志した東西文明比較論などというモティーフから離れきっていたといってよろしいだろう。

だが、いうまでもなく、国家改造とアジアの復興を掲げた大川たちの思想と行動は、軍部の問題と結びついていった。運動と三月事件、一〇月事件、五・一五事件などの直接行動主義との接触面において考えられる問題である。それは大川たちのアジア主義が直接に満蒙における関東軍の軍事的支配に関連していたと同じくらい、重要な意味を持っている。

大川は前述したように北一輝の影響もあり、クーデターにおける軍部の役割に注目していた。そして彼自身も一九一九年に南満洲鉄道に入社して以降、陸軍上層部の小磯国昭、岡村寧次《やすじ》、板垣征四郎、土肥原賢二、多田駿、川本大作等と親しい関係にあった。大川がこのように軍部と緊密に連繫していたことは、彼にとって満鉄の東亜経済調査局（資本金百万円、その利子年七万円とほかに満鉄補助金年五万円、合計一二万円をもって事業運営を行い、大川はその一切を統轄す）の資金運用に便利であり、運動を有利にする決定的な条件であったといえるだろう。大川の直接行動主義とむすびついた日本主義思想が、これらの有利な条件とあいまって、軍部内とくに参謀本部関東軍の中堅将校以上の将校に、また民間側に強力な国家改造や王道楽土への志向を注入したのは、いささかの不思議もないであろう。(11)

一九二二年七月、大川は大鐙閣から『復興亜細亜の諸問題』（大川周明『復興亜細亜の諸問題　新亜細亜小論』中公文庫、二〇一六年）を刊行した。同書は狭い日本を飛びだしてアジア大陸に雄飛を志す若者や学生に強いインパクトをあたえた。大川は同書において、一九二〇年代、世界資本主義体制は転換期にあるとして、つぎのようにいう。

英独争覇の世界戦は、その混沌の裡《うち》よりロシア革命を生んだ。而してロシア革命の成就者ボルシェヴィキは、啻《ただ》に露国内の戦士としてのみに非ず、同時にヨーロッパ革命の戦士として起った。彼等は少数者が国民の物質的利益を壟断《ろうだん》する資本主義を、その根柢に於て否定し、全民の福祉を理想とする労働主義によって、経済生活の統一を実現せんとした。……革命の種子は全ヨーロッパに、深く且汎《ひろ》く蒔かれて仕舞った。資本主義に対する不満は、戦後に於て最も顕著となった。今や西欧資本主義は、一面に於てその道義的信用を失えると同時に、他面自ら惹起《じやつき》せる物質的諸問題さえも、これを解決する能力なしとせらるるに至った。……かくして革命はヨーロッパを脅威しつつある。……吾等はこの現象の裡にヨーロッパ世界制覇の終末が、既に近づきつつあるを黙示される。（前掲書二一七～三二一頁）

ロシア革命勃発を境として、世界資本主義体制は深刻なる危機を迎えていた。民族観や国家観、資本主義観の転換が急迫しているにもかかわらず、一九二〇年に成立した国際連盟のもと、世界は「現状維持」の風潮がかならずしも一掃されたとはいえなかったことも事実である。見方を変えれば「現状維持」の平和は、四年間の第一次世界大戦に疲労した交戦国民にはたしかに天の福音であった。しかし、大川が述べているようにヨーロッパと真逆でアジアには復興の機運がみなぎっていたのである。大川がアジアの具体的な分析から出発して、西欧の世界征覇の後退とアジア復興の希望を考えたことは、これまでのアジア主義にさらに深いものをつけ加えるものであった。大川は全アジアに澎湃《ほうはい》として起こりつつあるアジア復興について、前掲書において、その正当性と、近未来の見取図を述べている。

革命ヨーロッパと復興アジアとは、新しき世界史を経緯する根本要素である。旧《ふる》きヨーロッパは革命せられねばならぬ。雌伏せるアジアは復興せられねばならぬ。

自由は進んで獲取すべきものにして、与えられるべきものでない。アジアよりその自由を奪える民族は、絶倫なる意力の所有者である。故に彼等に優る強大なる「力」を実現するに非ずば、アジアは竟《つい》に自由を得るの日なしと覚悟せねばならぬ。(12)

この問題に関連して、たとえば大塚健洋がつぎのように述べているのは注目すべき点である。

彼(大川——筆者注)は日本やイスラムがソヴィエトと連携し、世界の「欧化」体制を終わらせるというスケールの大きな構想を描いていたのである。(13)

もとより大塚氏の評価には少なからざる混乱がある。たしかに、第一次世界大戦の結果、社会主義国ソヴィエトが成立し、それが様々な領域で、従属的地域の民族解放運動に影響をあたえたのみならず、解放の可能性についてのイメージを与えるものであった。ソヴィエトとの連繫が、中国の孫文やトルコのケマルなどの立場に一定の影響をあたえたことをみればよい。またコミンテルンが従属的地位の民族解放運動を重視したことも事実である。だが、しかし、衆知のごとく、ソヴィエトと従属的地域の民族解放運動との連繫や、資本主義国日本との連撃は決して容易なものではなかった。

ここに詳述する余裕はないが、いわゆるスターリンの「一国社会主義」論に基づくソヴィエトの理論指導の関係と自生的な民族解放運動や日本の革命運動などが、矛盾したり対立したことがあった。さきにみた大塚の大川に対する評価――大川のアジア主義の積極面ばかり眺めて、そこで一つの結論を得ようとするやり方はどうみても、あまり理論的であるとはいい得ないようである。たしかに一九二〇年代における大川のソヴィエト肯定論は単純すぎるだろうが、これは彼だけの誤りとするわけにもいかないだろう。真逆の左翼の社会主義観でも、コミンテルンのテーゼ(三二年テーゼを見よ)に盲従していた時代であるから、大川だけを咎めることはできない。

ついでにもう一つ。大川は著名なウルトラナショナリストの蓑田胸喜《みのだむねき》のごとき天皇絶対化の立場をとらなかった。彼は忠君業者ともいうべき思想家を批判してつぎのように述べている。

日本の国家を隆《さか》んならしめれば、それが取りも直さず天皇陛下への忠義になる。軍人が武を練るのも、納豆売りが納豆を売るのも、学者が本を読むのも、画家が画を描くのも、一生懸命にやれば皆忠君だと云ふのは、一応尤ものやうに聴こえるけれども、実は非常なる牽強附会であります。忠君の本質は天皇に於て生命の本原を認める一個の宗教たる点に存します。この一点を看過しては忠君の本義は断じて分りませぬ。(14)

こうした天皇観と、日本国家の道義的主体性の確立を説く大川が、次節で見る安岡正篤との関連で王道論を主張するのも、そうしたところからくる一つの結論であろう。(15) それはともかくとして、右の著述についてさらにいうならば、一九二六年、大川と慶應義塾大学予科教授や国士舘大学教授を務めた蓑田胸喜との間に、『月刊日本』と『原理日本』誌上で「忠君愛国」論争が起きた。この論争は、神がかり的なウルトラナショナリストで、天皇絶対化を主張する蓑田が、狂気の限りを尽して断罪したのが、いわゆる革新右翼のなかでも「学者というよりも詩人だったし、理論人というよりも情愛の人」(満川亀太郎の評語)である大川周明だったことで話題となった。こうした右翼運動内部における相剋のなかで、大川はその後、北の影響もあって「革命」のにない手としての軍隊に注目し参謀本部や教育総監部へ出講する。私は大川の思想と行動の軌跡というものを、天皇主義サンディカリズムの問題として、今後もう少し深く考察してみたいと思っている。

四　安岡正篤の王道論

一九一九年八月、猶存社は二三年二月に日本を訪問したソヴィエトのアドルフ・ヨッフェをめぐる北一輝と大川周明の思想的軋轢から分裂した。東京市長後藤新平はかねて日本＝中国＝ロシアとが提携して、欧米の力と対抗すべきだという持論をもち、国交回復を目的として私的にヨッフェを日本に招いたのである。北はヨッフェ来日を歓迎する輿論を苦々しく思い、「ヨツフヱ君に訓《おし》ふる公開状」と題したパンフレット約三万部を出版し、全国に配布した。いわば北はパンフレットのなかで、後藤を公然と罵倒し、彼の日ソ交渉の端緒を開こうとする努力にたいして水をかけたのである。後藤と親密な関係にあった大川の不快感がどんなものであったか説明すべくもないであろう。

衆知のように後藤新平は東亜経済調査局の生みの親であり、大川に拓殖大学教授のポストを与えたのも彼だったのである。それ故に前述したような猶存社のファミリームードはもはや如何なる意味においても失われた。大川、満川、安岡正篤たちは猶存社を去り、行地社を結成するにいたった。ここで注意することは、一九二四年七月一〇日、大川と安岡はともに宮内大臣牧野伸顕を訪ね、二時間にわたり時事を論じていることである。猶存社脱退、牧野伸顕との交友など、この時期は安岡の生涯にとって大きな節目となったことが深く思い合されるであろう。(16)

ところで北と大川、安岡との対立が決定的となったのは、安田財閥系列の安田共済生命保険事件によってである。一九二五年八月、安田保善社専務の結城豊太郎が彼に反発する子会社の安田共済生命保険株式会社社長の安田善四郎の追い落としを図り、社長側の社員七十数名が辞表をふところにして起ち上がった争議が勃発した。社長側で拓殖大学出身の行地社同人千倉武夫が大川に調停を申し入れた結果、大川はこの争議に介入したのみならず、結城に三万円で買収された北も争議に乗り出したから、争議はもつれにもつれ、結局結城側の勝利に終わった。共済生命保険の争議の結果、大川が敗北に追いこまれたことは、北と大川の関係も決定的に悪化させ、二人は袂を分かつにいたる。

この分裂騒ぎによって、安岡は大川と訣別することになったのみならず、満川、笠木、綾川、西田税、中谷等の同人とともに行地社を脱退した。安岡はこの事件を境に、政治活動から身を退き、新しい塾風教育による若い日本主義のイデオローグ養成を決意した。一九二七年、財界より結城豊太郎らの支援をうけ、安岡は金鶏学院（院長酒井忠正、副会長赤池濃《あつし》、同鶴見左吉雄《さきお》）を創設した。金鶏学院の学院生は、安岡が講義をしていた拓殖大学や各府県知事の推薦により、一期生として約二〇人が選ばれた。全寮制（月謝は食費付きで二五円）で、四畳半に二名が定員となっていた。開校後、同学院には警保局長松本学のみならず、日本主義を唱える青年将校、民間の運動家などが自由に出入りし、国士や「革命家」の梁山泊のような雰囲気であった。寮生には血盟団員の四元義隆《よつもとよしたか》や池袋正釟郎が起居していた関係上、血盟団の盟主井上日召《にっしょう》が同学院を東京の根城のように使っていた。安岡は金鶏学院時代、東洋先哲の学を興すために『東洋倫理学概論』（一九二九年）[17]を刊行しかつ講義した。さらに一九三二年、彼は治者的政治哲学に基づく王道論を核心とした『東洋政治哲学――王道の研究』（玄黄社）を刊行した。王道とは覇道に対立する概念であることは、いうまでもない。

人と人との神秘的な統一は現れて言語や思想風俗等の共通となり、家族氏族民族等の関係の発展となり、町村や国家や階級や、さては学校組合等諸の本然的構成的社会を実現する。その無始終の無限界にして変化極まりない造化のはたらきは最も善く「天皇」に表徴されて居る。故にこの統一原理を古来天或は天理といふ。畢竟人間は天然に或は天理必然に孤に非ずして「群」である。勿論その群は雑多と異つて統体（体系—公《おほやけ》）であるから、その中におのづから「分」を含む、部分なき統一はない。造化は無限の統一であると共に無限の分化である。かく分は統一に即して在るのであるから「私」とは異る。分を持する即ち分《わか》るといふことは造化に順《したが》ふことであつて、創造上の事であるが、私するといふことは反つて造化に逆《さか》ふこと、統一を離却することであつて、潰乱を意味する。[18]（傍点筆者）

右は、『東洋政治哲学』の一節であるが、安岡は都市、国家に象徴される本然的構成的社会における統一作用を称して政治と規定している。そしてその政治社会において、「之を組成する各々の分を民」といい、「民衆一般を政治する作用に当るものを士」と称している。そして「民」と「士」とを「超越統一する者」を「天子或は王者」と称するのである。安岡によれば王道とは「天子」「王者」の「仁」「礼」「智」「義」などの徳の道であるとされる。

だが、それだからといって、中国政治哲学の王道という概念はすべて正しいとはいえない。安岡はつぎのようにいう。

然し王者たるの第一義を人心の帰往に置き、どれほど人心が帰往して居るかに依つて、王者たるの資格を決定せんとするが如き思想は、本来を紊つた危険な思想と云はねばならぬ。是れ儒教に喧しい禅譲放伐問題の由来する点であつて、等閑に附することの出来ぬ大問題である。[19]

安岡によればもしも、そのようなことを試みたとするならば、「王者の必然的美果たるこの人心の帰往は、やがて覇者姦雄の炯眼に逢うて、「人心の収攬」といふ小詐略に変じ、「革命」といふ美名に依る王位の簒奪」[20]を許すということになりかねないと批判する。安岡は「覇者の国」である中国における王道概念はいわば覇道政治を許容するものであり、そこからは真の王道なるものも生じてこないと断言する。安岡が前掲書の第二章「覇者と王者」において、中国政治哲学的概念である王道を論じながらも、同章の結語において、中国の帝王と日本の天皇との明確な差異を設けた理由はそこにある。安岡は第三章「日本天皇」において「真の王道国家」として、我が国をあげ、つぎのようにいう。

真の王道国家は之に反して至尊の自覚が君民を一貫して普遍的に且つ永久的に輝かねばならぬ。それこそ日本のみの有する世界無比の誇である。何故特に永久的と言ふか。それは造化の必然性であり、国家の道義的確立を意味するからである。……国家も時に明君が出ても、屢々易性革命を免れない様では不安である。如何なる革命に臨んでも、そは常に天子の名に於て行はれ、革命が天徳であつて、始めて国家の道義的確立と造詣とを見る。万世一系の皇統の真価は此処に存するのである。かうなれば、実は革命と謂はずして、維新と謂ふべきであらう。……王道そのものに変りはないのであるが、支那《ママ》に現れたものは、其の実覇道若しくは覇王の道に過ぎなくて、真の王道は日本天皇の道に輝き出て居る。故に之を皇道と称して、誤られ易い王道と区別しようとする考も少くない[21]。

王道や天皇の考察が「革命」概念との関連において考察されているとはいっても、安岡は「革命」概念を使用しながらも、明らかに前述した北一輝や大川周明などの暴力と結合した「革命」概念とは断絶をしめしている。しからば我国においてもし国家が政治的、道徳的危機におちいったときはどうであるのか。安岡は前掲書の一八七頁にあたるところでつぎのようにいう。

如何なる革命に臨んでも、そは常に天子の名に於て行はれ、革命が天徳であつて、始めて国家の道義的確立と造詣とを見る。

まさにこの革命は、日本独自の「維新革命」＝「錦旗革命」となるのである。一九三〇年代の日本で安岡の王道論が大きな一つの魅力を持っていたとすれば、それはほかでもない、実に一九三二年三月一日、王道政治を掲げて満洲国が建国したことと深い関連性をもつものであった[22]。たしかに安岡の王道論の積極的な点は、満洲国建国に裏づけられた王道楽土的理解のうえに立っていたことにある。

一九三二年、安岡は河井継之助のいわゆる地下百尺に埋もるる覚悟で、日本精神によって「国家の政教を興し」「軽佻詭激なる思想」を正し「日本精神の世界的光被」を期することを目的に、国維会を創立した。安岡正篤、橋本清之助、町田辰次郎らの斡旋により、近衛文麿公、酒井忠正伯、吉田茂、松本学、後藤文夫、荒木貞夫らが発起人となって、宮廷政治家、官僚、軍人の交流の場である国維会は発足した。安岡は国維会のイデオローグとして、日本主義についていう。

> 進取的日本主義とも謂ふべきものがある。それは経済に、政治に、教育に、宗教に、文芸に、美術に、総て泰西の文物が流行して、日本固有の何ものも空しく萎縮し、殊に国際政局に日本の為政者が断えず迎合追従を事として居る現状に慨嘆し、有色人種の不振を憐んで、其の質を先駆たるべき我が国に認め、大いに日本精神を作振して、文化的総動員を試み、日本の経済的政治的其の他あらゆる文化的活動を世界的に行はせようとする。或者はその手始めに満洲経綸を策し、日満の提携発展に依つて世界国家日本の基礎を固めようと志し、或者は白濠主義を打破して、南洋を開拓するを日本の急務とし、依つて以て東西両洋を睥睨すべしとする、この志気と之に伴ふべき内省及び実践的錬磨が十分行はれるならば、それこそ天照大神の信仰が発揮されることであり、伊弉諾尊伊弉冉尊（いざないいざなふ、率先の意）の御蹤を逐ふものである[23]。

そこで安岡の言葉にしたがえば日本主義運動の当面の急務は、「満洲経綸を策し、日満の提携発展に依つて世界国家日本の基礎を固めようと志」すことであり、安岡を先頭に国維会はこの方向にそった政治的活動にとりかかったのである。[24] このような王道楽土建設を掲げた満洲経綸論は、明らかに国家の経営技術官僚にひろい支持を得られたということになる。

だが、結論的にいうならば、当時日本帝国主義の植民地政策に陰に陽に抵抗していた中国の民衆にとっては、道義的連帯とは、偽瞞以外の何ものでもなかった。さらにいうならば、日本の満洲植民地化政策をおおいかくすいちじくの葉であったといってよろしいだろう。事実、一九三一年九月、我国の満洲国承認は、不戦条約、九ケ国条約、国際連盟規約等の国際条約違反の嫌疑をかけられた。その結果、我国は国際輿論の強い非難と批判の的となった。同年一二月、第二次若槻礼次郎内閣は総辞職し犬養毅内閣が成立し、即日金輸出再禁止を行った。翌年一月、第一次上海事変は在華日本紡績の拠点上海に拡大した。物情騒然たるうちに井上日召のひきいる血盟団のテロが荒れ狂った。同年三月、関東軍によって満洲国がつくられた。中国民衆は偽満洲国《ウエイマン》と嘲笑した。

ここで満洲国成立前後の関東軍の軍事行動の拡大や満洲国支配における日系官僚たちの横暴にたいして、安岡はどのように考えていたかについてみることとしよう。安岡はいう。

それは又最近の満洲経綸にも善く現れて居る。……満洲の民情を等閑にし、民族心理を軽視して、日本の内政をそのまま模倣速成し、日本主義を強調誇衒する様な嫌《きらい》が今の満洲政治に少くない。……徒《いたずら》に日本を矜持して満洲国人に迫るが如きことは彼等に無礼の感を抱かせ、夜郎自大的国家主義《ショーヴィニズム》と映るに過ぎないであろう。殊に在満朝鮮人が暴慢に渉ることを最も戒めねばならないと思う。[25]

安岡はこのように警鐘をならした。しからば、彼は満洲国統治に一体なにを頼もうとしたのであろうか。それは一言にしていうなら「徳治」をもってせよと強く主張したのである。前述したように、安岡の王道論においては「徳治」なるものは基調となるものであった。満洲国統治における関東軍の「覇道」主義にたいして、これは私がほかの機会にふれたことではあるが、安岡が我国の「道義的使命」を否定するものといい切った背景には、実は郷誠之助―中島久万吉―小倉正恒―池田成彬らを主流とする財界指導者らと安岡・国維会との連繫に基づく国防経済体制（統制経済体制）確立による「国際昭和」実現のシナリオが秘かに準備されていたからである。[26] 私はいま安岡や郷―中島―小倉―池田ら財界主流派が志向した政治体制転換の方向を国防経済体制（統制経済体制）といったが、それは端的にいえば、彼らの方向は、いわゆる高橋財政による為替管理等の経済統制策とも方向を一にするものであった。[27] われわれはこうしたところから出発して、斎藤実・岡田内閣を考え、安岡の日本主義思想と国維会を分析し、関東軍のみならず我国におけるいわゆる統制派と皇道派との対立、さらに後述するような統制派の重鎮、永田鉄山らのリーダーシップと安岡の王道論との連関性などを考えていくならば、いわゆるファシズムの概念を密輸して、斎藤・岡田内閣期―二・二六事件の時代を再評価するようなあまりに雑駁にすぎる方法の罠におちいらないですむであろう。

五　永田鉄山斬殺事件をめぐって

それはともかくとして、私はここにさらに特別に重要な安岡と永田鉄山との政治的連繫の問題をつけ加えるであろう。永田もまた大川と同様にその名前は「死語」となっている。しかし、一九三五年八月一二日に勃発した「永田鉄山斬殺事件」は、近代史に関心をもつほどの人なら覚えておられることだろう。この日の午前九時四〇分頃、陸軍軍務局長永田鉄山は、陸軍中佐相沢三郎に陸軍省内の軍務局長室にて斬殺された。相沢中佐は皇道派の重鎮真崎甚三郎大将の弘前第八師団長時代の部下であり、剣道の達人であり、真崎を神のごとく崇敬する熱狂的軍人であった。陸軍省において現役の将校に永田が斬殺されるという事件は、陸軍史上、ほかに類例をみない大事件であった。

永田の軍歴にとって、一九二一年のいわゆるバーデン＝バーデンの密約はもっとも重要な出来事であった。永田鉄山と小畑敏四郎《としろう》、岡村寧次という陸軍士官学校第一六期生たちが、南ドイツの温泉保養地バーデン＝バーデンに集まり、将来の陸軍の合理的改革を議論した。その議論の中心的課題は国家総動員体制確立の問題、陸軍人事における長州閥の刷新、満蒙問題の解決であった。帰国後、永田は国家総動員政策を推進した。彼はいわゆる統制派の至宝として、一九二六年新設の陸軍省整備局初代動員課長に抜擢された。引用が長くなるが、以下、永田鉄山初代動員課長『国家総動員準備施設と青少年訓練』（澤本孟虎編『国家総動員の意義』青山書院、一九二六年）の国家総動員の説を聞こう。

世界大戦は近代の戦争の本質が国民戦であり、科学戦であり、経済戦であり、将《は》た又宣伝戦である事を最も明瞭に最も雄弁に吾人に訓えてくれた。……然らば国家総動員の準備施設と云ふのは如何なる事であるかと言へば、先づ第一に総動員の客体である所の人、物、金、交通、産業等の諸設備、之等を数量的にも質の方面に於ても増進すると云ふ事が必要である。即ち一言にして悉《つく》せば国防に必要な資源を保護、増強すると云ふ事が最も必要である。此の国防資源の保護、増強と云ふ事を行はむが為めに、……資源調査と云ふ事は焦眉の急である……次に間接に国家総動員の準備として平時からつとめて実行し置かなければならぬ事は沢山ある。例えば有事の際に総動員の計画実行の衝に当るべき人員を養成して置く事、各種の方式、制式、度量衡、規格等を統一、単一化して置く事、或は又大量生産を容易ならしむる為め産業を大組織に進めて置く事、職業仲介機関を整備して置く事、数へ来れば多々にあるのである。（前掲書一八三〜四頁）

この論文を見ても、我国の国家総動員体制のシナリオは永田の指導性が強かったことが理解されるであろう。従来は来るべき総力戦に備える準備としては、わずかに軍需工業動員法制定（一九一八年）と陸軍省作戦資材整備会議を留めるのみであり、国際情勢に後れることが甚だしかった。だが、永田が新設の整備局の動員課長に就任以後、とにかく右にみるように合理的な産・軍・政連繫による国家総動員計画が発足したのである。そしてさらに、永田が終始国産自動車の増産を積極的に促さんとしていたことは、例えば軍用自動車補助法（一九一八年制定）の重要性を強調し、軍用トラックの国産化に努めたことにみてとれる。以後、永田は軍務局軍事課長、参謀本部第二部長、第一旅団長を経て、三四年三月軍務局長就任と陸軍省の主要ポストを歴任した。しかし、前述したように三五年八月、陸軍省内で相沢中佐に斬殺されたのである。

なぜ相沢中佐は永田を斬殺したのであろうか。相沢中佐の軍法会議が始まったのは、予審をへた一九三六年一月二八日からである。同年六月三〇日、相沢は第一師団軍法会議において死刑判決をいい渡された。陸軍省当局はつぎのような談話を公表した。

「相沢中佐が……永田中将を目して政治的野心を包蔵し、現状維持を希求する重臣、官僚、財閥等と結託して軍部内に於ける維新勢力を阻止すると共に、軍をして此等支配階級の私兵と化せしむるものとなし」たとし、「其の具体例として、「一、維新運動の弾圧。二、昭和九年十一月村中、磯部等に関する叛乱陰謀被疑事件に対する索動。三、教育総監更迭問題に於ける策謀。四、国体明徴の不徹底。」等を挙げて居るのである」[28]。

私は永田の国家総動員体制構築の軌跡を追いながら、遂に相沢中佐公判の問題に突入した。だが、ここで、永田が統制派の重鎮として、相沢中佐のみならず皇道派全体の将軍たちから憎悪の的となっていたということだけは断っておきたい。その一例をあげると、一九三五年七月一〇日、教育総監真崎甚三郎は陸軍大臣林洗十郎から辞職をせまられたことに激昂した。彼はこの自分にたいする不当極りのない人事は、陸軍の要職から皇道派を追い落とす陰謀だとし、その主謀者は永田だと断じたのである。七月一五日、彼はこのことをつぎのように述べた。

永田が新官僚を通じて策動しあることは、軍部幷に一般の認識する所にして、これを処置せずして軍の統制を計らんとすることは小官承服する能わざる所なり[29]。

このように見てくるならば、永田がその思想をもって、さらに大きく陸軍の刷新の行動に出ようとしていたことがわかるだろう。田中惣五郎『日本ファシズム史』（河出書房新社、一九六〇年）は九一頁において、永田軍務局長が朝飯会を組織し、そこに池田成彬を招いていたことを示し、実に皇道派はこのことをもって、永田は財界と結びついていると批難したと指摘していることは興味深い。永田や東条たちが国維会のメンバーであったことも、そのこととは無関係ではなかった(30)。国維会の重要な基盤である財界主流派の実業家たちもまた広田弘毅内閣における馬場財政の下では「広義国防」というスローガンに同意していたことは、注意さるべきであろう。いうまでもなく「広義国防」とは狭義の国防のみならず、兵器生産体系の合理化を柱とした国家総動員体制の確立への志向を包摂するものである。ついでに書いておくと、満洲事変以降における産軍連繋に積極的であったのは、三井よりも三菱、住友各財閥であった。

三四年三月永田鉄山軍務局長就任前後あたりから、統制派将校と各官庁の経営技術官僚との連繋による金融や農村問題研究などについての研究会活動が目覚しく発展したようである。三四年四月当時、時局をウォッチャーすることで特色をもつある雑誌は、統制派将校たちのこうした傾向を、「第二期指導勢力」と称して注視していた。断るまでもなく、いささかジャーナリスティックなこの論評は、彼らこそ陸軍の革新をになう基本的な力とまで評価していたのである。

それはともかくとして、私は「王道楽土」のスローガンを掲げた満洲国の下で、安岡正篤と永田鉄山が提携していった問題をここにおいてつけ加えるであろう。それは前述したような、安岡が王道を掲げて満洲国政治の「革新」に大きくのり出してきた思想的根拠に、永田が大いにひかれるものがあったということである。つまり満洲国を単なる対ソ戦の基地としか認識していなかった皇道派の過激な思想を打破るのに、日夜苦心していた永田にとっては、その持論たる「満洲国の健全経営」を説くに当たって見逃しえない思想として、安岡の王道論はきわめて魅力的なものだったということである。つまり永田軍務局長は王道楽土のスローガンを掲げた満洲国の体制確立のため、在満兵備の強化、対満機構の改革、日満通商条約、満洲の治外法権撤廃、北満鉄道譲渡等を率先して陸軍の中核として企画実施に努めていたということである。[31]

ところで国維会の名声はとみに上がる一方で、三四年岡田内閣成立の時期になって宮中（内大臣牧野伸顕）と内閣（内務大臣後藤文夫、内閣書記官長吉田茂）の重要ポストに国維会関係者や会員が占めた。国維会会員や関係者たちの目覚しい政治活動に反比例して、国維会の運営の面で矛盾が続発した。同年一二月、安岡は国維会解散を断行するにいたった。

三九年刊行の司法省刑事局『思想研究資料特輯』第五三号[32]を見ると、満洲事変前後以降の時期から国論が分裂の兆を見せはじめ、「現状維持派と革新派」があったとしている。前者は元老、重臣、大臣、財閥、官僚、政党であり、後者は皇道派、民間急進分子を指している。三四年成立した岡田内閣はその前任の斎藤内閣と同様に「現状維持派」がヘゲモニーを握って「官界政界軍部其他総ての部門に於ける革新潮流の駆除に努めた」として、「革新派」から国維会もターゲットとして認識されていたとみてよろしいだろう。とくに安岡正篤の王道思想がその基調において、統制派の至宝たる永田鉄山の立場に近いということは、「革新派」にとってはゆるがせに出来ない問題であった。事実、亀井俊郎は三五年四月初旬に外務省官僚から安岡を狙ったテロ事件についての警告があったと記録している。[33]三五年八月一二日の永田軍務局長斬殺事件も、それが前述した如き国論分裂に関係する悲劇であったことにより、深い歴史の闇とみられるのである。

私はここで端的にいいたい。国維会解散の真相とは、安岡正篤の解散声明とは異なって、永田鉄山との関係を「革新派」から問われて解散を決意したとみてよいだろう。いわば永田と安岡の政治的結合を批判するものが、皇道派に生まれつつあったことを知るのである。私は永田の思想と行動についても、天皇主義サンディカリズムの視点から改めて問う必要があると考えている。

以上のことを念頭に置きながら、最後に安岡正篤と大川周明の関係をみておこう。一九五八年、安岡は「先生（大川――筆者注）がもし偉大な政治家を先輩に持って、これと相結ばれたら、先生の運命は大いに変わって非常な貢献を日本に残されたに違いない」[34]と言葉を吟味して、大川はテロとかかわった生涯だった評している。こうした安岡の保身と、その政治感覚の鋭さこそ彼の政治生命を、敗戦後の政界まで存続させた理由ではないだろうか。私は北一輝、大川周明の思想と同様に、安岡正篤の思想もまた、天皇主義サンディカリズムと規定する。

かつて私は安岡正篤の日本主義をテーマとした研究において、天皇主義サンディカリズムについてのトータルイメージを明らかにするのに急のあまり、安岡と北、大川との思想的相剋の評価において少しく欠けるところがあった。その場合、安岡の王道論を媒介とした永田とのかかわりについても過小評価していたのである。今、本稿を書くにあたってその面を補いたいと思っている。題して「二〇世紀初頭、天皇主義サンディカリズムの相剋――北一輝・大川周明・安岡正篤・永田鉄山との関係に留意して」とした。今日、それがどのような形で歴史の全体主義への先祖返りのなかに貫かれているかは、読者の判断にゆだねよう。

（1）竹村民郎「一九二〇―三〇年代、帝国の危機における天皇主義サンディカリズムの形成――産業合理化運動と産官軍連繫に関連して」（竹村民郎『竹村民郎著作集Ⅳ帝国主義と兵器生産』三元社、二〇一三年）参照。

（2）丸山眞男『現代政治の思想と行動』上巻（未來社、一九五六年）六六頁。

丸山眞男は日本ファシズムの歴史的発展を概観していう。

大衆的組織をもったファシズム運動が外から国家機構を占拠するというような形はついに一度も見られなかったこと、――むしろ軍部、官僚、政党等の既存の政治力が国家機構の内部から漸次ファッショ体制を成熟させて行ったということ、これが日本のファシズムの発展過程におけるもっとも大きな特色であります。

（3）加藤陽子『模索する一九三〇年代――日米関係と陸軍中堅層』新装版（山川出版社、二〇一二年）一八三頁。加藤は同書において、二・二六事件後も軍部支配が間接的・合法的な段階にとどまるものではなかったことをあきらかにしている。しかし、それらの問題を別として、氏が陸軍中堅層の挫折を焦点にすえて、二・二六事件の政治過程の具体的分析から、中堅層が、いくつもの陸軍内の制度改革を実現しながらも最終的に挫折をよぎなくされていると指摘されたことは、これまでの二・二六事件の理解にさらに新しいものを付け加えるものであった。

（4）北一輝の『国家改造案原理大綱　日本改造法案大綱』（みすず書房、一九五九年）二二一～二二〇頁。

（5）『北一輝著作集――国体論及び純正社会主義』神島二郎解説（みすず書房、一九五九年）三七一頁。

（6）土方和雄「日本型ファシズムの擡頭と抵抗」古田光・作田啓一・生松敬三編集『近代日本社会思想史Ⅱ』近代日本思想大系第二巻（有斐閣、一九七一年）一六〇頁。

（7）注(4)前掲北『国家改造案原理大綱　日本改造法案大綱』二九一～四〇七頁。

（8）『現代史資料〈5〉国家主義運動2』（みすず書房、一九五九年）資料解説Ⅸ。

（9）注(1)前掲拙稿「一九二〇―三〇年代、帝国の危機における天皇主義サンディカリズムの形成」参照。

（10）中谷武世『昭和動乱期の回想上――中谷武世回顧録』（泰流社、一九八九年）七三～七四頁。

（11）今井清一・高橋正衛編『現代史資料〈4〉国家主義運動1』（みすず書房、一九六三年）二七頁。

（12）大川周明『復興亜細亜の諸問題　新亜細亜小論』（中公文庫、二〇一六年）三八頁。

（13）前掲大川『復興亜細亜の諸問題　新亜細亜小論』四三八頁。

大川はレーニン政府承認者であり、日露通商主張者であった。大塚健洋は『大川周明――ある復古革新主義者の思想』（講談社学術文庫、二〇〇九年）の一三一頁にあたるところで、大川のロシア好きに対して北は徹底したロシア嫌いであったと述べている。事実、北は一九二三年『ヨツフエ君に訓ふる公開状――露西亜自らの承認権放棄』というパンフレットを配布し、そのなかでソ連政府を非難攻撃した。北は右のパンフレットで後藤新平を「最も肥えた鼠」や

「年老いた寡婦」にたとえ、露骨に嘲笑した。後藤と親密な関係にあった大川は、北の行為を不快に思った。この事件を契機として北・大川・満川の緊密であった結びつきは崩壊し、猶存社は結成後四年にして解散にいたった。

(14) 大川周明『日本及日本人の道』(行地社出版部、一九二六年)八一頁。

(15) 注(10)前掲中谷『昭和動乱期の回想上』一五〇頁。

北は大川や安岡が大いに王道論を説くのに、同調的立場を示さず、かえってこれを冷視し、老荘学に近い考えに傾いていた。

(16) 牧野伸顕・伊藤隆・広瀬順晧編『牧野伸顕日記』(中央公論社、一九九〇年)一四六頁。

同日記の一九二四年七月一〇日の項はつぎのように記している。

大川〔周明〕、安岡〔正篤〕両氏入来。……今日の場合此等諸氏程真面目なる有志家を視ず。慥に信頼すべき人々と信ず。

衆知のように一九二〇年代から戦後にかけての安岡の政治活動は、牧野の有形無形の支援活動に負うところがきわめて大きかった。右の牧野と安岡の会談はまさにその端緒として、きわめて興味深いものがある。大川に対する牧野の信頼関係は、大川がクーデター計画に参加するにつれて崩壊する一方、安岡は満洲国の「王道化」を唱え、牧野に重用されていった。

(17) 安岡正篤『東洋倫理学概論』テキスト用復刻版(関西師友協会、一九九五年)。便宜上、一九二九年発行の旧版より、右復刻版を用いている。

(18) 安岡正篤『東洋政治哲学――王道の研究』(玄黄社、一九三二年)八～九頁。

(19) 前掲書、一七七頁。

(20) 前掲書、一七八頁。

(21) 前掲書、一八七～一八八頁。

(22) 安岡は自著と満洲国建国との関連性を自覚し、みずから『東洋政治哲学』四頁にあたるところで、そのことを明瞭に記している。

(23)『国維』第五号（一九三二年一〇月）一頁。

(24)国維会の積極的な満蒙経綸策については左記論文を参照されたい。
吉田博司「国維会の成立と思想活動」（中村勝範編『満洲事変の衝撃』勁草書房、一九九六年）。

(25)安岡正篤「満洲鑑《ますかがみ》」（『国維』第二六号、一九三四年七月）一頁。

(26)拙稿「二十世紀初頭、安岡正篤の日本主義における直接的行動主義——安岡正篤のベネデット・クローチェ訪問計画に留意して」伊東貴之編『「心身／身心」と環境の哲学——東アジアの伝統思想を媒介に考える』（汲古書院、二〇一六年）。

(27)注(1)前掲拙稿「一九二〇—三〇年代、帝国の危機における天皇主義サンディカリズムの形成」。

(28)注(11)前掲『現代史資料〈4〉国家主義運動1』一六一頁。

(29)永田鉄山刊行会編『秘録　永田鉄山』（芙蓉書房、一九七二年）一四四頁。

(30)『解剖時代』一九三四年八月号、四九頁。

(31)注(29)前掲『秘録　永田鉄山』三四九～三五〇頁。

(32)注(11)前掲『現代史資料〈4〉国家主義運動1』一四八頁。

(33)亀井俊郎『金鶏学院の風景』（邑心文庫、二〇〇三年）二〇四頁。

(34)安岡正篤「大川斯禹先生」『新勢力』三巻一二号（一九五八年）六三頁。

第四部

再録

論考

『つくられた桂離宮神話』より

井上章一

桂離宮をはじめて参観したのは、一九七〇年代のおわりごろである。

当時の私は、桂離宮に、あるとおりいっぺんのイメージを、いだいていた。その建築は、かざり気がなく、簡素な日本美の典型ともいうべき姿を、ほこっている。江戸初期の造形だが、モダンデザインの構成美につうじる斬新さも、そなえている。庭園との調和も、じつにみごとである。とまあ、そんな先入観をいだいて、当地へはおとずれた。

読書による感化ではあったろう。じっさい、当時の桂離宮論は、その多くがこういう論調で、書かれていた。私も、それを鑑賞上の常識として、うのみにしていたのだと思う。

おそろしいもので、こういう思いこみができると、現物もそのように見えてくる。建築のつくりも、なるほどシンプルだなと、感じさせられた。モダンデザインも、たしかにほうふつとしてきたのである。のみならず、ここには感激しておかねばと、自分へ言いきかせてみたりもした。まあ、この努力は、あまりみのらなかったのだが。

さて、一九七〇年代後半は、新しい桂離宮論が浮上していく時代でもあった。

たとえば、内藤昌らの『桂離宮』が、一九七七(昭和五二)年に刊行されている。そして、この本は、桂離宮に「装飾主義」がみなぎっていることを、説いていた。複雑な奇想がたくまれているという見方も、うちだしている。いままでの、シンプルな構成美という解釈とは、まったくちがう。まるで正反対の鑑賞法を、かかげていたのである。

このころから、桂離宮評価のありかたは、内藤らのしめす方向へむかいだす。旧来の簡素美ではなく、意外にこみいった装飾へ、目をむけだしたのである。

桂離宮を拝観した当時の私は、しかしこういう評論の新傾向に、気づいていなかった。知っていたのは、簡素美をことあげする旧套《きゅうとう》だけである。新しい解釈があることを学習したのは、拝観後、内藤らの本を読んでからにほかならない。

私の目には、桂離宮が、構成のすっきりしたシンプルな建築として、うつっていた。あのときは、たしかにそう見えた。奇想や装飾美などはぜんぜん読みとれなかったのである。

にもかかわらず、新しい批評は、意外にこみいっており複雑だと、書きたてる。もし、そのとおりだとしたら……。当時の私は、桂離宮に、いったい何を見ていたのだろう。新しい評価を知りだしたころから、そのことが不可解でならないように、なってくる。

これもあとで知ったのだが、明治・大正期の桂離宮論も、複雑な技巧美をことあげしていた。それが、二〇世紀初頭までの常套《じょうとう》だったのである。奇抜であり、トリッキーにつくられているという。一九二〇年代までの古い評論も、七〇年代後半からの新しい評論も、そう書きたてる。なのに、どうして私は、シンプルな構成を感じとったのだろう。

けっきょく、そのころ横行していた桂離宮論の大勢に、順応したのだというしかない。簡素な日本美を代表しており、モダンデザイン風の構成美もほこっているという。そんな話ばかりが耳にはいったおかげで、鑑賞眼じたいも、そちらへひきずられた。シンプルな構成だなという印象だけが、脳裏へうかんだのも、そのせいだろう。

しかし、今、桂離宮の写真集などを見ても、もうそうは思わない。新御殿《しんごてん》や松琴亭《しょうきんてい》あたりの、ややこみいった細工に、興味をそそられる。これも、新しい批評傾向に、どこかで流されているせいであろう。

時代のながれが、人間の感受性を左右する。その拘束力は、あなどれない。私は、そのことを痛感した。

何物にもうごかされない、自分だけの純粋な目で、作品へたちむかう。こういう自由な芸術鑑賞が、ほんとうになりたつのだろうか。私は、無理だと思う。とうてい不可能だと考える。それは、桂離宮体験をへて、骨身にしみた私の実感である。

もし、自由な鑑賞が成立するとしたら……。それは、たとえば桂離宮についてなど、名前も知らないというひとの場合だけだろう。いわゆる人文的教養が欠落しているひとなら、桂離宮を語る諸言説にも、まようまい。まあ、そういうひとが、桂離宮を拝観したいという気持ちになるかどうかは、疑問だが。

さて、芸術には様式というものがある。もちろん、建築についても、そのことはあてはまる。ある時代にたてられた建築は、その時代の様式を、いやおうなく身にまとう。時代の刻印を、様式によっておさされている。

建築史の専門家が建物を見れば、それがいつごろにたてられたのかは、ほぼわかる。私の得意分野は近現代だが、おおよその竣工《しゅんこう》年代は、だいたい読みとれる。ああ、これは、一九二〇年代だな。こちらは、まあ、六〇年代後半から七〇年代前半じゃあ、なかろうか、と。そんな判断ができるくらいに、様式が建築へおよぼす拘束力は、強いのである。

現代の建築家は、自分のオリジナルな表現を、こころみる。いわゆる古建築とはちがい、作者の個性がはっきりうちだされることも、多い。にもかかわらず、できあがった建築は、その時代ならではの様式的特徴を、そなえている。時代の制約を、完全にのりこえることは不可能だと、言うしかない。

同じことは、芸術を鑑賞する側の態度についても、あてはまるんじゃあないか。ひとびとの審美眼もまた、各時代の拘束をうけているのではないか。作家が様式の支配をうけるように、鑑賞者のまなざしも、時代に左右されている。かつて、同時代の常套に、桂離宮鑑賞法をすりこまれた私は、心の底からそう思う。

『つくられた桂離宮神話』は、批評にまつわる言論の、その様式史をさぐった仕事である。桂離宮解釈は、時代とともに、どううつりかわってきたか。また、なぜ、そのように変化をとげてきたのか。以上のようなことを、さぐっている。ひとびとの鑑賞法を拘束する枠組が、時代とともにうつってゆく。その筋道をおいかけた。

この本〔補注『つくられた桂離宮神話』のこと〕を、はじめて世に問うたのは、一九八六（昭和六一）年のことである。そのときは、さまざまな批評や注文をいただいた。なかでも、多かったのは、私自身の桂離宮観をきちんと書けという批判である。他人の桂離宮論を、歴史的に整理するだけで、自分の見方をしめしていない。そんなのはひきょうだと言われたことさえあった。

にもかかわらず、私は思う。私自身の鑑賞なんていっても、けっきょくは時代に支配されているのである。そんなのを書いても、たいした意味はない。それより、時代はどのように私を洗脳していったかが、語られるべきである、と。

いや、私だけにかぎった話ではない。時代の流れにのってしまった鑑賞者は、たくさんいる。その実例は、本文を読んでいただければ、あきらかである。拙著への批判者にも、時代と同調した桂離宮論を書いたものが、いなかったわけではない。

『つくられた桂離宮神話』の刊行以後も、私は建築史の仕事をつづけている。一九九四（平成六）年には、『法隆寺への精神史』を上梓《じょうし》した。現在は、安土城に関する本を執筆しているところである〔補注『南蛮幻想』として一九九八年に刊行した〕。

いずれも、法隆寺や安土城そのものを論じる研究ではない。それらの建築にまつわる言及が、時代によってねじまげられていく様子を、えがいてきた。基本的には、同じパターンの探求が、テーマだけをかえながら、つづいている。

そして、このスタンスは、私の桂離宮体験にねざしていた。時代が私を束縛する。その強さを、身にしみて実感したことが、出発点となっている。対象そのものへ、ナイーブにのめりこまない仕事をはじめたのも、桂離宮からである。その意味では、私の方向をきめた研究だったと、言ってよい。

私は、桂離宮の良さがわからないと、正直にまずそう書いた。無理解を前提にしながら、仕事をすすめてきたのである。この態度は、しかし多くの同業者から、つぎのように批判されてきた。

「桂離宮がわからないようなやつに、建築史を研究する資格なんかない」。

「桂離宮論を語るのなら、美の本質に肉薄すべきだ。それをないがしろにするのは、邪道である」。

いまでも、「井上です」と自己紹介をしたときに、からまれることがある。「君か、桂離宮がわからんなどという暴言をはくのは」、と。

ひどいのになると、こんなふうにくってかかることがある。

「井上はずるい。本心では、桂離宮の美をみとめているくせに、わからないふりをする。ジャーナリスティックなアピールをねらって、神話解体劇を演じている。そこへ、自分は反感をいだく」。

いったい、何を根拠に、私の内面をそう邪推することが、できるのか。私は、あれをこぎれいであり、雅趣《がしゅ》もあると思う。しかし、美的感動はおこらないと、そう書いた。そして、その言葉にいつわりは、まったくない。

にもかかわらず、彼は、桂離宮に無感動な人間がいることを、信じられないのである。建築界全体が、そういう空気につつまれているとまでは、思わない。なかには、桂離宮へかなでられる賛辞を、にがにがしく感じているひとも、いると思う。たとえ、少数でも。

しかし、とにかく建築界では、桂離宮を神格化する傾向が、顕著にある。私は、私にあびせられる非難の数々で、そのことを、あらためて痛感した。

あとひとつ、私がこの本を出版したことでこうむった被害の話を、書きとめたい。

私は、自分の文献考証に自信もあったので、比較的多くの建築史家へ献本した。建築史学会の事務局へも、これをとどけている。専門家から、歴史研究としての値ぶみをしてもらいたい。評価されればうれしいが、考証のミスも、もしあれば指摘してほしいと考えたからである。建築史学会で書評されればいいのになと、ねがっていたこともおぼえている。

同学会の機関誌『建築史学』には、新刊批評のコーナーが、ふたつある。くわしい書評がのる書評欄と、かんたんな紹介ですまされる新刊紹介欄である。だが、私の本は、このどちらにものらなかった。

『建築史学』は、さらに、新刊書目録の欄も、もうけている。建築史に関係があると思われる図書を、細大もらさずに羅列してある一覧表である。ここでは、建築史にちかい考古学や美術史の本なども、ひろく紹介されている。そして、私の本は、このリストからもはぶかれていた。書評どころの話ではない。そもそも、建築史、いや建築史関連の本としてさえ、みとめてもらえなかったのである。

前著の『霊柩車の誕生』（一九八四年）は、学会へおくっていないのに、とりあげられた。建築史プロパーのテーマでもないのに、新刊紹介欄でコメントをもらっている。

霊柩車とくらべれば、桂離宮のほうが、建築史の学会誌にふさわしい研究課題だと思う。しかも、文献考証の精度は、霊柩車より桂離宮のほうが高い。さらに、桂離宮の本はちゃんと学会の事務局へ、送付されているのである。にもかかわらず、あの網羅的な一覧表にさえ、登場をはばまれた。うっかり見おとされたのだとは、思えない。意図的に、黙殺されたのだと私は判断した。

桂離宮の美をみとめないものは、それだけつめたくあしらわれる。ほんらいなら、学術としての当否だけを問題にすべき組織からも、冷遇された。私は、そのことで絶望的な気分になったものである。こんなの、もう学術団体じゃあない。宗教団体か政治団体のふるまいだ。そう考えた私は、学会費の支払いを停止した。おかげで、この学会からは、会費未納の除名通告をいただくことになる。ありがたい話である。

以後の私には、ある種、意趣がえしめいた気分が、めばえだす。たとえば、『法隆寺への精神史』である。この本には、建築史および、それと関連しあう学界の恥部をあばくような一面がある。建築史家たちが、学術という名目のもとにくりひろげてきた錯誤と欺瞞《ぎまん》の歴史。それを、白日のもとにさらす叙述が、見うけられる。今書いている安土城論にだって、そういう部分がないわけではない。

私は、そんな自分の研究を、事実探求の学術的な仕事だと、自負している。しかし、研究をつづける情熱のなかに、建築史学会へのうらみがあることは、いなめない。この点でも、桂離宮研究は、私の出発点になっていると言えようか。

最近、建築史家の鈴木博之氏から、耳よりな話を聞かされた（一九九六年七月一三日）。『つくられた桂離宮神話』が、最初にでたあとのことだったという。私の本を、不愉快に思った会員からの手紙が、建築史学会へとどいたらしい。「あんなことを、勝手に言わせておいてもいいのか」といった内容だったという。

「たいへんだったんだから」という鈴木氏の話から、私は一〇年ぶりに事態がのみこめた。そういう投書、さらには会員諸氏の反感などへ配慮して、私の本を黙殺したのだろう。建築史関係の図書一覧から除外させたのも、そんな事情からではないかと思う。

しかし、「あんなことを、勝手に言わせ」るのが、ほんとうの学術なのではないか。事実の検証へは厳格にあたる。だが、思想・信条については、各自の自由を尊重する。それが、学術の、そして学術団体のあるべき姿勢なのだと、私は思う。

その点で、私はやはり、建築史学会の姿勢に、不満がのこる。というか、当時の内情を知らされて、よけいに腹が立ってきた。

なるほど、学会は穏便にことをすませたかったのだろう。だが、それで建築史関係図書一覧から削除されたほうは、たまらない。せこい話だが、いったい何のために会費をはらっていたのかという気も、おこる。批評を期待して、学会の事務局へ献本した自分の純情が、あわれにも思えてきた。

一九九五（平成七）年のことである。同学会の『建築史学』は、新刊書目録の欄に、ある新しい桂離宮論の本をとりあげた。

詳述はさけるが、この本には『つくられた桂離宮神話』からの盗用が、多くある。引用資料を、無断でひきうつすだけではない。私の文章を、まるごとそのままねている箇所も、けっこうある。あきれた本がでたものだと、みょうに感心したことを、おぼえている。

もっとも、その論述姿勢は、私とくいちがう。くだんの本は、桂離宮の美しさをうたいあげていた。建築史家たちの因習と敵対しあうところは、どこにもない。その点を評価してのことだろうか。私の本を除外した『建築史学』は、この本を新刊書目録に登録した。どうやら建築史学会は、私の仕事より、私の模造品のほうを高く評価しているらしい。

他人の研究からこっそり盗用したような仕事を、ほめる学者は、まあいないだろう。ひとかどの業績としてみとめられることも、ふつう、研究者の世界ではないはずである。しかし、建築史学会では、そうでもないらしい。それよりは、桂離宮への無理解を公言するほうが、より無礼だとみなされるようである。

さて、桂離宮への高い世評には、時流のなかで増幅されていった部分がある。誤解によって価値認識が高まったところも、なくはない。これは、うたがう余地もない事実である。私は、そういった側面のあることを実証できたと、自負している。

だが、たとえ事実であっても、建築史学会はそれを隠蔽《いんぺい》しておきたいらしい。私は、自分のこうむった処遇から、そのことをよく理解することができた。事実の追求を標榜する学術団体でも、かくしたい事実はあるのである。

おそらく、同じような傾向は、さがせば、ほかの学術組織にも見いだせよう。建築史学会にのみ顕著なわけでは、けっしてあるまい。だとすれば、そういったところへ光をあてる研究も、可能になる。

ある分野の研究は、当該学術団体から、どのような拘束をうけるのか。学会という組織は、事実の究明に、どういった歯止めをかけるのか。学会が学術をねじまげる、その諸相を、分野ごとにしらべていく。私は、そんな共同研究ができたらいいのになと、夢想する。もっとも、参加希望者がどれほどいるかについては、はなはだ心もとないのだが。

一種の知識社会学的な興味を、ひくせいだろうか。私の本を読んで、批評や感想をのべてくれるひとに、けっこう社会学の研究者がいる。

ありがたいことだ、とは思う。だが、彼らのコメントを聞いていると、あっけにとられることもなくはない。

たとえば、『つくられた桂離宮神話』については、よくこんな指摘を耳にした。

井上は、桂離宮が神格化されていく経緯を、あばいたと自称する。だが、ほんとうに、桂離宮はそれほどえらいのか。自分は、桂離宮という名前を前にしても、跪拝《きはい》が強制されそうな束縛など、感じない。ああ、そんな名前を、昔、日本史の授業でならったなと思うだけだ。「桂離宮神話」という言い方じたいに、欺瞞《ぎまん》はないのか。井上は、神話解体を演出したいために、ありもしない神話をでっちあげている……。

建築史の関係者からは、あまり聞かされないコメントである。分野がちがえば、批評のありかたも、これだけかわるのかと、考えこまされる。

私は、桂離宮の美をみとめなかったことで、建築史の学界から、きらわれてきた。さきに、そのことをくわしくのべたのも、うっぷんばらしがしたかったからだけではない。桂離宮の文化的威信を信じられないひとびとに、こたえたかったからでもある。

桂離宮のことをネガティブに論じれば、どれほどの抵抗がおこるのか。それを知ってほしいと思えばこそ、詳述した。桂離宮の権威は、やはり、あなどれないのである。

たしかに、その威光がとどく範囲は、かぎられよう。建築史や庭園史、あるいは茶道関係者ぐらいに、とどまるかもしれない。社会学あたりまでくると、ピンとこないひとも、なるほど多いだろう。それは、ウエーバーを古典としてたてまつる風が、建築史家につうじにくいのと同じである。

さらに、『つくられた桂離宮神話』は、サントリー文化財団の学芸賞を、いただいた。建築史の学界からはなれれば、評価をしてくれるひとも、いたのである。もっとも、この選考にさいしては審査が紛糾《ふんきゅう》し、物議をかもしたらしいのだが。

いずれにせよ、私が神話を捏造《ねつぞう》したとする中傷は、あたらない。学界から冷遇されてきた私は、自信をもって、そう言いきることができる。

もっとも、この種の批判に、思いあたる節が、まったくないというわけではない。

私は、大学院生のころから、一九二〇、三〇年代の建築関係図書を、よく読みだしていた。桂離宮が、建築界でもちあげられだす時期の文献には、もともとなじんでいたのである。このテーマなら、それほど苦労せずに、文献考証をすすめることができる。そんな判断もあって、桂離宮にテーマを設定した部分は、あったと思う。

桂離宮こそが、神格化の過程を解剖するのに、いちばんふさわしい建築である。そう考えていたのはたしかだが、同時に、文献操作上の技術的な思惑もあった。これなら、神話解体の作業がやりやすいと考えていたのは、事実である。

桂離宮へたちむかう姿を、ある種ヒロイックに演出する。そのために、私が桂離宮神話というものを、捏造したとまでは、思わない。だが、神話解体の文献処理が、うまくいきそうなテーマへとびついたという一面は、ある。そのことは、正直にみとめておこう。

さらに、私は、自分の本がこれはどの反発をよぶと、予想していなかった。逆に、文献考証のおもしろさが評価されるかもしれないと、期待さえしていたのである。それと意識しないまでも、桂離宮の権威を、どこかでは見くびっていたのだろう。本には、「桂離宮神話」などという標題をつけながら。

その意味で、私は自分が考えている以上に、神話を誇張したと、言えるかもしれない。もっとも、それが誇張ではなかったことを、あとで思い知らされるようになるのだが。

社会学系のひとから共通していただくもうひとつの感想に、理論的な枠組のことがある。『つくられた桂離宮神話』は、彼らによると、知識社会学的な様相を呈しているという。知識や観念の存在拘束性、歴史や社会によって規定されている部分を、分析する。そういう仕事を、知識社会学とよぶらしい。桂離宮鑑賞の歴史を、時代的制約に注目して追跡した私の仕事も、それに該当《がいとう》するという。

彼らのうけうりだが、知識社会学はシェーラーやマンハイムによって、定式化された。近年のフーコーやブルデューの業績も、それと近いところにあるのだそうだ。

そういった先学の研究を俯瞰《ふかん》的に整理して、自分の研究も、そこへ位置づければいいのに。そうすれば、井上の仕事は、知識社会学研究の一環として、評価しやすくなる。いまのままだと、建築評論の歴史を書いた読み物にしかならないのが、おしい。そんなコメントを、社会学畑の研究者からは、よくもらう。

ありがたいお言葉だが、大きなお世話だと、内心では思っている。

私は、シェーラーもマンハイムも、そしてブルデューも、読んだことがない。『つくられた桂離宮神話』執筆中は、その名前さえ知らなかった。

フーコーについては、耳学問で、仕事のあらましを聞きかじっていたと思う。その業績をふいちょうしたがる知人らからの感化は、あったろう。「まえがき」で、「権力」という用語をつかっているのも、そのせいだと思う。だが、彼の本に目をとおしたことは、一度もない。いわゆる知識社会学なるものの見取図など、えがきえようはずがないのである。

また、今後とも、こういった方面の読書をすることはないだろう。そんなヒマがあれば、資料をすこしでも多く読みこんで、考証用のデータをふやしたい。歴史研究は、文献考証の妙にこそ、その醍醐味《だいごみ》がある。私は、そんなふうに考えるタイプの研究者である。

ある社会学者に、こんな質問をこころみたことも、あった。

知識の存在拘束性を語るなら、江戸時代の学者・富永仲基《なかもと》こそが、最大の先学だと思う。そして、内藤湖南などの仕事も、その系譜上に考えうるだろう。こういう学問史で、その知識社会学とやらいうものの見取図が、書けないのか、と。

すると、こんな返答が、かえってきた。いや、それじゃあだめだ。やはり、マンハイムあたりからはじめたほうがいい。それがいやなら、現代風に、フーコーの援用ですますという手もある。いや、君には、ブルデューのほうが、むいているのかな。

ずいぶんあけすけに、舶来趣味をふりかざすんだなと、そう思った。もちろん私も、自分が富永仲基、内藤湖南の裔《えい》にぞくしていると、言いたいわけではない。そんな大それたうぬぼれをいだいていると、誤解されるのはこまる。しかし、マンハイムうんぬんより、したしみがあるのはたしかである。

この点でも、私は社会学流の理論叙述になじめない。それこそ、マンハイムなどという名前にこだわる執着の、その存在拘束性を問いたくなる。まあ、それを、学界へ流通させるための知的粉飾にすぎないと、きめつける気はないのだが。

私は、建築や建築史関係の学界から、冷遇されてきた。だが、すこし工夫をすれば、社会学方面で、みとめてもらえるかもしれないという。ほんらいなら、よろこんでそうするべきなのだろう。しかし、私には、そのわずかな工夫をほどこす気が、おこらない。まあ、マンハイムの名を知らなかった私には、それほど、ささいな工夫でもないのだが。

どうやら、いわゆる学界には、おちつける場所がなさそうである。商業出版に、発表の場がかたよりやすくなるのも、そのことと無関係では、けっしてない。

私が自分の研究成果を、いきなり商業メディアへ書くことに、批判的なひとはいる。まず、学術雑誌へ投稿して、レフリーの判断をあおがねばならない。その洗礼をへたうえで、一般読書人にむけた発表をこころみるのが、筋じゃあないか、と。

しかし、私は、学術団体が隠蔽《いんぺい》したがっていることを、実証的に究明したいのである。それこそ、学会という組織が学術をねじまげてしまう側面に、光をあてたいと思っている。こういう研究が、いわゆる学術雑誌の審査で歓迎されるとは、思えない。たとえ、実証的であっても、いや、実証的であればあるだけ、いやがられるだろう。私が商業出版へ多くを依存するのも、ひとつにはそのためである。

もちろん、一般からの脚光をあびたいという気持ちも、なにほどかはある。原稿料や印税にひかれる部分も、ないとは言わない。だが、それだけを、私のすべてだと思われるのは、心外である。

自分の考証を、学界政治などからはなれたところで、世に問いたい。そんな気持ちも私にはあることを、少々気はずかしいが、のべておく。

はずかしいと言えば、『つくられた桂離宮神話』のしあがりにも、そのことを感じる。なにしろ、一〇年以上も前の本である。読みなおすと、若書きの未熟な部分が、どうしても目につく。文献操作の点でも、今ならもっとうまくやってのけられるのにと、思うところは多い。ここまで、文献考証の醍醐味などと、大口をたたいてきただけに、冷や汗ものである。

つたない部分は、大目に見ていただきたいと言うしかない。

(『つくられた桂離宮神話』学術文庫版あとがき、講談社、一九九七年)

論考

歴史はどこまで学統・学閥に左右されるのか

井上章一

一　邪馬台国の場合

『日本の歴史』という全二六巻の読み物が、中央公論社からだされている。はじめに刊行されたのは、一九六五年から翌々年にかけてのことである。いずれの巻も読書人にはよろこばれ、よく読まれた。中公文庫へ二度おさめられ、今でも読みつがれている。戦後の出版史にのこる好企画であったと、言ってよい。

その第一巻をめぐって、じつは訴訟沙汰になりかかったことがある。

この巻を書きあげたのは、井上光貞という東大の歴史家である。「神話から歴史へ」と題し、六世紀ごろまでの日本列島史へ、いどんでいた。とうぜん、卑弥呼の邪馬台国がうかびあがった時代にもふれている。

周知のように、邪馬台国の所在地をめぐっては、ながらく論争がくりひろげられてきた。九州にあったとする九州説と、畿内をその拠点だとする畿内説が、にらみあってきたのである。

そして、井上は九州説のほうに気持ちをよせていた。『日本の歴史　神話から歴史へ』でも、こう書いている。「九州説のほうがより合理的である」、と。

しかし、考古学的なデータは、その多くが邪馬台国の畿内にあったことを、しめしていた。とりわけ、各地の古墳にうめられた鏡は、それを強くほのめかしている。京大の考古学者・小林行雄は、一九五〇年代からその理論化にとりくんでいた。これが、当時は同笵鏡《どうはんきょう》理論として、評判をよぶことになる。考古学のみならず、歴史学界をも席捲していくのである。

九州説にくみする井上としても、この小林理論はのりこえなければならない。考古学にやや不案内な井上は、そのため考古学者の森浩一から、助言をもらっている。

当時の森は、京都の同志社大につとめていた。ちかくの京大にいた小林のことは、もともとうやまっていたのだという。しかし、発掘のすすめ方にたいする考えがあわず、やがてはたもとをわかつようになる。一九六〇年代のはじめごろには、小林理論を批判する側にまわっていた。

そんな森に、井上は助太刀《すけだち》をたのんでいる。あるいは森のほうから、その役を買ってでたのだろうか。いずれにせよ、『日本の歴史　神話から歴史へ』は、こんなふうに話をすすめている。

わたくしは、この小林理論について、いくつかの点で疑問をいだいている。……以下、例によって森浩一氏の助力をえて、これを整理してみよう。

そして、この本を読んだ小林は、たいそう腹をたてた。ここでは、自分の説がねじまげて紹介されており、そのうえであげ足がとられている。そう読みとり、京都地裁へうったえでた。名誉毀損、著作権侵害、等々といった理由をあげ、法廷へもちだそうとしたのである。

東大と京大の先生が、裁判であらそう。そのことを、当時の新聞はおもしろがりながら、はやしたてている。

そんななりゆきに心をいためたのだろう。当時立命館大にいた歴史家の北山茂夫が、ふたりの手打ち役を買ってでた。両者の和解に心をくだき、けっきょく小林に訴訟をとりさげさせている（松尾尊兊『昨日の風景　師と友と』二〇〇四年）。

正直に書く。私は井上と森が、それほど小林理論をゆがめていたと思わない。私じしん、彼らが紹介したようなものとして、小林理論のことをうけとっている。もし、裁判があったならば、彼らが何をどう歪曲していたのかも、はっきりしたろうか。あるいは、小林がどこにそれを感じたのかも。

この点について、歴史家の佐伯有清《ありきよ》は、なかなかうがった見方をしめしている。

小林の非難は、本当のところ、井上が小林理論への疑問を提示することにかかわった森浩一の小林説批判に向けられたものであるに相違ない。小林は、森のきびしい批判が気に食わなかった。それが井上への爆発となったのである。（『邪馬台国論争』二〇〇六年）

ひょっとしたら、そうだったのかもしれない。しかし、今は小林も井上も鬼籍にはいっている〔補注　森浩一も二〇一三年に死亡した〕。小林門下の考古学者たちも、とくにこのことで口をひらこうとはしていない。

一九九四年には、京大の考古学研究室が『小林行雄先生追悼録』を刊行した。森浩一も、そこにはさそわれ、小林の想い出を書いている。これが、異様にあたりさわりのない文章となっており、かえって読む者をこわばらせる。森にも、かつての訴訟沙汰をふりかえり、それをむしかえす気はないということか。

大学の研究者たちが、邪馬台国の所在地を積極的に問いだしたのは一九一〇年からである。この年に、東大の白鳥庫吉《くらきち》が九州説を発表した。ほぼ同じころに、京大の内藤湖南は畿内説をとなえている。

そして、一九六四年には、東大の井上と京大の小林が、このことでむきあった。東大側の九州説に、畿内説の京大側がきりこむかっこうで。

そのせいだろう。いっぱんにこの両説は、ふたつの大学へふりわけて考えられる傾向がある。すなわち、九州説は東大系で畿内説は京大系の議論である、と。

しかし、かならずしも、そうはっきりわけられるわけではない。末松保和をはじめ、畿内説へくみしていた東大系の研究者も、すくなからずいる。さきほどの佐伯有清も、つぎのようにのべていた。

「東京大学は邪馬台国九州説」などと括《くく》ってしまうのは、単なる興味本位から発した作りごとにしかすぎない。（前掲『邪馬台国論争』）

ただ、そんな佐伯も、畿内説へおもむいた末松のことは、こう評していた。「末松は、内藤に代表される『京都の学風』に惹かれるものがあった」、と（同前）。畿内説のことも、どこかでは「京都の学風」にねざしていると、みなしていたのだろうか。

もっとも、その京大出身者にだって、畿内説へ背をむける者が、いないわけではない。その代表格である歴史家の門脇禎二が、やはり小林への追悼文を書いている。そして、そのなかでは、つぎのように自分の立場をしめしていた。

邪馬台国論では、先生にあれだけ叩き込まれた筈の畿内説から九州説へ十年ほど前からわたくしは〝変節〟しつつある。（前掲『小林行雄先生追悼録』）

京大の考古学教室とかかわった者が、九州説へおもむく。そのことを「変節」と評させる何かが、この教室にはあるということか。畿内説を「叩き込まれた」という回想ともども、興味ぶかい。

二　鎌倉時代をどう見るか

ずいぶん、邪馬台国にこだわった。こんどは鎌倉幕府、あるいは鎌倉時代に目をむけよう。じつは、これをどうえがくかという点についても、東西にちがいがある。

公家と寺院にもとづく京都の政権は、平安後期になると、腐敗の度合いを高めだす。いっぽう、関東では武士が擡頭し勢力をつよめていった。そして、一二世紀末には、関東の鎌倉へ武士の都をうちたてる。

この筋立てで、のびゆく武士勢力をかがやかしく書く人は、東大系の歴史家に多い。いっぽう京大系の歴史家は、このことをつめたくあつかう傾向がある。

いわゆる鎌倉時代になっても、まだまだ公家と寺院の力はゆらがない。京都の存在感も、さほどおとろえはしなかった。たしかに、武士は擡頭していったが、彼らは人民に多大なめいわくもかけている。そんな調子が読みとれれば、西側の歴史家が書いているとみなしてよい。

もちろん、いくらかの例外はある。それぞれの学派も、あるていどは反主流派をかかえている。しかし、だいたいのところは、今のべたような見取図におさめられるだろう。

『日本の歴史』を、ここでもういちどもちだしたい。その第七巻と第八巻を、くらべてみよう。ちなみに、第七巻の『鎌倉幕府』は、東大の石井進が書いている。第八巻の『蒙古襲来』をまとめたのは、京大をでた阪大教授の黒田俊雄であった。

このふたりが、ともに同じ承久の乱(一二二一年)をとりあげている。後鳥羽上皇が鎌倉幕府をうちたおそうとして失敗し、隠岐へながされた。以後、京都の朝廷は前にもまして、鎌倉の干渉をうけるようになる。その乱を、石井はこうあらわした。

この乱はまさしく日本の東と西の対立であり、幕府の勝利は東国の西国に対する勝利……それは同時に、天皇・朝廷の権威に対するたたかいと、その一応の勝利であった。(『日本の歴史　鎌倉幕府』一九六五年)

これが、黒田の手にかかると、つぎのようにしるされることとなる。

幕府の勝利は……東国の西国にたいする優位を確立したものとみることができる。だがそれは、政治的・権力的な側面でのことである。社会的・経済的・文化的な側面をみれば、事態はそう単純ではなかった。その面では近代にいたるまでむしろ西が東に優越していたのである。(『日本の歴史　蒙古襲来』一九六五年)

どちらも、同じできごとをあつかっている。にもかかわらず、ふたりの見方、力点のおき方は、まったくちがっていた。東の石井は、東国の優位をうたいあげている。だが、西の黒田は、西国の優越性をくずさないかたちで、これを論じていた。

今の歴史教育は、石井が書いたような歴史を、生徒たちにおしえている。それが、首都・東京でまとめあげられる、国民的な歴史になっている。黒田が書いたようなそれにはなじんでいないというむきも、多かろう。

だから、ここでは、あえて黒田の叙述ぶりへ光をあてることにする。

黒田は書く。関東の武士、御家人たちがのさばりだしても、平安期以来のしくみは、たもたれた。荘園制度も、寺社勢力もおとろえてはいない。局面によっては、むしろ以前より力をつけてもいる。

なぜか。「御家人の支配は粗野をきわめたものであった」。「むしろ野蛮なものでしかなかったのである」。

だから、多くの人民は、彼らに統治されることをいやがった。貴族や大寺院に御家人たちからまもってもらうことさえ、のぞむようになる。古くからあるしくみが、かえってこの時代によりとどのいだしたのは、そのためである。黒田は武士の擡頭という現象を、そうとらえている。

さらに、黒田はこうも言う。御家人たちは、けっきょく日本列島の経済活動を、停滞化させていた。

質朴・尚武などといえば聞こえはいいが、つまりは粗野で暴力的な鎌倉武士の勢力が、そのまま伸びひろがっていくことができなかったのはそのためである。(同前)

ひとり黒田だけが、こういう歴史観をいだいているわけではない。西側の学界では、それが常識になっている。中学や高校までの歴史とは、かなりちがう。関東武士や御家人が歴史にはたした役割を、低く見る。そんな見方が、西側では大学の歴史学に、ゆきわたっているのである。

『日本の歴史』は、有史以前から戦後までを、えがききろうとした。だが、どうやら統一的な編集方針は、うちたてられなかったようである。第七巻と第八巻がそっぽをむいていることからも、そうした姿勢のないことは読みとれる。けっきょく、各巻のまとめ方は、個々の執筆者にゆだねられていたのだと、言うしかない。

もちろん、たがいのすりあわせらしいことは、事前にこころみられていた。第七巻の石井と第八巻の黒田も、原稿を書きだす前に、話しあいの場をもっている。のみならず、あゆみよりもこころみようとはしたという。しかし、けっきょくはおりあいがつかず、反目しあうような書きっぷりになったらしい。のちに、石井は西洋史の堀米庸三へ、その裏事情をこう語っている。

黒田さんと打ち合わせしたときも、鎌倉時代の畿内の地位をかなり強調される意図のように思いました。そうしますとわたくしのほうは、鎌倉を主に書いてもかまわないかとも思っているのです。(『月報　日本の歴史・七』一九六五年)

そうか、黒田は畿内中心説で書くのか。じゃあ、もうおりあえる途をさぐる必要は、ないな。そっちがその気なら、こっちは鎌倉中心史観でまとめてやろう。とまあ、そんなことで事前のうちあわせは、ものわかれにおわっていたのである。

その点で、『日本の歴史』をまとまりがないとなじる気は、しかしまったくない。執筆者の我がでるようにしてくれたことを、私はありがたく思っている。じっさい、私などは、そういうこだわりを知りたくて、歴史の本を読んできたのだから。

同じ事象を、歴史家たちは、それぞれどう説明してくれるのか。ほう、こいつはやっぱり、こういう角度から話をすすめるんだな。なるほど、あいつはあんなところに話をもっていくのか。そういった感想をあじわいたくて、私は歴史書にむきあってきた。

ひとつの古典演目が、とりあげる落語家により、まったくことなって聞こえる。同じシューベルトが、田部京子と内田光子ではちがうひびきをもつ。歴史鑑賞に関しても、私はそこを娯楽のかんどころとしてきた。

そして、そういう目で読むと、京大出の歴史家には共通する癖のあることが、見えてくる。もちろん、東大出の歴史家にも、同じようにかたよりのあることは、うかがえる。落語家をあじわうように、私は歴史家をたのしんできた。学派の匂いをかぎとれるようになったのも、その副産物だと、今は思っている。

三　地域のなかの歴史学

平将門が、一〇世紀に関東で新皇を自称したことは、よく知られていよう。これも、関東の歴史家は、かがやかしくえがきやすい。関東に、京都から独立した勢力が、浮上する。あるいは、鎌倉幕府のさきがけをなすうごきとして、しばしば位置づけてきた。

だが、京都の歴史家は、将門のちがった一面に光をあてようとする。朝廷にさからうつもりはない、反逆ではないんだと、将門は言い訳をしつづけた。将門が、腰をひくくしてへりくだったそんな姿に、彼らはより多くの言葉をついやそうとする。

将門は、下総の石井郷に王城をもうけている。文武百官を任じ、自分の一族を関東各地の国司として、とりたてた。そのふるまいを、粗悪な朝廷のコピーだと言いたがるのも、西側の歴史家であろう。

鎌倉の覇王になりおおせた源頼朝は、娘の大姫《おおひめ》を朝廷へ入内《じゅだい》させようとした。そのため、京都の公家たちに、さまざまな工作をこころみている。どうぞ、うちの娘を天皇にもらって下さい、と。

せっかく、鎌倉で地歩をかためたのに、王朝へへつらっている。京都の王権などみくびってもよかったはずの覇王が、京都へこびていた。どうやら、心のどこかでは、関東武士に背をむけていたらしい。のみならず、政治的な失点も、かさねている。

東側の歴史家たちは、ながらくこのことをみとめたがらなかった。かりにみとめたとしても、それを晩年の耄碌《もうろく》としてとらえてきたのである。

いっぽう、西側の歴史家は、このことを大きくうけとめやすい。頼朝も、けっきょくは、王朝にあこがれていた。あいつも、源氏の血をひく貴族の末裔でしかありえない。いや、せんじつめれば、後白河の侍大将だったんだと、まとめたがる。

　こういう京大系の頼朝観にたいし、東大の佐藤進一は画期的な頼朝像を提示した。輿入れした娘に皇子ができれば、頼朝はその子を関東へつれてかえるつもりであったろう。さらに、その皇子を東国の王として即位させる。そうして、関東独立王国をうちたてるこころざしが、あったというのである（『日本の中世国家』一九八三年）。

　ブリリアントな関東像をよろこぶ東側の歴史家には、これが喝采をもってむかえられた。しかし、京大系の歴史家で、これをもてはやした者はいないだろう。私の知っている範囲では、たいていの歴史家がひややかにながめていたと思う。

　ほかにも、東と西で鎌倉時代の読みときがくいちがうところは、いくつもある。

　守護・地頭の設置問題も、その例にあげられよう。鎌倉新仏教のとらえ方も、ずいぶんことなる。平安時代のいわゆる王朝国家をめぐる見方のずれも、語っておきたいところである。

　だが、ここでそのひとつひとつにくわしくわけいることは、ひかえよう。とにかく、どちらの学派も、自分たちの地域を重んじる。相手の地域は、ないがしろにしやすい。

　日本茶をのめば、ガンの発生をあるていどおさえることができる。そんな研究のあることを、耳にされたことはないだろうか。おもしろいことに、これは静岡の大学からひろまった説であるらしい。

　周知のように、静岡は日本でいちばん大きい茶所である。茶業は、静岡の地場産業にほかならない。そして、当地の大学は地元の業者によろこばれる研究を、すすめてきた。ひょっとしたら、地元からの支援なども、あったりするのかもしれない。

　東大と京大の歴史家が、地元の産業とスクラムをくむことはないだろう。承久の乱にたいする読みときが、地元に経済的なうるおいをもたらすとも思えない。日本茶やガンをめぐる研究とは、その点でまったくちがっている。いっしょにあつかうことは、できないだろう。

しかし、両大学ではぐくまれた歴史は、それぞれの地域を、心では応援している。精神的には、地域とともにあゆもうとしているのである。その意味で、どちらもなにほどかは郷土史になっていると、言うしかない。関東を中心とする郷土史と、京都に中心をおくそれがむかいあう。そういう面のあることは、いなめないだろう。

そして、近代日本は東京を首都として、百数十年の時をすごしてきた。そのため、関東の郷土史めいたところもある東大系の歴史観が、国民的なそれとなる。中学や高校の教科書、歴史小説などをとおして、ひろまったのだと考える。国民的な情操教育のなかでは、京大系のそれが異端的にあつかわれているのだ、とも。

とはいえ、両大学の歴史観には、今のべたような事情で説明できないずれもある。

たとえば、中国史の時代区分がそうである。京大のそれにしたがえば、中国の古代は三世紀の漢帝国崩壊で、幕をとじる。あとの三国時代以後は、中世となる。六朝時代も、隋唐時代も中世にくみこまれる。そして、近世は一〇世紀の宋代からはじまることになっている。

いっぽう、東大の中国古代史は、一〇世紀の唐帝国崩壊までをふくむ。京大が近世のはじまりだとしてきた宋代を、中世だとみなしている。

両大学の時代区分は、たがいに大きくくいちがう。古代から中世へのうつりかわりは、七〇〇年ほどずれている。

かりに、中国中世史というかまえで隋唐期を論じた本が、あったとしよう。これなどは、そのタイトルを見ただけで、京大系の本だとみなすことができる。隋唐が中世としてあつかわれているのだから、京都学派の仕事にちがいないと。

いっぽう、同じ隋唐期を中国古代史としてとらえた本も、その学統ははっきりしている。東大、およびその影響下にあるところでとりくまれた研究だと、おしはかれる。隋唐が古代だという以上、そううけとめてまずまちがいない。

歴史研究の学術雑誌で、いちばん由緒があるのは『史学雑誌』である。そして、この雑誌は、東大につどう研究者たちがこしらえた。今もその編集拠点は、東大にある。

そのせいだろう。その論文分類目録は、東大風にくみたてられている。隋唐をあつかった論文は、みな古代史のなかに分類してきた。隋唐中世政治史の一齣などと銘打った京大系の論文も、古代史の枠へおしこめている。論文の執筆者が中世史だと言っているものでも、古代史としてくくってしまう。それが、東大でのしきたりとなっているからである。

この差異は、もう六〇年以上たもたれてきた。そして、ここに地域の事情が、それほどふかくかかわっているとは、思いにくい。郷土史めいたこだわりから、こういうちがいが生じたわけではないだろう。

イギリスの産業革命をながめる史観でも、ひところの両大学は対立しあっていた。どうやら、邪馬台国や鎌倉幕府の場合とはちがう背景も、さぐらねばならないようである。

私は二〇一二年から職場で、「人文諸学の科学史的研究」という共同研究をはじめる。学閥が学問をどう左右するのかも、もちろんその課題となる。本格的にさぐりをいれるのは、そこでの検討をへてからにしておきたい。

(『中央公論』二〇一二年一月号)

あとがき

研究会の発足を考えていたころに、私は『中央公論』から、原稿執筆の依頼をうけた。二〇一二年の一月号で、「人脈と権力」を特集するという。そこに、学閥のことを書いてほしいと、私はたのまれた。渡りに船だとも思い、私は一文をまとめている。「歴史はどこまで学統・学閥に左右されるのか」という、再録の文章がそれである。研究会の趣旨説明にもつかえるとも考え、私はこれを書いた。また、研究会へ参加をしてほしいと想っていた研究者たちにも、その写しをおくっている。

本書にあつめられた文章を読んでいると、これを事実上たしなめているものもある。たとえば、若井論文は、邪馬台国論と学統のつながりを、私より消極的に見つもった。小路田論文は、若井論文とはちがう形で、つっぱしっている。読者にも、そのくいちがいを、ぜひたのしんでほしい。やはり、邪馬台国論は、いろいろな引き出しのある魅力的なテーマだなと、感じいる。

第一章には、大日本帝国時代の学問形成期へ光があてられたものを、ならべている。

まず、長田論文だが、これには苦笑せざるをえなかった。

日本語の起源はインドのタミール語だとする説がある。国語学者の大野晋がとなえて、有名になった説である。これを否定する長田は、その大野に直接論戦をいどんだことがある。大野を日文研へまねき、それがはたして学問的になりたつか否かを、論じあった。

両者のやりとりを見くらべ、私は大野に当日の軍配をあげている。とにかく、声のはり、大きさ、相手をのみこむ勢いが、圧倒的であった。討論の終了後も、大野は意気揚々たる様子を、くずさない。学術面の当否はさておき、場を見たかぎりの印象では、長田らがおされていた。

私は、あとでそのことをなじっている。ああして圧倒されるだけだと、言語学は社会から見すてられる。それでいいのか。スタンドプレーでもやりあえる技を、みがくべきではないのか、と。

今回の長田論文は、言語学の非力ぶりが明治以来のものであることを、えがきだす。それだけ純度の高い、科学的な分野であるということなのだろうか。

瀧井論文は、明治期の国家学会成立へ、光をあてている。「国家学」という字面の印象にも、目をくらまされているせいだろう。あと、東京帝国大学の法学者がつどったという経緯へ、偏見をいだいたせいかもしれない。私は、これを大日本帝国の国家主義が語りあわれた組織だと、なんとなく思ってきた。

誰しもがいだきかねないそんな想いを、瀧井論文はくずしていく。この学会がもっていた、べつの可能性をほりおこした。その後もつづいた国家学会のことを考えるさいに、はずせぬ論文だと推薦する。

藤原論文は、美術史にいどんでいる。いっぱんに、大学の美術史研究は岡倉天心の史観をしりぞけ成立したと、されてきた。だが、藤原論文は、天心以後の美術史も、天心の枠をこえていないと、見きわめる。

この一見とっぴな着眼は、アンリ・フォションの美術史を読むことで、浮上した。外国の研究が、意外なところで日本国内の盲点を、あらわにしてくれる。国際的な日本研究には、やはり可能性があると、そう意を強くしたしだいである。

高木論文は、古美術評価の近代をふりかえる。京都や奈良の古美術は、近代日本国家の形成により、その論じられ方をかえていく。平等院の鳳凰堂にひそむ意外な明治国家の影が、よくわかる。

ちっぽけな指摘だが、あえてこだわる。一八九三年のシカゴ万博に、日本政府は日本館としてホーオーデンを、たてている。平等院の鳳凰堂をまねたと、多くの記録にはしるされてきた。文献史家の高木も、これにしたがい「鳳凰堂を模した……意匠であった」と、書く。

しかし、若いころに建築をまなんだ私は、これが鳳凰堂を手本にしていると思えない。「意匠」はべつものだと、考える。どうやら、私は建築学にしばられ、高木は文献史学の拘束をうけているらしい。分野がちがえば、真理もちがってくるという、その好例であろう。

小路田論文は、邪馬台国＝九州説にくみする人々を、いらだたせるかもしれない。しかし、九州説が明治以後の民族的な情熱にささえられているという指摘は、重要である。なるほど、言われてみれば、私のなかにもこの想いがないではないと、思い知らされた。

永岡論文は、大本教研究の戦前戦後を比較する。そして、両者が意外なところでつうじあっていることを、あばきだす。いっぱんに、戦後史学は戦後の情熱にあおられ成立したと、みなされよう。しかし、これを読めば、またちがった角度からの史学史もありうることが、よくわかる。

斎藤論文は、日本人起源論の系譜を、一九世紀からたどっていく。自然人類学の学説史で、研究者たちの人間味をうかびあがらせている点が、興味深い。アイヌと沖縄の同系説も、ある時期までは素朴な段階に、とどまっていた。けっきょくは、ベルツのそれを反復していたんだという指摘には、考えさせられる。私も、うすうすそうじゃあないかと、感じていただけに、心強い。

第二部には、戦後の諸状況へ目をむけた論考をあつめている。

玉木論文には、イギリス近代史の読みときがかわっていく様子を、おしえられた。イギリスには、アントワープに従属させられていた時期がある。このことを、大塚久雄や戦後史学はとらえそこなっていた。のみならず、それに対抗した越智武臣も見おとしていたという指摘は、重い。

私も、川北稔があらわした『工業化の歴史的前提』は、手元においている。しかし、この問題とかかわる形では、読んでこなかった。ありていに言えば、読みそこなってきたのだと思う。そのことを、玉木論文には痛感させられた。川北の仕事には、あらためてむきあいたいと、今は思っている。

荒木論文は、国文学研究の戦後史から、興味深いエピソードをほりおこしている。これを読み、彼らのいだく西洋像におどろかされた。とんでもない想いを、彼地にはいだいていたんだなと、かみしめる。

日文研の創設に力をつくした桑原武夫は、しばしば国文学に否定的な口吻をしめしていた。彼らは外国を、西洋をぜんぜん知らない、と。荒木論文を読むと、そんな物言いも、まんざら的ははずしていなかったんだと思う。

安田論文は、戦後史学を左右したスターリン言語学に、光をあてている。私はながらく、これがいわゆる「国民的歴史学運動」をあとおししたのだと、とらえてきた。もっぱら、スターリンのかけた発破《はっぱ》が、共産党所感派を民族主義へはしらせたという文脈で。

だが、そのいっぽうで、標準語を正当化する石母田正らの議論も、これはささえている。方言を消極的にとらえる拠り所となったことが、よくわかった。京都は、京都弁の街だが、日本の歴史に不要な街である。そう言いきった石母田のことを、あらためて考えなおしたくなった。

その石母田の学史的な位置づけを、関論文はえがいている。いわゆる正統アカデミズムにたいする石母田の挑戦を論じたところでは、虚をつかれた。なるほど、「国民的歴史学運動」をへた後の石母田には、こんな一面もあったのか。そこを、深く考えさせられた。

私はふだんから、石母田ぎらいを、よく口にする。そんな私に、石母田の可能性をしめしてくれた論考としても、うけとめた。

若井論文は、学界渡世のさまざまなしがらみを、味わい深く書いている。田中卓や長山泰孝の例をひきながら、戦後史学の不自由な面を、うかびあがらせた。論文の採否を、内容ではなく体裁で判断する学会のありかたに、考えさせられる。

今谷論文は、明治以後の史学史を論じている。杓子定規に色分けをすれば、第一部へくみこまれるべきであったろう。だが、これも戦後史学のかかえた問題を、対比的にうかびあがらせている。戦後の歴史学をふりかえる好個の読み物だと考え、ここへ収録したしだいである。

第三部には、私と竹村氏の対談をおさめた。そこで、二人はいわゆる戦後史学の拘束力、そして脱出への糸口を語り合っている。

二〇世紀のなかごろを史学史的にふりかえる読み物は、少なくない。多くの書き手がいろいろな回想をのべている。だが、その束縛ぶりに、ここまでふみこんだやりとりは多くない。

ほんとうのことを言えば、大学の人事にもそれがおよんでいたことまで、論じたかった。あるいは、出版社の編集部にさえ、少なからぬ影をおとしていた場合があったことも。

だが、そういった点になると、私もたしかな裏をとる自信はない。また、かりにそこをつかんでいたとしても、書ききれたかどうかは疑問である。束縛からの解放をめざす。そう見栄をきった私にも、どうやらためらうところはあるらしい。やはり、学問世界の片隅で生息している以上、自由にはなりきれないようである。

とはいえ、明治絶対王政説をなりたたせていた学界のからくりは、あばきだせたと思う。そして、こういう仕掛けはいつでも、形こそちがえ、私たちにおよぶ可能性がある。自分たちは、今何にしばられているのだろうか。そこを自問自答しつつ読んでいただければ、ありがたい。

むすびのところへは、以前に書いた文章を、ならべてのせた。『学問をしばるもの』へとむかう、私の志をのべたものである。かたほうは時代の拘束、そしてもういっぽうは学統のそれを論じている。いずれにも、われながらあつかましい言い方だが、力はこもっていると考え、再録した。
新しいマニフェストが書ききれなかった自分を、少々ふがいなく思っている。

井上　章一

研究会の記録　人文諸学の科学史的研究

〈第一回研究会〉二〇一二年六月二日
井上章一「学問を左右する、かならずしも学問的とは言いがたいさまざまな力のかかわりについて」

〈第二回研究会〉二〇一二年八月三〇日
井上章一「親鸞らに、プロテスタンティズムを幻視して」
今谷　明「権門体制論の概略」
二〇一二年八月三一日
上島　享「鎌倉新仏教論と顕密体制論」
林　淳「鎌倉新仏教論と歴史学」

〈第三回研究会〉二〇一二年一一月三日
井上章一「岡倉天心は、どう時代をわけたのか――室町時代へのまなざし」
高木博志「「日本美術史」と近代京都像」
二〇一二年一一月四日
藤原貞朗「「天心」の息子たち――瀧精一、濱田耕作、矢代幸雄」

〈第四回研究会〉二〇一三年一月八日
玉木俊明「二人のO（大塚と越智）とその影響――東京と京都の歴史学」
井上章一「イギリス産業革命史と明治維新、中国史時代区分論と日本封建制成立をつなぐ赤い糸」

〈第五回研究会〉「「心身／身心」と「環境」の哲学」との共同開催
二〇一三年三月九日
伊東貴之「伝統中国をどう捉えるか？――「唐宋変革」説・「挫折」論・その他のポレミック」
井上章一「京都大学の東洋史学と照葉樹林文化論」
小島　毅「〈東アジア海域に漕ぎ出す〉ことの意義」

〈第六回研究会〉二〇一三年三月二八日
井上章一「日本建築の源流をめぐる諸学説」
斉藤成也「日本列島人成立に関する学説の東西対立」
二〇一三年三月二九日
安田敏朗「日本語系統論と国語学、言語学の起源」
長田俊樹「戦後における日本語系統論の展開」

〈第七回研究会〉二〇一三年七月二九日
長田俊樹「邪馬台国論争――語学研究者の役割」
小路田泰直「邪馬台国論争――古代編・近代編」
二〇一三年七月三〇日
若井敏明「考古栄えて記紀滅ぶ」
井上章一「考古学・京都学派のあるゆがみ」

〈第八回研究会〉二〇一三年九月一四日
鶴見太郎「戦中から出発する「戦後史学」――福本和夫の仕事を中心に」
今谷　明「昭和前半期に於ける日本史学の動向――党派との連関を中心として」
二〇一三年九月一五日

井上章一「日本の歴史とソビエト史学」
猪木武徳「大塚史学とは何だったのか」

〈第九回研究会〉二〇一三年一一月九日
井上章一「日本的ゲルマニストと関東史観」
荒木　浩「文学史の「鎌倉」時代」
二〇一三年一一月一〇日
佐藤雄基「もう一つの日本列島史への想像力――鎌倉期の国家と地域」
関　幸彦「簒奪か委任か、中世史学史の足跡――京都と鎌倉」

〈第一〇回研究会〉二〇一四年二月一五日
竹村民郎「「天皇主義」サンディカリズムをめぐって」
竹村民郎・井上章一「戦後近・現代史学をめぐって」

〈第一一回研究会〉二〇一四年三月二八日
高谷知佳「比較都市論と時代区分」
宇野隆夫「考古学都市論の系譜と私の都市論――難しく考えることはない」
井上章一「都市像の変容をめぐって」

〈第一二回研究会〉二〇一四年七月二四日
永岡　崇「教祖と欲望の系譜学――異端　特高　変態心理」
林　　淳「高取正男と宮田――アカデミック民俗学の東西」
二〇一四年七月二五日
上村敏文「ルターの宗教改革から無教会まで――プロテスタントを中心として」

井上章一「宗教を人文諸学はどうあつかってきたのか――考古学と建築史を中心に」

〈第一三回研究会〉

二〇一四年九月二七日

菊地　暁「人文研探険管見」

斎藤成也「新京都学派の研究――梅棹忠夫「ヨタバナシこそ残るのか」」

二〇一四年九月二八日

井上章一「桑原武夫のある一面」

内田忠賢「人類学京都学派――京大文学部地理学教室との関わりから」

鵜飼正樹「京都大学文学部哲学科社会学講座と文化人類学の微妙な関係について」

〈第一四回研究会〉

二〇一四年一二月二二日

楊　際開「内藤湖南の中国観と清末変法運動」

小澤　実「戦後日本の北欧中世像――山室静・荒正人・谷口幸男」

二〇一四年一二月二三日

井上章一「フランス革命の語り方」

〈第一五回研究会〉

二〇一五年七月三一日

井上章一「南北朝内乱前後の日本史に関するひとつの展望」

佐藤雄基「朝河貫一と欧米の歴史家たち」

〈第一六回研究会〉

二〇一六年三月二七日

若井敏朗「英雄時代論争とは何だったのか」

荒木　浩「文学史からかえりみた英雄時代論」

上島　享「草創期京大の日本史学」

関　幸彦「石母田正の挑戦——アカデミズム史学との組み打ち」
二〇一六年三月二八日
永岡　崇「歴史の語りと「現場」——民衆史の一断面」
上村敏文「後期水戸学とキリスト教」
安田敏朗「民科とスターリン言語学」
今谷　明「「国民的歴史学運動」のタブー化と私の史学入門」
高木博志「桑原武夫と井上清、それぞれの一九六〇年代における日本近代像」
竹村民郎・井上章一「明治絶対王制論をふりかえる」

人名索引

採録語句が章・節・項のタイトルに含まれる場合は該当頁をゴシック表記にし、その章・節・項内からは採録を省略した。

し

◆執筆者紹介（生年順、＊は編者）

竹村民郎（たけむら・たみお）

一九二九年・大阪府生／立命館大学文学部卒業／国際日本文化研究センター共同研究員／『関西モダニズム再考』（編著　思文閣出版 2008 年）、『竹村民郎著作集Ⅰ～Ⅴ』（三元社 2015 年）

今谷　明（いまたに・あきら）

一九四二年・京都府生／京都大学大学院文学研究科博士課程単位修得退学／文学博士／帝京大学文学部特任教授／『室町幕府解体過程の研究』（岩波書店 1985 年）、『室町の王権』（中央公論新社 1990 年）

関　幸彦（せき・ゆきひこ）

一九五二年・北海道生／学習院大学大学院人文科学研究科博士後期満期退学／日本大学文理学部教授／『その後の東国武士団――源平合戦以後――』（吉川弘文館 2011 年）、『恋する武士　闘う貴族――』（山川出版社 2015 年）

長田俊樹（おさだ・としき）

一九五四年・兵庫県生／ラーンチー大学部族地域学科博士号（Ph.D.）取得／博士（Ph.D.）／総合地球環境学研究所名誉教授・国際日本文化研究センター客員教授／『インダス文明の謎――古代文明神話を見直す』（京都大学学術出版会 2013年）、『日本語系統論の現在』（共同編集 国際日本文化研究センター 2003年）

小路田泰直（こじた・やすなお）

一九五四年・兵庫県生／京都大学大学院文学研究科博士後期課程単位修得退学／修士（文学）／奈良女子大学文学部教授・副学長／『「邪馬台国」と日本人』（平凡社新書 2001年）、『日本史論――黒潮と大和の地平から』（敬文舎 2017年）

*井上章一（いのうえ・しょういち）

一九五五年・京都府生／京都大学大学院工学研究科修士課程修了／工学修士／国際日本文化研究センター教授／『日本に古代はあったのか』（角川学芸出版 2008年）、『伊勢神宮と日本美』（講談社 2013年）

斎藤成也（さいとう・なるや）

一九五七年・福井県生／東京大学大学院理学系研究科人類学専攻修士課程修了、テキサス大学ヒューストン校生物医科学大学院修了／Ph. D.（テキサス大学）、博士（理・東京大学）／国立遺伝学研究所集団遺伝研究部門教授／『日本列島人の歴史』（岩波書店 2015年）、『歴誌主義宣言』（ウェッジ 2016年）

若井敏明（わかい・としあき）

一九五八年・奈良県生／関西大学大学院文学研究科博士後期課程単位修得退学／博士（文学）／関西大学・佛教大学・神戸市外国語大学非常勤講師／『平泉澄』（日本評伝選 ミネルヴァ書房 2006年）、『「神話」から読み直す古代天皇史』（洋泉社 2017年）

荒木　浩（あらき・ひろし）

一九五九年・新潟県生／京都大学大学院文学研究科博士後期課程中退／博士（文学）／国際日本文化研究センター教授／『かくして『源氏物語』が誕生する――物語が流動する現場にどう立ち会うか――』（笠間書院 2014年）、『徒然草への途――中世びとの心とことば――』（勉誠出版 2016年）

上村敏文（うえむら・としふみ）

一九五九年・山口県生／筑波大学大学院地域研究科日本研究修士課程修了／国際学修士・神学修士／ルーテル学院大学総合人間学部准教授／『日本の近代化とプロテスタンティズム』（共編 教文館 2013年）、「幕末から明治、後期水戸学「影」の具現者――久米幹文を中心として」（笠谷和比古編『徳川社会と日本の近代化』思文閣出版 2015年）

高木博志（たかぎ・ひろし）

一九五九年・大阪府生／立命館大学大学院文学研究科博士後期課程単位修得退学／博士（文学）／京都大学人文科学研究所教授／『近代天皇制の文化史的研究――天皇就任儀礼・年中行事・文化財』（校倉書房 1997年）、『近代天皇制と古都』（岩波書店 2006年）

玉木俊明（たまき・としあき）

一九六四年・大阪府生／同志社大学大学院文学研究科博士後期課程単位修得退学／博士（文学）／京都産業大学経済学部教授／『北方ヨーロッパの商業と経済　1550－1815年』（知泉書館　2008年）、『海洋帝国興隆史――ヨーロッパ・海・近代世界システム――』（講談社選書メチエ　2014年）

鶴見太郎（つるみ・たろう）

一九六五年・京都府生／京都大学大学院文学研究科博士後期課程修了／博士（文学）／早稲田大学文学学術院教授／『柳田国男入門』（角川選書　2008年）、『座談の思想』（新潮選書　2013年）

瀧井一博（たきい・かずひろ）

一九六七年・福岡県生／京都大学大学院法学研究科博士後期課程単位取得退学／博士（法学）／国際日本文化研究センター教授／『伊藤博文』（中公新書　2010年）、『渡邉洪基』（ミネルヴァ書房　2016年）

藤原貞朗（ふじはら・さだお）

一九六七年・大阪府生／大阪大学大学院文学研究科博士後期課程退学／修士（文学）／茨城大学人文社会科学部教授／『オリエンタリストの憂鬱――植民地主義時代のアンコール遺跡の考古学とフランスの東洋学者』（めこん　2008年）、『山下清と昭和の美術――「裸の大将」の神話を超えて――』（共著　名古屋大学出版会　2014年）

安田敏朗（やすだ・としあき）

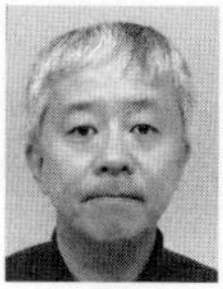

一九六八年・神奈川県生／東京大学大学院総合文化研究科博士課程学位取得修了／博士（学術）／一橋大学大学院言語社会研究科准教授／『「国語」の近代史』（中公新書 2006年）、『漢字廃止の思想史』（平凡社 2016年）

永岡　崇（ながおか・たかし）

一九八一年・奈良県生／大阪大学大学院文学研究科博士後期課程単位取得退学／博士（文学）／日本学術振興会特別研究員／『新宗教と総力戦――教祖以後を生きる』（名古屋大学出版会 2015年）、「宗教文化は誰のものか――『大本七十年史』編纂事業をめぐって」（『日本研究』47集 2013年）

学問《がくもん》をしばるもの

２０１７（平成２９）年10月31日発行

編　者　井上章一
発行者　田中　大
発行所　株式会社　思文閣出版
〒６０５-００８９ 京都市東山区元町３５５
電話　０７５-５３３-６８６０（代表）

デザイン　関岡裕之
印刷製本　株式会社　図書印刷　同朋舎

ISBN 978-4-7842-1898-1
C1020